全国高职高专规划教材·财务会计系列

税法（第五版）

主　编　李克桥　倪秀英
副主编　李光辉　董志芸　刘忠泽
参　编　王秀敏　王健伟
主　审　宋凤轩

内 容 简 介

本书以税法的基本知识为依托，基于税收征纳的过程，按专业定位和就业岗位的核心技能需求，循序渐进地安排编写内容。第五版及时加入了 2010 年至 2014 年 1 月相继改革的各种实体税税收法律法规和程序法相关法律法规内容，使本书不仅内容全面，而且紧跟时代要求。

本书不仅可以作为高职高专院校财经管理类学生的教材，也可作为电大、夜大、职大、业大、函大等其他学校教学用书，还可作为与税收事务相关人员的参考书。

图书在版编目（CIP）数据

税法/李克桥，倪秀英主编．—5 版．—北京：北京大学出版社，2014.1
（全国高职高专规划教材·财务会计系列）
ISBN 978-7-301-23724-3

Ⅰ. ①税… Ⅱ. ①李… Ⅲ. ①税法—中国—高等职业教育—教材 Ⅳ. ①D922.22

中国版本图书馆 CIP 数据核字（2014）第 005481 号

书　　　　名：	税法（第五版）
著作责任者：	李克桥　倪秀英　主编
策 划 编 辑：	温丹丹
责 任 编 辑：	温丹丹
标 准 书 号：	ISBN 978-7-301-23724-3/F·3827
出　版　者：	北京大学出版社
地　　　　址：	北京市海淀区成府路 205 号　100871
网　　　　址：	http://www.pup.cn　新浪官方微博：@北京大学出版社
电　　　　话：	邮购部 62752015　发行部 62750672　编辑部 62765126　出版部 62754962
电 子 信 箱：	zyjy@pup.cn
印　刷　者：	北京富生印刷厂
发　行　者：	北京大学出版社
经　销　者：	新华书店
	787 毫米×1092 毫米　16 开本　15 印张　361 千字
	2006 年 3 月第 1 版　2007 年 2 月第 2 版
	2009 年 12 月第 3 版　2012 年 2 月第 4 版
	2014 年 1 月第 5 版　2014 年 1 月第 1 次印刷　总第 11 次印刷
定　　　　价：	30.00 元

未经许可，不得以任何方式复制或抄袭本书之部分或全部内容。

版权所有，侵权必究

举报电话：010-62752024；电子信箱：fd@pup.pku.edu.cn

第五版前言

本书根据专业定位和就业岗位的核心技能需求，以纳税操作技能为核心，以税法基本知识为依托，基于税收的征纳岗位的工作过程，由简单到复杂，循序渐进地安排编写内容；以实训项目为载体，用任务训练职业岗位能力；根据课程目标，将教材内容分为十二个项目，这十二个项目由不同的任务模块组成。本书着重培养学生从事本专业实际工作的基本能力和职业技能，并设计了贯穿每个教学过程的综合技能实训，以进一步强化学生职业能力、基本能力（方法能力、社会能力）的培养。教学内容以能满足培养学生能力为目的，并为学生学习后续课程（如税务会计、纳税筹划、税务代理、纳税检查等）及掌握职业关键能力打下良好的基础。

为了进一步体现教材的实用性和先进性，做到"最近""最新"，在本次修订时，除讲解了现行的各种实体税税收法律法规和税收征收管理法的基本规定，还将 2010 年 1 月至 2014 年 1 月部分税法变动较大的内容做了及时更新，如"营改增"的基本内容、网络发票管理办法、增值税和消费税出口退（免）税的基本规定等在本次修订时都有所体现。

本书由李克桥、倪秀英任主编，李光辉、董志芸、刘忠泽任副主编。各项目编写分工如下：李克桥负责编写项目一和项目七，董志芸负责编写项目二和项目十一，倪秀英负责编写项目三和项目八，王秀敏负责编写项目四和项目五，王健伟负责编写项目六和项目九，李光辉负责编写项目十和项目十二。刘忠泽在本次修订中对项目二的任务六、项目三的任务四、项目六的任务五进行了系统性的更新。本书由李克桥设计编写思路、编写大纲并进行统稿，由河北大学管理学院的宋凤轩教授进行主审。

尽管编者非常努力，但限于水平，书中还会有一些错误和疏漏，希望广大读者给予批评指正，并及时提出宝贵意见，以利于我们继续改进。

编　者

2014 年 1 月

目　　录

项目一　税法基本理论知识认知 ... 1
　　任务一　税收基本知识认知 ... 1
　　任务二　税法基本理论认知 ... 6
　　任务三　熟悉税法构成要素 ... 9
　　任务四　熟悉我国现行税法构成体系 ... 14
　　复习、思考与练习 ... 15
　　综合实训 ... 16

项目二　税收征收管理实务 ... 17
　　任务一　税收征收管理法基本理论认知 ... 17
　　任务二　税务管理基本知识认知 ... 20
　　任务三　税款征收的基本业务 ... 25
　　任务四　税务检查的基本业务 ... 30
　　任务五　熟悉违反税收征收管理法的法律责任 ... 32
　　任务六　发票管理的基本业务 ... 35
　　任务七　熟悉税务行政复议与诉讼的基本规范 ... 41
　　复习、思考与练习 ... 49
　　综合实训 ... 49

项目三　增值税实务 ... 50
　　任务一　增值税基本知识认知 ... 50
　　任务二　熟悉增值税的基本构成要素 ... 52
　　任务三　增值税应纳税额的计算 ... 57
　　任务四　增值税的出口货物退（免）税的基本业务 ... 65
　　任务五　增值税的申报与缴纳 ... 69
　　复习、思考与练习 ... 77
　　综合实训 ... 77

项目四　关税实务 ... 79
　　任务一　关税基本理论认知 ... 79
　　任务二　熟悉关税的基本构成要素 ... 81
　　任务三　关税应纳税额的计算 ... 84
　　任务四　熟悉关税的税收优惠及征纳管理规定 ... 87
　　复习、思考与练习 ... 89

综合实训 89

项目五 消费税实务 90
    任务一 消费税基本理论认知 90
    任务二 熟悉消费税的基本构成要素 92
    任务三 消费税应纳税额的计算 96
    任务四 消费税的申报与缴纳 103
    复习、思考与练习 108
    综合实训 109

项目六 营业税实务 110
    任务一 营业税基本理论认知 110
    任务二 熟悉营业税的基本构成要素 111
    任务三 营业税应纳税额的计算 115
    任务四 营业税的申报与缴纳 119
    任务五 "营改增"基本内容认知 123
    复习、思考与练习 132
    综合实训 133

项目七 城市维护建设税和教育费附加实务 134
    任务一 城市维护建设税实务 134
    任务二 教育费附加实务 136
    复习、思考与练习 138
    综合实训 138

项目八 其他销售税实务 139
    任务一 资源税实务 139
    任务二 土地增值税实务 144
    复习、思考与练习 149
    综合实训 150

项目九 成本类的税法实务 151
    任务一 耕地占用税实务 151
    任务二 契税实务 153
    任务三 车辆购置税实务 155
    任务四 烟叶税实务 157
    复习、思考与练习 159
    综合实训 159

项目十 期间费用类的税法实务 160
    任务一 房产税实务 160

  任务二 城镇土地使用税实务 ... 164
  任务三 车船税实务 ... 166
  任务四 印花税实务 ... 171
  复习、思考与练习 ... 177
  综合实训 ... 177

项目十一 企业所得税实务 ... 178
  任务一 企业所得税基本理论认知 ... 178
  任务二 熟悉企业所得税的基本构成要素 ... 180
  任务三 企业所得税应纳税所得额的确定 ... 182
  任务四 企业所得税应纳税额的计算 ... 195
  任务五 资产的税务处理业务 ... 197
  任务六 熟悉企业所得税的税收优惠政策 ... 200
  任务七 企业所得税的申报与缴纳 ... 204
  复习、思考与练习 ... 208
  综合实训 ... 209

项目十二 个人所得税实务 ... 210
  任务一 个人所得税基本理论认知 ... 210
  任务二 熟悉个人所得税的基本构成要素 ... 211
  任务三 个人所得税应纳税所得额的确定 ... 216
  任务四 个人所得税应纳税额的计算 ... 222
  任务五 个人所得税的申报与缴纳 ... 227
  复习、思考与练习 ... 230
  综合实训 ... 231

参考文献 ... 232

项目一　税法基本理论知识认知

任务一　税收基本知识认知

一、税收的概念

税收是政府为了满足社会公共需要，按照法律规定的标准和程序，参与社会产品或国民收入的分配，以取得财政收入的一种形式，其含义包括以下几个方面。

1. 税收的目的是政府为了满足社会公共需要

政府作为社会管理者，通常要行使维护社会秩序、稳定经济、优化资源配置等职能，以解决市场失灵的问题。无论政府行使哪种职能，都离不开公共产品做保证。而从严格意义上来说，公共产品包括公共服务均属于社会公共需要，这是与私人消费需要的根本区别所在。在此，税收作为政府提供公共产品的主要手段，其目的是为了满足社会公共需要。

2. 政府征税的依据是按照法律规定的标准及程序

尽管政府的活动属于社会公共需要，无论是企业还是个人，每一个市场活动的主体都是受益者，按照"受益者付费"的原则，企业和个人都应该自觉纳税才对。但是，由于社会活动极其复杂，而公共产品又存在着非排他性和非竞争性，这就难免会出现"免费搭车"和"囚徒困境"等问题。为了解决"免费搭车"问题，政府对那些不自愿纳税的行为，必须采取强制手段，而强制手段最具约束力的方式，就是征税时确定法律标准和法定程序。

3. 从价值构成看，税收的征收对象是社会产品，主要是国民收入

社会产品通常，是指劳动者在一定时期内所创造的社会财富的总和，它应该包括有形的产品和无形的服务。社会产品因满足不同的需要而被划分为公共产品和私人产品。因而税收作为公共产品的一部分，当然也只能源于社会产品的一部分。

社会产品的价值构成通常用 $C+V+M$ 来表示。税收作为社会产品的一部分，从价值构成来看，主要是参与了国民收入中的剩余产品价值的分配。因为在社会产品的价值中，C 作为生产过程中消耗掉的生产资料价值，经过初次分配，成为社会简单再生产的补偿，已经回到再生产过程之中，一般情况下不可能成为税收的分配对象；V 作为补偿劳动消耗的价值，如果仅作为生活的基本保障，也不能构成税收的征收对象，只有随着经济的发展和个人收入水平的提高，劳动者除满足自身基本需求外，还有部分用于储蓄

或自我积累时,税收才能作为调节收入结构的手段参与分配;而 M 作为社会剩余产品价值,是新价值中的主要构成,它的分配和使用,既影响微观经济的发展,也直接影响宏观经济乃至整个社会的发展规模、速度和方向,是税收分配的主要对象。

4. 税收是政府取得财政收入最主要的形式

政府取得财政收入的形式很多,除了税收收入外,还有国债收入、国有企业利润上缴收入、规费收入、罚没收入、专卖收入、公产收入等。税收作为"政府的娘奶"[①],属于最古老的财政收入方式。目前,世界各国的税收收入一般占全部财政收入的 90%以上。因此,从古至今,税收都是财政收入最主要的形式。

二、税收的形式特征

税收作为政府最主要的财政收入形式,与其他财政收入形式相比,具有无偿性、强制性和固定性的特征,这三个特征通常被称为税收"三性"。

1. 无偿性

税收的无偿性,是指政府征税以后,纳税人的部分财富即变为政府所有,成为财政收入,不再直接返还给纳税人,也不向纳税人直接支付任何报酬。

政府作为社会管理者,本身不生产任何社会财富,而为了保证大量的社会公共需求,又需要消耗巨额的物质资料。由于存在着"免费搭车"等现象,这种需要,即便按照西方的"税收交换说",也不能像普通私人物品的交换方式,通过直接的"等价交换"来实现,所以纳税人尽管在纳税后可能得到政府的公共服务,但这只能是间接有偿的,不是"一对一"的等价交换。因此,从形式特征来看,税收仍然属于无偿取得,税收的无偿性是税收"三性"的核心。

2. 强制性

税收的强制性,是指政府征税时,通过法律加以约定,并依照法律强制征收。税收的强制性,是由税收的无偿性决定的。因为税收分配不是有偿的等价交换,所以纳税人不会自愿将一部分财富交给政府,政府只能强制分配。同时,政府征税和纳税人纳税是以法律形式加以规范的,税收的强制性则体现为法律的制约性,一方面是对纳税人的约束,使一切单位和个人都必须依法纳税,否则就要受到法律的制裁;另一方面也是对征收者的约束,使政府的税收不能成为"滥收"和"乱收"。

3. 固定性

税收的固定性,是指政府在征税之前,就以法律的形式预先规定了每个税种的纳税人、征税对象、计税依据、征税比例(即税率)、纳税期限等,以便征收机关和纳税人共

[①] 出自《马克思恩格斯全集》第 19 卷《哥达纲领批判》,人民出版社。

同遵守。税收的固定性包括时间上的连续性和征收比例上的限度性两方面的含义。当然，在现实的经济生活中，不能把固定性理解为征税对象的范围、种类及征收比例永远不变。从历史的发展来看，随着社会经济的发展和政府职能的转变，政府总是在不断地按照法定程序调整税法的内容。因此，税收的固定性是相对的，而不是绝对的。

三、税收的本质、职能与作用

税收的本质、职能与作用是一种相互制约的关系。税收的本质决定着税收的职能，税收的职能是税收本质的体现，税收的作用则是其职能在被运用过程中对经济运行、政府及社会活动等各方面所产生的影响。

1. 税收的本质

税收作为一个特殊的分配范畴，其本质体现为以政府为主体对一部分社会产品或国民收入的分配形成的特殊分配关系。税收的特殊性主要包括以下三点。

（1）税收分配的主体是政府，而一般分配的主体是某个经济实体或个人。

（2）税收分配的依据是政府的法律强制力，而一般分配的依据是该经济实体或个人的财产权利。

（3）税收分配的价值流向具有单向性，即纳税人的财富单方面无偿地向政府转移；而一般分配的价值流向具有双向性，即各经济实体或个人之间的财富分配或交换是按照有偿原则等价交换的。

2. 税收的职能

不同的历史时期，对于税收职能界定的角度不同，其表述也有所差异。随着社会主义市场经济体制的建立，税收的职能必然发生相应的转变。于是，传统的"组织收入""调节经济""监督管理"三职能，逐渐演变为新的税收三职能，即收入分配职能、资源配置职能、经济调控职能。

（1）收入分配职能

收入分配职能，是指税收在参与社会产品或国民收入分配过程中，将一部分社会产品从社会成员转移到政府手中，形成政府的财政收入，同时影响社会成员之间收入的再分配。收入分配职能是税收首要的、基本的职能。

在市场经济条件下，以效率为准则的分配机制，使经济实体和个人受客观因素的制约，出现收入分配不公的现象。这种现象是市场经济本身难以消除的，必须借助于以政府为主体的社会分配来协调，从而使税收等财政收入手段成为调节收入分配的重要职能。

（2）资源配置职能

资源配置职能，是指通过一定的税收政策、法律、制度，影响纳税人的经济活动，从而使社会资源得到优化组合。

在市场经济条件下，资源的流向主要依靠市场价格来引导，然而，由于受利益驱动，在资源配置过程中，存在着广泛的市场失效领域。这种领域，只有通过政府运用税收政策加以引导和保护，才能实现供求关系平衡、经济结构合理、资源利用有效。

（3）经济调控职能

经济调控职能，也称**稳定经济职能**，是指通过一定的税收政策、法律、制度，影响社会经济运行，促进社会经济稳定发展。

在市场经济条件下，微观经济实体的趋利倾向成为经济增长的微观动力，使得市场机制天然存在着调节滞后、视点狭窄等局限性。而正是这一局限性又使市场调节难以反映和把握经济增长的节奏，进而产生"萧条—高涨—再萧条"的周期性波动，整个经济处于无政府状态，造成社会经济的混乱。为了弥补市场在稳定经济方面的缺陷，政府借助税收经济杠杆发挥"自动稳定器"的功能，通过控制需求总量，调节供给结构，促进经济稳定增长。

3. 税收的作用

（1）保证财政收入，筹集建设资金

税收作为政府聚集财政资金的重要手段，可以充分利用其强制性、无偿性等特点，抓好现有税源，发展后续税源，培植潜在税源，使其成为政府调控经济的重要保障。

（2）调节企业利润，促进公平竞争

企业利润是考核企业经营状况的综合指标。造成企业利润水平高低的原因，既有经营管理水平等主观因素，也有价格、资源、地理位置等客观因素。为了使企业公平竞争，政府可以通过征税，把因客观因素形成的企业的级差收入收归政府所有，剔除客观因素对企业利润水平的影响，使企业在大体相同的条件下展开竞争。

（3）调节个人收入，促进公平分配

随着我国经济的迅速发展，个人及其家庭的收入逐渐提高。但由于存在收入手段的多样性、区域之间原有经济基础的差异性等因素，使得某些个人收入并不能真实地反映劳动者对社会的贡献，从而导致了分配上的不公，诱发了社会不稳定因素。通过对个人收入的征税，可以缩小收入差距，防止两极分化，使社会达到共同富裕、和谐稳定。

（4）监管经济活动，维护经济秩序

在市场经济运行中，受利益驱动，各经济主体往往出现违反甚至破坏有序的市场竞争行为，破坏经济发展赖以生存的经济制度。这样，政府可以在征税过程中对各项经济活动进行监督，配合工商、物价、金融等部门，及时纠正一切违反财经纪律的行为，配合司法部门制止经济领域中的各项违法活动，从而维护国家正常的经济秩序，促进社会安定和国民经济健康发展。

（5）维护国家权益，促进对外交往

随着社会的发展，国际间的经济技术交流日益密切。在国际贸易等交往中，通过征收关税，可以更好地贯彻国家的进出口政策，保护我国的民族产业，增强我国企业出口创汇能力和国际竞争力。在接受国外投资时，采用"属人兼属地"的税收管辖权方式，可以更好地行使国家主权，维护国家权益。

四、税收的分类

1. 流转税、所得税、资源税、财产税和特定行为目的税

按照征税对象划分，税收可划分为流转税、所得税、资源税、财产税和特定行为目的税。该内容将在本章第四节中详细介绍。

2. 价内税和价外税

按照税收与价格之间的关系，税收可划分为价内税和价外税。

（1）价内税，是指税金包含在价格之中，构成价格的一部分的税种，其计税依据为含税价格，如消费税等。

（2）价外税，是指税金不包含在价格中，而是价格之外的附加部分的税种，其计税依据为不含税价格，如增值税等。

3. 中央税、地方税和中央与地方共享税

按照税收的管理和使用权限划分，税收可划分为中央税、地方税和中央与地方共享税。

（1）中央税，是指收入划归中央并由中央政府管理的税种，如消费税、车辆购置税和关税等。

（2）地方税，是指管理权和收入支配权划归地方政府的税种，如土地增值税、房产税等。

（3）中央与地方共享税，是指收入归中央和地方共同享有的税种，如增值税等。

4. 直接税和间接税

按照税收征收与负担的对象划分，税收可划分为直接税和间接税。

（1）直接税，是指税收负担不能或不易转嫁他人的税种。直接税的纳税人同时为负税人，如企业所得税、个人所得税等。

（2）间接税，是指税收负担可以通过商品或劳务的供求转嫁给他人的税种。间接税的纳税人不一定是负税人，如增值税等。

5. 从价税和从量税

按照税收的计量形式，税收可划分为从价税和从量税。

（1）从价税，是指按征税对象的价值量为标准征收的税种，如营业税、企业所得税等。

（2）从量税，是指按征税对象的重量、容积、体积、面积等为标准征收的税种，如资源税、土地使用税等。

除以上几种分类外，税收还有其他分类方法。例如，按预算收入口径和征收管理机关不同，税收可分为工商税、农业税和关税；按税收与社会再生产的联系，税收可分为生产环节课税、流通环节课税、分配环节课税、消费环节课税；按税收收入的形态，税收可分为实物税和货币税；按税收收入的用途，税收可分为一般税和特定税；按税种的法定期限，税收可分为经常税和临时税；按纳税人的国籍，税收可分为国内税和涉外税等。

任务二 税法基本理论认知

一、税法的概念

在我国，由于税收法律法规通常是由全国人民代表大会及其常务委员会或中央政府制定颁布实施的，地方人民代表大会和地方各级政府没有税法的立法权，所以，本任务以后，除特殊强调，"政府"一词均表述为"国家"。

税法是国家制定的用以调整税收分配过程中所形成的国家与纳税人之间权利义务关系的法律规范总和。税法的表现形式有法律、条例、决定、命令、规章等，是税收制度的主要构成，是税收制度的核心。

二、税收法律关系

税收法律关系，是指在国家进行税收分配活动过程中，通过税收法律规范予以确认和调整的国家与纳税人之间发生的权利义务关系。

1. 税收法律关系的构成

税收法律关系一般由享有这种关系的主体、客体以及法律关系的内容三部分组成。

（1）税收法律关系的主体

税收法律关系的主体，是指在税收法律关系中享有权利并承担义务的单位和个人。在我国税收法律关系中，税收法律关系的主体一方是代表国家行使征税职责的职能机关，包括国家各级税务机关、海关和财政机关，其中，税务机关是最重要、最基本的主体；另一方是履行纳税义务的单位和个人，包括法人、自然人和其他组织，在中国的外国企业、组织、外籍人、无国籍人，以及虽未设立机构、场所，但有来源于中国境内所得的外国公司、企业或其他经济组织。

在税收法律关系中，征纳主体双方的权利与义务不对等，但权利主体双方法律的地位是平等的。

（2）税收法律关系的客体

税收法律关系的客体，是指税收法律关系权利主体双方的权利、义务所共同指向的对象，也就是征税的客体。例如，企业所得税税收法律关系的客体是企业的生产经营所得和其他所得，消费税税收法律关系的客体是应税消费品等。

（3）税收法律关系的内容

税收法律关系的内容，是指权利主体在征纳中依法享有的权利和应该承担的义务，这是税收法律关系中最实质的组成部分，也是税法的灵魂。它规定权利主体可以有什么作为，不可以有什么作为，若违反了这些规定，必须承担相应的法律责任。

国家税务机关的权利主要表现在依法征税、税务检查以及对违章者进行处罚等方面；国家税务机关的义务主要是向纳税人宣传、咨询、辅导税法，及时把征收的税款解缴国库，依法受理纳税人对税收争议的申诉等。

纳税人的权利主要是与纳税有关的知情权、保密权、申请延期申报权、申请延期缴纳税款权、依法申请减免税权、申请退还多缴税款权、申请复议和提起诉讼权等；纳税人的义务主要有按税法规定办理税务登记、依法管理账簿和凭证、纳税申报、按时缴纳税款、接受税务检查等。

2. 税收法律关系的产生、变更与消灭

税法是引起税收法律关系的前提条件，但税法本身并不能产生具体的税收法律关系。税收法律关系的产生、变更和消灭必须有能够引起税收法律关系产生、变更或消灭的客观情况，也就是由税收法律事实来决定的。这种税收法律事实，一般指税务机关依法征税的行为和纳税人的经济活动行为，发生这种行为才能产生、变更或消灭税收法律关系。如纳税人开业经营即产生的税收法律关系，纳税人转业或停业造成税收法律关系的变更或消灭。

3. 税收法律关系的实质

税收法律关系说到底是征纳双方的利益分配关系。因此，保护税收法律关系实质上就是保护国家正常的经济秩序，保障国家财政收入，维护纳税人的合法权益。税收法律关系的保护形式和方法很多，税法中关于限期纳税、征收滞纳金和罚款的规定，刑法中对构成偷税、抗税罪给予刑事处罚的规定等都是对税收法律关系的直接保护。税收法律关系的保护对权利主体双方是对等的，不能只对一方保护，而对另一方不予保护；对权利享有者保护，就是对义务承担者的制约。

三、税法的分类

1. 税收法律、税收法规和税收规章

按照税收法律效力不同，税法可分为税收法律、税收法规和税收规章。

（1）税收法律

税收法律，是指享有国家立法权的国家最高权力机关，依照法律程序制定的规范性税收文件。我国税收法律是由全国人民代表大会及其常务委员会制定的，其法律地位仅次于《中华人民共和国宪法》（以下简称《宪法》），而高于税收法规和税收规章。在我国现行税法体系中，《中华人民共和国个人所得税法》（以下简称《个人所得税法》）、《中华人民共和国企业所得税法》、《中华人民共和国税收征收管理法》（以下简称《税收征收管理法》）属于税收法律。

（2）税收法规

税收法规，是指国家最高行政机关、地方立法机关根据其职权或国家最高权力机关的授权，依据《宪法》和税收法律，通过一定法律程序制定的规范性税收文件。我国目前税法体系的主要组成部分是税收法规，由国务院制定的税收行政法规和由地方立法机关制定的地方税收法规两部分组成，具体形式主要是"条例"或"暂行条例"，如2008年11月10日国务院发布的修订的《中华人民共和国增值税暂行条例》。税收法规的效力低于《宪法》、税收法律，而高于税收规章。

（3）税收规章

税收规章，是指国家税收管理职能部门、地方政府根据其职权和国家最高行政机关的授权，依据有关法律、法规制定的规范性税收文件。在我国，具体是指财政部、国家税务总局、海关总署，以及地方政府在其权限范围内制定的有关税收的"办法""规则""规定"等，如国家税务总局于2011年10月27日发布的《卷烟消费税计税价格信息采集和核定管理办法》。税收规章可以增强灵活性和可操作性，是税法体系的必要组成部分，但其法律效力比较低。

2. 税收实体法和税收程序法

按照税收的职能作用不同，税法可分为税收实体法和税收程序法。

（1）税收实体法

税收实体法，是规定税收法律关系主体的实体权利和义务的法律规范的总称，其主要内容包括纳税主体、征税客体、计税依据、税目、税率、减税免税和违章处理等。税收实体法直接影响国家与纳税人之间权利义务的分配，是税法的核心部分，没有税收实体法，税法体系就不能成立。《个人所得税法》即属于税收实体法。

（2）税收程序法

税收程序法，是指以国家税收活动中所发生的程序关系为调整对象的税法，是规定国家征税权行使程序和纳税人的纳税义务履行程序的法律规范的总称。税收程序法主要内容包括税收确定程序、税收征收程序、税收检查程序和税收争议解决程序。税收程序法是税法体系的基本组成部分。《税收征收管理法》即属于税收程序法。

3. 国内税法和国际税法

按照主权国家享有的税收管辖权不同，税法可分为国内税法和国际税法。

（1）国内税法

国内税法，是指一国在其税收管辖权范围内调整税收分配过程中形成的权利义务关系的法律规范的总称，是由国家最高权力机关和经由授权或依法享有税收法律、法规和规章等制定权的国家行政机关所制定的税收法律、法规和规章等规范性文件。国内税法的效力范围在地域上和对象上均以国家税收管辖权所能达到的管辖范围为准。通常所说的税法是指国内税法。

（2）国际税法

国际税法，是指调整国家与国家之间税收权益分配的法律规范的总称，包括政府之间双边或多边税收协定、关税互惠公约以及国际税收管理等，其内容涉及税收管辖权的确定、税收抵免、最惠国待遇以及无差别待遇等。国际税法是国际法的特殊组成部分，一旦得到一国政府和立法机关的法律承认，其效力就高于国内税法。

任务三　熟悉税法构成要素

税法构成要素，是指所有税收法律、法规中都应具备的一些共同要素。但是，由于税法是由税收实体法和税收程序法构成的，通常所说的税法构成要素是指税收实体法构成要素，主要包括纳税人、征税对象、税率、计税依据、税收优惠、纳税环节、纳税期限、纳税地点、违章处理等。

一、纳税人

纳税人，也叫做纳税主体，是指国家税收法律、法规规定的直接负有纳税义务的单位和个人。纳税人包括一切应履行纳税义务的法人、自然人和其他组织。

（1）法人，是指依法成立并能独立行使法定权利并承担法定义务的社会组织。

（2）自然人，是指在法律上能独立享有法定权利，并承担法律义务的公民。

（3）其他组织，为了维护税法的统一和完整，对于不具备法人资格，但从事了应税行为的组织，也应作为纳税人管理的范畴。

在此，应注意区分与纳税人相关的两个概念：一是负税人；二是扣缴义务人。

（1）负税人，是指税款的最终实际负担者。负税人不能等同于纳税人，当纳税人所缴纳的税款是由自己负担时，纳税人同时是负税人；当纳税人将税负转嫁给他人时，纳税人就不是负税人。每个公民基本上都是负税人，但不一定都是纳税人。

（2）扣缴义务人，是指税收法律、法规规定的负有代扣代缴、代收代缴税款义务的单位和个人，包括代扣代缴义务人和代收代缴义务人。代扣代缴义务人是指税法规定的有义务从持有的纳税人收入中，扣除其应纳税款并代为缴纳的单位或个人；代收代缴义务人是指税法规定的有义务借助经济往来关系，向纳税人收取应纳税款并代为缴纳的单位或个人。

二、征税对象

征税对象，也叫做课税对象，又称纳税客体，是指税收法律关系中征纳双方权利义务所共同指向的客体或标的物，是区别不同税种的主要标志。例如，增值税的征税对象是商品或劳务在生产和流通过程中的增值额；企业所得税征税对象是企业的生产经营所得和其他所得。

在税法的制定和执行过程中，应注意区分征税对象与征税范围和税目的关系。

（1）征税范围，是指税法规定应税内容的具体区间，是征税对象的具体范围，体现了征税的广度。例如，营业税的交通运输业，具体的征税范围包括陆路运输、水路运输、航空运输、管道运输、装卸搬运。

（2）税目是各个税种所规定的具体征税项目，是征税对象的具体化。例如，消费税规定了14个税目，营业税规定了9个税目。税目解决了征税对象确定后如何界定范围的问题。确定税目的方法通常有两种，即概括法和列举法。概括法适用于种类繁杂、界限不易划清的征税对象；列举法适用于税源大、界限清楚的征税对象。必要时概括法和列举法可以结合使用。

三、税率

税率,是指应纳税额与征税对象数量之间的法定比例,体现征税的深度。税率的高低,直接反映国家的经济政策,影响国家的财政收入和纳税人的切身利益,是税法的核心。目前,我国税率主要有比例税率、累进税率和定额税率三种形式。

1. 比例税率

比例税率是对同一征税对象不分数额大小,规定相同的征收比例的税率。我国现行增值税、营业税、企业所得税、车辆购置税等采用的都是比例税率。实行比例税率,同一征税对象中不同的纳税人税负相同,具有税负稳定、计算简便、便于征管等优点,但不能体现量能负担的原则。比例税率又可细分以下五种。

(1)统一比例税率,又称单一比例税率,是指一种税只设置一种比例税率,所有纳税人都按同一税率纳税,如现行的企业所得税。

(2)产品差别比例税率,是指按产品大类或品种分别设计不同税率,如现行的消费税。

(3)行业差别比例税率,是指按照应税产品或经营项目所归属的行业设计税率,如现行的营业税。

(4)地区差别比例税率,是指以不同地区经济发展水平的差异为划分依据,对不同地区分别规定不同的比例税率的税率制度,如城市维护建设税。

(5)幅度差别比例税率,是指在税法规定的统一比例幅度内,由地方政府根据本地具体情况确定具体的适用税率,如营业税中的娱乐业适用的税率。

2. 累进税率

累进税率,是指将征税对象按数额大小划分为若干等级,根据等级不同规定由低到高的不同税率。累进税率可以直接、明显地调节纳税人的收入,具有适应性强,灵活性大等特点。累进税率根据需要又可细分为以下四种。

(1)全额累进税率

全额累进税率是把征税对象按绝对数额划分为若干等级,对每个等级规定相应的税率,将征税对象的全部数额都按照相对应级次的税率计算应纳税额(如表1-1所示)。全额累进税率优点是原理简单,计税简便,对纳税人调节力度较大;其缺点是结构设计不合理,尤其是在各级距的临界点附近,会出现税负的增加超过征税对象数额的增加的不合理现象。目前,一般税法很少采用全额累进税率。

表 1-1 全额累进税率表

级 数	计税依据/元	税 率/%
1	1 500（含）以下的部分	3
2	超过 1 500 低于 4 500（含）的部分	10
3	超过 4 500 低于 9 000（含）的部分	20
4	超过 9 000 低于 35 000（含）的部分	25
5	超过 35 000 低于 55 000（含）的部分	30
……	……	……

【例 1-1】 某单位甲纳税人取得工资收入 5 000 元，扣除法定费用 3 500 元，应税所得为 1 500 元；乙纳税人取得工资收入 5 001 元，扣除法定费用 3 500 元，应税所得为 1 501 元，按全额累进税率计算应纳税额。则根据概念计算如下：

应纳税额＝征税对象全额×该级距适用税率；

甲应纳税额＝1 500×3%＝45（元）；

乙应纳税额＝1 501×10%＝150.1（元）。

计算结果显示，乙纳税人只比甲多得 1 元收入，却要多交 105.1 元的税，显然得不偿失。

（2）超额累进税率

超额累进税率是把征税对象按绝对数额划分为若干等级，每个等级规定相应的税率，税率依次提高，将每个级距的征税对象数额与其税率相对应，分段计算各级税额，然后将计算结果相加后得出总的应纳税额（如表 1-2 所示）。超额累进税率结构设计合理，优点是税收负担比较公平，其缺点是计税方法复杂。

表 1-2 超额累进税率表

级 数	计税依据/元	税 率/%	速算扣除数
1	1 500（含）以下的部分	3	0
2	超过 1 500 低于 4 500（含）的部分	10	105
3	超过 4 500 低于 9 000（含）的部分	20	555
4	超过 9 000 低于 35 000（含）的部分	25	1 005
5	超过 35 000 低于 55 000（含）的部分	30	2 755
……	……	……	……

【例 1-2】 某单位甲、乙纳税人工资收入和应税所得与例 1-1 相同，按超额累进税率计算应纳税额。则根据概念计算如下：

应纳税额＝$\sum$（各级距计税依据×该级距适用税率）；

甲应纳税额＝1 500×3%＝45（元）；

$$\text{乙应纳税额} = 1\,500 \times 3\% + 1 \times 10\% = 45.1\text{（元）}。$$

为解决超额累进税率计算复杂的问题，在实际工作中一般采用速算扣除的方法，其计算方法为：

$$\text{应纳税额} = \text{征税对象全额} \times \text{该级距适用税率} - \text{该级距速算扣除数}。$$

【例 1-3】 若根据例 1-2，乙纳税人应税所得仍为 1 501 元，按超额累进税率计算应纳税额，采用速算扣除数法计算：

$$\text{应纳税额} = 1\,501 \times 10\% - 105 = 45.1\text{（元）}。$$

上述公式中的"速算扣除数"，是指预先按照全额累进税率计算的税额，减去按照超额累进税率计算的税额，得出的差额。

速算扣除数也可以按以下公式求得：

$$\text{本级速算扣除数} = \text{本级征税对象下限} \times (\text{本级税率} - \text{上一级税率}) +$$
$$\text{上一级速算扣除数}。$$

【例 1-4】 假设乙纳税人应税所得额为 1 501 元时，根据例 1-1 和例 1-2 计算的结果，可以得知，两个应纳税额的差额是 150.1－45.1＝105（元），也就是第二级距的速算扣除数。

（3）全率累进税率

全率累进税率，是指把征税对象的相对数额（或相对比率）划分为若干级距，对每个级距规定相应的税率，纳税人的全部征税对象都按照相应级次的税率计算应纳税额。但目前实际工作中一般不采用全率累进税率。

（4）超率累进税率

超率累进税率，是指把征税对象按相对数额（或相对比率）划分为若干级距，分别规定相应的差别税率，相对数额每超过一个级距的，对超过部分就按高一级的税率计算应纳税额。我国的土地增值税就是采用这种税率形式。

3. 定额税率

定额税率又称固定税额，是按征税对象的计量单位直接规定一个固定的征税数额。征税对象的计量单位可以是重量、数量、面积、体积等自然单位，也可以是专门规定的复合单位。按定额税率征税，税额的多少只同征税对象的数量有关，同价格无关。目前我国的资源税、车船使用税等税种采用的就是定额税率。

在税率方面，除以上几种形式外，还存在着附加和加成等问题。

四、计税依据

计税依据是计算国家征税或纳税人纳税的依据，是征税对象数量的表现。一般情况下，计税依据是根据征税对象的名称来确定的，例如，增值税的计税依据是增值额，企业所得税的计税依据是应纳税所得额等。但有时计税依据与征税对象没有直接关系，如资源税的征税对象是应税矿产品和盐，而计税依据却是应税产品的销售额或销售量。

计税依据经常采用价值计量形态和实物计量形态，它与采用税率的形式紧密相关。

五、税收优惠

税收优惠，是指国家为了实行某种政策，达到一定的政治经济目的，而对某些纳税人和征税对象采取免予征税或者减少征税的特殊规定。其中，减税和免税是国家对纳税人最重要的税收优惠措施，是税法原则性和灵活性相结合的具体体现，是税法的重要组成部分。

减税基本上有两种方法：一是减率，即对征税对象的税率减少多少或减到多少；二是减额，即直接规定对纳税人的应纳税额减少一个固定的数额。

1. 减税和免税的规定

减税，是指按照税法规定对应纳税额只减少征收一部分。免税是指按照税法规定对应纳税额的全部免征。在实际工作中，税收减免主要有三种形式，即税基式减免、税率式减免和税额式减免。

2. 起征点

起征点，是指按照税法规定，征税对象达到开始征税的数量界限。征税对象数额未达到起点的不征税；达到或超过起点的，就其全部数额征税。

3. 免征额

免征额，是指按照税法规定，在全部征税对象数额中预先确定一个免于征税的数额。即不论征税对象数额大小，首先将免征额部分扣除，只对超过免征额的部分征税。

六、纳税环节

纳税环节，是指税法规定的征税对象在从生产到消费的流转过程中应当缴纳税款的环节。由于社会再生产存在生产、交换（流通）、分配、消费等多个环节，确定在哪个环节纳税，关系税款能否及时入库，地区之间的收入分配，也关系税收职能的发挥。

纳税环节可以根据不同情况划分为一次课征制、两次课征制和多次课征制。

七、纳税期限

纳税期限，是指纳税人发生纳税义务后向国家缴纳税款的法定期限，是税收强制性和固定性在时间上的体现。

纳税期限概括起来主要有两种形式：按期纳税和按次纳税。

（1）按期纳税包括税额计算期限和税款缴库期限。例如，增值税和消费税的纳税期限规定为 1 日、3 日、5 日、10 日、15 日、1 个月或者 1 个季度；以 1 个月为一期纳税的，自期满之日起 15 日内申报纳税；以其他间隔为纳税期限的，自期满之日起 5 日内预缴税款，于次月 1 日起 15 日内申报纳税并结清上月税款。

（2）按次纳税是根据纳税行为的发生次数确定纳税期限。纳税人不能按期纳税的，可以按次纳税。

八、纳税地点

纳税地点，是指根据各个税种征税对象、纳税环节等不同，为有利于对税款的源泉控制而规定纳税人（包括代征、代扣、代缴义务人）应该缴纳税款的具体地点。在实际工作中可以分为机构所在地纳税、经营行为发生地纳税、由总机构汇总纳税等多种形式。

九、违章处理

违章处理，是指对纳税人违反税收法律的行为采取的处罚措施，是税收强制性的具体表现。

违章行为包括偷税、欠税、骗税、抗税、不按规定向税务机关提供有关纳税资料和不配合税务机关的纳税检查等。纳税人发生违章行为时，首先必须限期补缴税款、办理登记、提供有关资料并接受检查等，然后再视情节轻重加以处罚。处罚措施包括：罚款、罚金、加收滞纳金、追究刑事责任等。纳税人对税务机关的处罚不服，在接受处罚措施的前提下，可以向税务执行机关的上一级税务机关申请复议，如对复议结果不服，可以向人民法院提起行政诉讼，以维护自己的合法权益。

除以上内容之外，有些专业书籍将总则、附则、征收机关等也作为税法构成要素，本书中不做赘述。

任务四　熟悉我国现行税法构成体系

税制体系也叫税制结构，是指一个国家在一定时期内相关税收法律、法规的框架构成。在税收实践中，一般来说，税制构成体系和税法构成体系没有显著的区别。

我国现行的税法构成体系是在原有税制的基础上，经过 1994 年工商税制改革逐渐完善形成的多税种、多环节、多层次的复税制体系。该体系按其性质和作用，将税种大致分为五类，即对流转额的课税、对所得额的课税、对资源的课税、对财产的课税和对特定行为目的的课税。

一、对流转额的课税

对流转额的课税，是指以纳税人的商品流转额和非商品流转额为征税对象的税种。商品流转额是指在商品流转过程中所发生的货币金额。商品从生产到消费一般要经过制造、批发、零售等环节，每个购销环节所发生的货币流入或流出，都形成了商品流转额。非商品流转额也叫非商品营业额，是指不从事商品生产和交换的单位和个人，因其他经营活动而取得的货币金额，如交通运输业、建筑安装业等。

流转税类是我国现行税制中的主体税种，包括增值税、营业税、消费税和关税。

流转税类主要在生产、流通、进口环节或者服务业中发挥调节作用。它可以通过税目税率的设计，从经济利益上引导生产和消费，保证国家财政收入及时、稳定、可靠地获得。

二、对所得额的课税

对所得额的课税，是指以纳税人的各种所得额为征税对象的税种。所得额包括企业所得额和个人所得额。其中，企业所得额是指企业在一定时期内（通常为一个纳税年度），就其收入总额扣除为取得该项收入所耗费的各项合法支出后的余额，包括生产经营所得和其他所得。

所得税类也是我国现行税制中的主体税种之一，包括企业所得税、个人所得税等。

所得税类主要是在国民收入形成后，对生产经营的利润和个人的纯收入发挥调节作用。

三、对资源的课税

对资源的课税，是指以纳税人开发、利用和占有的自然资源为征收对象的税种。

资源税类是我国现行税制中的辅助税种之一，包括资源税、土地增值税、城镇土地使用税和耕地占用税等。

资源税类主要是对开发和利用自然资源差异而形成的级差收入发挥调节作用。

四、对财产的课税

对财产的课税是指以纳税人拥有、支配或使用的财产为征税对象的税种。

财产税类也是我国现行税制中的辅助税种之一，包括房产税、契税、车船税等。

财产税类主要是对社会成员的财产收入水平发挥调节作用。

五、对特定行为目的的课税

对特定行为目的的课税，是指国家为达到一定的政治经济目的，对纳税人的某些特定行为开征的税种。

特定行为目的税类包括印花税、城市维护建设税、车辆购置税、烟叶税等。

特定行为目的税类在直接体现国家政策、实现国家宏观调控等方面有着较为突出的作用。

复习、思考与练习

1. 名词解释：税收、税法、纳税人、税率、超额累进税率、减税和免税。
2. 税收的特征、本质、职能和作用各包括哪几方面的内容？
3. 简述税收的几种分类方法。
4. 税法的构成要素有哪些？
5. 说明纳税人与负税人、扣缴义务人的联系与区别。
6. 税率如何分类？我国现行税法中采用哪几种税率？

综 合 实 训

1. 某企业的一名职工，本月取得工资收入 2 800 元，奖金收入 1 400 元，职务津贴 800 元，误餐补助 450 元，按国家有关个人所得税的规定，扣除 3 500 元的基本费用后，应纳税所得额为 1 950 元。

要求：分别按超额累进税率的定义法和速算扣除法计算该职工应纳个人所得税税额。

2. 根据实际情况，组织学生对税务机关或有关纳税单位进行参观，以充分认识税收的职能、作用，以及征纳主体双方的权利义务关系在实际工作中的体现。

项目二 税收征收管理实务

任务一 税收征收管理法基本理论认知

税收征收管理法是有关税收征收管理法律规范的总称，包括税收征收管理法及税收征收管理的有关法律、法规和规章；包括国家权力机关制定的税收征管法律、国家权力机关授权行政机关制定的税收征管行政法规、有关税收征管的行政规章和地方性法规，以及有关的税收条约等，其主体是《中华人民共和国税收征收管理法》（以下简称《税收征收管理法》）及《中华人民共和国税收征收管理法实施细则》（以下简称《税收征收管理法实施细则》）。

《税收征收管理法》于 1992 年 9 月 4 日第七届全国人民代表大会常务委员会第二十七次会议通过，1993 年 1 月 1 日起施行。1995 年 2 月 28 日第八届全国人民代表大会常务委员会第十二次会议修正。2001 年 4 月 28 日，第九届全国人民代表大会常务委员会第二十一次会议通过了修订后的《中华人民共和国税收征收管理法》（以下简称《征管法》），并于 2001 年 5 月 1 日起施行。

一、《税收征收管理法》的适用范围

《税收征收管理法》第 2 条规定："凡依法由税务机关征收的各种税收的征收管理，均适用本法。"可见，该条明确界定了《税收征收管理法》的适用范围。

我国税收的征收机关有税务、海关、财政等部门，税务机关征收各种工商税收，海关征收关税。《税收征收管理法》只适用于由税务机关征收的各种税收的征收管理。

契税的征收管理，由国务院另行规定；海关征收的关税及代征的增值税、消费税，适用其他法律、法规的规定。

值得注意的是，目前还有一部分费由税务机关征收，如教育费附加。这些费不适用《税收征收管理法》，不能采取《税收征收管理法》规定的措施，其具体管理办法由各种费的条例和规章决定。

二、《税收征收管理法》的主要内容

税收制度管理的内容实际上就是税务机关对纳税人的纳税义务进行确认，其基本内容包括：税务登记、纳税申报、税款征收和税务检查。围绕着税收征管的主体内容，结合一些辅助性的工作，如账簿、凭证管理、发票管理、税务检查中查出来的问题的处理、征纳双方发生争议如何解决等，需要进行比较完整、细化的税收征管内容。

1. 税务管理

税务管理，也称税收基础管理，是为了保证税款的顺利征收所作的一些基础性工作，是税款征收的前提。税务管理主要包括税务登记管理、账簿和凭证管理及纳税申报管理。

2. 税款征纳

税款征纳，是指税款入库的过程。从征税机关的角度来看，是征税机关依照法律、法规的规定征收税款的过程；从纳税人的角度来看，是纳税人或扣缴义务人按照法律、法规的规定缴纳税款的过程。

3. 发票管理

发票管理，是指税务机关依照法律、行政法规的规定，对发票的印制、领购、开具、取得、保管和缴销等方面所进行的管理。严格来说，发票属于凭证，所以发票管理本应包含在税务管理中的账簿、凭证管理内容之中，但由于发票是非常重要的一类凭证，尤其是增值税专用发票可作为税款抵扣的凭证，直接决定着纳税人应纳税额的多少。偷漏税者往往是在发票上做手脚，所以为了突出它的重要性，也便于读者对发票方面的规定有一个全面、清晰的认识，本书将其单独作为一部分内容加以介绍。

4. 税务检查

税务检查，是指税务机关为了减少税款的流失，根据税收法律、法规及相关的财务会计制度的规定，对纳税人履行纳税义务、扣缴义务人履行扣缴义务的情况所进行的检查和监督。

5. 法律责任

法律责任，是指纳税人、扣缴义务人不能正确履行义务、发生违法行为时所应承担的法律后果。为了维护税法的权威，保证国家税收收入的及时、足额入库，当纳税人、扣缴义务人不能正确履行义务、发生违法行为时，应对其采取一定的制裁措施，《税收征收管理法》为此规定了相应的法律责任。根据情节的轻重，法律责任可划分为违反税法规定的行政处罚和危害税收征管罪。

6. 税收争议的解决

税收争议的解决，是作为征管方的税务机关在与纳税人、扣缴义务人、纳税担保人等相对人在税款征收过程中所发生的一些争议予以解决的方式。针对不同情形可采取税务行政复议或税务行政诉讼的方式解决，当税务机关的行为不当，给纳税相对人造成损失时，纳税相对人有权要求税务机关予以赔偿。

三、《税收征收管理法》的遵守主体

由于《税收征收管理法》适用于由税务机关征收的各种税收，因此，《税收征收管理法》的遵守主体包括税务行政主体即税务机关，以及税务行政相对人即纳税人、扣缴义务人和其他有关单位。

1. 税务机关和税务人员的权利和义务

（1）税务机关和税务人员的权利
① 负责税收征收管理工作。
② 税务机关依法执行职务，任何单位和个人不得阻挠。

（2）税务机关和税务人员的义务
① 税务机关应当广泛宣传税收法律、行政法规，普及纳税知识，无偿地为纳税人提供纳税咨询服务。
② 税务机关应当加强队伍建设，提高税务人员的政治业务素质。
③ 税务机关、税务人员必须秉公执法、忠于职守、清正廉洁、礼貌待人、文明服务、尊重和保护纳税人、扣缴义务人的权利，依法接受监督。
④ 税务人员不得索贿受贿、徇私舞弊、玩忽职守，不征或者少征应征税款；不得滥用职权多征税款或者故意刁难纳税人和扣缴义务人。
⑤ 各级税务机关应当建立、健全内部制约和监督管理制度。
⑥ 上级税务机关应当对下级税务机关的执法活动依法进行监督。
⑦ 各级税务机关应当对其工作人员执行法律、行政法规和廉洁自律准则的情况进行监督检查。
⑧ 税务机关负责征收、管理、稽查，行政复议人员的职责应当明确，并相互分离、相互制约。
⑨ 税务机关应为检举人保密、并按规定给予奖励。
⑩ 税务人员在核定应纳税额、调整税收定额，进行税务检查、实施税务行政处罚、办理税务行政复议时，与纳税人、扣缴义务人或者其法定代表人、直接责任人有下列关系之一的，应当回避：夫妻关系；直系血亲关系；三代以内旁系血亲关系；近姻亲关系；可能影响公正执法的其他利害关系。

2. 纳税人、扣缴义务人的权利和义务

（1）纳税人、扣缴义务人的权利
① 知情权。
② 保密权。
③ 税收监督权。
④ 纳税申报方式选择权。
⑤ 申请延期申报权。
⑥ 申请延期缴纳税款权。
⑦ 申请退还多缴税款权。
⑧ 依法享受税收优惠权。
⑨ 委托税务代理权。
⑩ 陈述与申辩权。

⑪ 对未出示税务检查证和税务检查通知书的拒绝检查权。
⑫ 税收法律救济权。
⑬ 依法要求听证的权利。
⑭ 索取有关税收凭证的权利。

（2）纳税人、扣缴义务人的义务

① 依法进行税务登记的义务。
② 依法设置账簿、保管账簿和有关资料以及依法开具、使用、取得和保管发票的义务。
③ 财务会计制度和会计核算软件备案的义务。
④ 按照规定安装、使用税控装置的义务。
⑤ 按时、如实申报的义务。
⑥ 按时缴纳税款的义务。
⑦ 代扣、代收税款的义务。
⑧ 接受依法检查的义务。
⑨ 及时提供信息的义务。
⑩ 报告其他涉税信息的义务。

3. 地方各级人民政府、有关部门和单位的权利和义务

（1）地方各级人民政府、有关部门和单位的权利

① 地方各级人民政府应当依法加强对本行政区域内税收征收管理工作的领导或者协调，支持税务机关依法执行职务，依照法定税率计算税额，依法征收税款。
② 各有关部门和单位应当支持、协助税务机关依法执行职务。
③ 任何单位和个人都有权检举违反税收法律、行政法规的行为。

（2）地方各级人民政府、有关部门和单位的义务

① 任何机关、单位和个人不得违反法律、行政法规的规定，擅自作出税收开征、停征以及减税、免税、退税、补税和其他与税收法律、行政法规相抵触的决定。
② 收到违反税收法律、行政法规行为检举的机关和负责查处的机关应当为检举人保密。

任务二　税务管理基本知识认知

税务管理也称税收基础管理，是整个税收征管的重要组成部分，是税收征纳的基础和前提。税务管理主要包括三个方面，即税务登记、账簿和凭证管理、纳税申报。

一、税务登记

依据我国《税收征收管理法》的规定，从事生产、经营的纳税人，必须在法定期限内依法办理税务登记。税务登记，是税务机关对纳税人的经济活动进行登记，并据此对

纳税人实施税务管理的一项法定制度。税务登记是整个税收征管的首要环节，是纳税人与税务机关建立税务联系的开始。税务登记与工商登记一样，都是从事生产、经营活动的企业和个人的重要义务。同工商登记相一致，税务登记也包括四类，即开业税务登记、变更税务登记、注销税务登记和停业、复业税务登记。

1. 开业税务登记

开业税务登记，是指纳税人经由工商登记而成立，或者相关组织、个人依据法律、行政法规的规定成为纳税人时，依法向税务机关办理的税务登记。

开业税务登记的对象分为以下两类。

（1）从事生产经营的纳税人，包括企业；企业在外地设立的分支机构和从事生产、经营的场所；个体工商户；从事生产、经营的事业单位。

（2）其他发生纳税义务的各类组织和单位。

税务机关应当从收到纳税人的申报并同意受理之日起 30 日内审核完毕，对于有关证件、资料完整、合法、有效，符合登记条件的，予以登记，发给税务登记证件；不符合登记条件的不予登记，但要在 30 日内予以答复。

各级工商行政管理机关应当定期向同级国家税务局、地方税务局通报办理开业、变更、注销登记和吊销营业执照的情况。

其他纳税人，除了国家机关和个人以外，应当从纳税义务发生之日起 30 日内，持有关证件，向所在地税务机关申报办理税务登记。

已办理税务登记的扣缴义务人应当从扣缴税款义务发生之日起 30 日内，向所在地税务机关申报办理扣缴税款登记，领取扣缴税款登记证件。税务机关对于已经办理税务登记的扣缴义务人，可以在其税务登记证件上登记扣缴税款事项，不再发给扣缴税款登记证件。

2. 变更税务登记

变更税务登记，是指纳税人办理开业税务登记后，因登记内容发生变化而向主管税务机关申请办理的税务登记。

从事生产、经营的纳税人，税务登记内容发生变化的，应当从工商行政管理机关或者其他机关办理变更登记之日起 30 日内，持有关证件（包括工商行政管理机关变更工商登记的证明、有关部门批准的文件等）向原税务登记机关申报办理变更税务登记。原税务登记机关接到申报以后应当及时审核，对符合规定的予以办理变更登记，对不符合规定的予以答复。

纳税人的税务登记内容发生变化，不需要在工商行政管理机关或者其他机关办理变更登记的，应当从发生变化之日起 30 日内，持有关证件向原税务登记机关申报办理变更税务登记。

增值税一般纳税人被取消资格，需要变更税务登记的，应当提交下列证件：增值税一般纳税人申请认定书原件，税务登记证（正、副本）原件，纳税人税种登记表，其他有关资料。

纳税人提交资料齐全的,由税务机关发给税务登记变更表,依法如实填写。税务机关审核以后,归入纳税人档案,并在税务登记表和税务登记证件副本的有关栏次内填写变更记录。

变更税务登记的内容涉及税务登记证件内容需做更改的,税务机关应当收回原税务登记证件,并按照变更以后的内容重新核发税务登记证件。

3. 注销税务登记

注销税务登记,是指纳税人发生解散、破产、撤销以及其他情形,导致纳税人在税收征管中主体地位发生变化而依法应终止纳税义务时,向税务机关申请办理的税务登记。

从事生产、经营的纳税人发生解散、破产、撤销以及其他情形,依法终止纳税义务的,应当在向工商行政管理机关或者其他机关办理注销登记以前,向原税务登记管理机关申报办理注销税务登记。

按照规定不需要在工商行政管理机关或者其他机关办理注销登记的纳税人,应当从有关机关批准或者宣告终止之日起15日内,向原税务登记机关申报办理注销税务登记。

纳税人由于住所、经营地点变动而涉及改变税务登记机关的,应当在向工商行政管理机关或者其他机关申请办理变更或者注销登记以前,或者住所、经营地点变动以前,向原税务登记机关办理注销税务登记,并在30日内向迁达地税务机关申办税务登记。

纳税人被工商行政管理机关吊销营业执照或者被其他机关撤销登记的,应当从营业执照被吊销或者被撤销之日起15日内,向原税务登记机关申报办理注销登记。

纳税人办理注销税务登记的时候,应当提交注销税务登记申请,并附送主管部门或者审批机关的批准文件,清算组织提供的清理债权、债务文件,以及其他有关证明资料;同时向税务机关结清税款、滞纳金和罚款,缴销发票、税务登记证件和其他税务证件,经过税务机关核准,办理注销税务登记手续。

纳税人由于住所、经营地点发生变化注销税务登记的,原税务登记机关对其注销税务登记的同时,应当向迁达地税务机关递交纳税人迁移通知书,由迁达地税务机关重新办理税务登记。如果纳税人已经或者正在享受税收优惠待遇,迁出地税务机关应当在迁移通知书上注明。

4. 停业、复业税务登记

纳税人在申报办理停业登记时,应如实填写停业申请登记表,说明停业理由、停业期限、停业前的纳税情况和发票的领、用、存情况,并结清应纳税款、滞纳金、罚款。税务机关应收存其税务登记证件及副本、发票领购簿、未使用完的发票和其他税务证件。

实行定期定额征收方式的个体工商户需要停业的,应当在停业前向税务机关申报办理停业登记。纳税人的停业期限不得超过1年。

纳税人在停业期间发生纳税义务的,应当按照税收法律、行政法规的规定申报缴纳税款。

纳税人应当于恢复生产经营之前,向税务机关申报办理复业登记,如实填写《停、复业报告书》,领回并启用税务登记证件、发票领购簿及其停业前领购的发票。

纳税人停业期满不能及时恢复生产经营的，应当在停业期满前向税务机关提出延长停业登记申请，并如实填写《停、复业报告书》。

二、账簿和凭证管理

纳税人、扣缴义务人应当按照有关法律、行政法规和财政部、国家税务总局的规定设置账簿，根据合法、有效凭证记账、核算。

1. 设置账簿的管理

从事生产、经营的纳税人应当在领取营业执照之日起 15 日内按照规定设置总账、明细账、日记账以及其他辅助性账簿，其中总账、日记账必须采用订本式。

扣缴义务人，应当自税收法律、行政法规规定的扣缴义务发生之日起 10 日内，按照所代扣、代收的税种，分别设置代扣代缴、代收代缴税款账簿。

生产经营规模小又确无建账能力的纳税人，可以聘请经批准从事会计代理记账业务的专业机构或者财会人员代为建账和办理账务。纳税人、扣缴义务人采用电子计算机记账的，对于会计制度健全，能够通过电子计算机正确、完整计算其收入、所得的，其电子计算机储存和输出的会计记录，可视同会计账簿，但应按期打印成书面记录并完整保存；对于会计制度不健全，不能通过电子计算机正确、完整反映其收入、所得的，应当建立总账和与纳税或者代扣代缴、代收代缴税款有关的其他账簿。

从事生产、经营的纳税人应当自领取税务登记证件之日起 15 日内，将其财务、会计制度或者财务、会计处理办法报送主管税务机关备案。纳税人、扣缴义务人采用计算机记账的，应当在使用前将其记账软件、程序和使用说明书及有关资料报送主管税务机关备案。

2. 账簿、凭证的使用和保管

账簿、凭证必须依据有关的法律规定进行使用和保管。其中，从事生产、经营的纳税人、扣缴义务人必须按照国务院财政、税务主管部门规定的期限（通常为 10 年）保管账簿、记账凭证、完税凭证及其他有关资料。上述需保管的资料不得伪造、变造或者擅自损毁。保存期满需要销毁时，应编制销毁清册，经主管税务机关批准后方可销毁。另外，为了加强对凭证，尤其是其中的发票的管理，财政部专门发布了《中华人民共和国发票管理办法》，足见发票在整个税收征管中的重要地位。

3. 税控管理

税控管理是税务机关利用税控装置对纳税人的生产经营情况进行监督和管理，以保障国家税收收入，防止税款流失，提高税收工作效率，降低征收成本的各项活动的总称。

根据《税收征收管理法》第 60 条第 1 款第五项的规定，未按照规定安装、使用税控装置，或者损毁或者擅自改动税控装置的，由税务机关责令限期改正，可以处 2 000 元以下的罚款；情节严重的，处 2 000 元以上 1 万元以下的罚款。以上规定为使用推广税控装置提供了法律保证。

4. 税务会计的决定权

一般来说,企业会计是税务会计的重要基础,但当两者存在冲突时,应当依据税务会计的制度和方法来确定税基,即税务会计具有最终的决定权,因为它是由税法加以确定的。有鉴于此,与上述的账簿、凭证管理相一致,我国《税收征收管理法》规定,从事生产、经营的纳税人的财务、会计制度或者财务会计处理办法,应当报送税务机关备案。上述制度或处理办法与国务院或国务院财政、税务主管部门有关税收的规定相抵触的,依照后者有关税收的规定计算纳税。

三、纳税申报

纳税申报,是在纳税义务发生后,纳税人按期向征税机关申报与纳税有关的各类事项的一种制度。纳税申报是连接税务机关与纳税人的重要纽带,是建立税收征纳关系的重要环节。

1. 纳税申报的对象

根据《税收征收管理法》第25条第1、2款的规定,纳税申报的对象为纳税人和扣缴义务人。纳税人在纳税期内没有应纳税款的,也应当按规定办理纳税申报。纳税人享受减税、免税待遇的,在减税、免税期间应当按规定办理纳税申报。

2. 纳税申报的内容

纳税申报的内容,主要在各税种的纳税申报表和代扣代缴、代收代缴税款报告表中体现,也有部分内容是随纳税申报表附报的财务报表和有关纳税资料中体现。纳税人、扣缴义务人应如实填写纳税申报表或者代扣代缴、代收代缴税款报告表,其主要内容包括:税种、税目;应纳税项目或者代扣代缴、代收代缴税款项目;计税依据;扣除项目及标准;适用税率或者单位税额;应退税项目及税额、应减免税项目及税额;应纳税额或者应代扣代缴、代收代缴税额;税款所属期限、延期缴纳税款、欠税、滞纳金等。

3. 纳税申报的期限

《税收征收管理法》规定,纳税人、扣缴义务人都必须按照法定的期限办理纳税申报。申报期限有两种:一种是法律、行政法规明确规定的;另一种是税务机关按照规律、行政法规的原则规定,结合纳税人生产经营实际情况及其所应缴纳的税种等相关问题予以确定的。两种期限具有同等的效力。

4. 纳税申报的延期

纳税人、扣缴义务人按照规定的期限办理纳税申报或者报送代扣代缴、代收代缴税款报告表确有困难(如受到不可抗力的影响、财务会计处理上有特殊情况等),需要延期的，应当在规定的期限内向税务机关书面延期申请；经过税务机关核准，可以在核准的期限内办理。

纳税人、扣缴义务人由于不可抗力，不能按期办理纳税申报或者报送代扣代缴、代收代缴税款报告表的，可以延期办理。但是，应当在不可抗力情形消除以后，立即向税务机关报告。税务机关应当查明事实，予以核准。

经过核准延期办理上述申报、报送事项的，应当在纳税期内按照上期实际缴纳的税额或者税务机关核定的税额预缴税款，并在核准的延期期限内办理税款结算。

5. 纳税申报的方式

纳税人、扣缴义务人可以直接到税务机关办理纳税申报或者报送代扣代缴、代收代缴税款报告表；经过税务机关批准，纳税人、扣缴义务人也可以按照规定采取邮寄、数据电文（指税务机关确定的电话语音、电子数据交换和网络传输等电子方式）或者其他方式（如委托他人代理）办理纳税申报事宜。

纳税人采取邮寄方式办理纳税申报的，应当使用统一的纳税申报专用信封，并以邮政部门的收据作为申报凭据，以寄出的邮戳为实际申报日期。

纳税人采取电子方式办理纳税申报的，应当按照税务机关规定的期限和要求保存有关资料，并定期书面报送税务机关。

实行定期定额缴纳税款的纳税人，可以实行简易申报、简并征期等申报纳税方式。

任务三 税款征收的基本业务

税款征收是整个税收征收管理的中心环节，是纳税人依法履行纳税义务和征税机关依法将税款征收入库的最重要的阶段。在税款征收制度中，包含着税收程序法中的一些重要制度，它们对于保障征纳双方的权利和义务起着十分重要的作用。

一、税务管辖

税务管辖也称征收管辖，是对征税主体的税款征收权的进一步具体化。从纳税主体的角度来说，税务管辖是纳税主体应向哪里的哪个征税机关申报并缴纳税款的问题；从征税主体的角度来说，税务管辖是哪里的哪个征税机关有权受理纳税主体的申报和缴纳税款的事宜，以及依法保障应收税款及时、足额入库的问题，因此是征税机关在税款征收方面的管辖权划分问题。税务管辖的主体是征税机关。

税务管辖从纳税主体的角度来说是一个纳税地点的问题。在税法上确定为纳税地点的主要有：纳税人所在地（包括其机构所在地和住所所在地等）；商品销售地；劳务发生地或营业地；财产所在地；报关地等。纳税主体一般应根据具体情况，到税法规定的纳税地点的征税机关申报纳税。

在税务管辖中，最为重要的是地域管辖，此类管辖最为普遍，是税务管辖的基本形式。此外，在地域管辖中也包括专属管辖，它排除了一般地域管辖，明确规定某些征收事宜仅由特定的征税机关管辖。例如，进口环节增值税、消费税由海关代征；作为共享税的增值税由国家税务局征收等。

二、税款征收方式

税款征收方式，是指税务机关在组织税款入库的过程中所采取的具体的征收方法或征收形式。目前，我国的税款征收方式主要包括以下七种。

1. 查账征收

查账征收，是指税务机关按照纳税人提供的账表所反映的经营情况，依照适用税率计算缴纳税款的方法。这种方式一般适用于财务会计制度较为健全，能够认真履行纳税义务的纳税单位或个人。

2. 查定征收

查定征收，是指对账务不全，但能控制其材料、产量或进销货物的纳税单位和个人，由税务机关依据正常条件下的生产能力对其生产的应税产品查定产量、销售额并据以征收税款的征收方式。

3. 查验征收

查验征收，是指对纳税人的应税货物，在其上市销售前向主管税务机关报验，由税务机关查验数量，按市场一般销售单价计算其销售收入并据以征税的方式。这种方式适用于城乡集贸市场的临时经营和机场、码头等场外经销商品的课税。

4. 定期定额征收

定期定额征收，是指税务机关对小型个体工商户进行典型调查，掌握代表性资料，逐户确定按季或分月的营业额和所得额，进行多税种合并征收的一种征收方式。

5. 代扣代缴

代扣代缴，是指按照税法规定，由负有扣缴税款义务的单位和个人，负责对纳税人应纳的税款进行代扣代缴的一种方式。即由支付人在向纳税人支付款项时，从所支付的款项中依法直接扣收税款并代为缴纳。

6. 代收代缴

代收代缴，是指依照税法规定，由负有收缴税款义务的单位和个人，负责对纳税人应纳的税款进行代收代缴的一种方式。即由与纳税人有经济往来的单位和个人在向纳税人收取款项时依法收取税款并代为缴纳。

7. 委托代征

委托代征，是指受委托的有关单位按照税务机关核发的代征证书的要求，以税务机关的名义向纳税人征收零散税款的一种征收方式。

无论采取何种征收方式，税务机关在征收税款和扣缴义务人代扣、代收税款时，必须给纳税人开具完税凭证。完税凭证包括各种完税证、缴款书、印花税票、扣（收）税凭证以及其他完税证明。

三、税收的延期与追征

依据我国《税收征收管理法》的规定，纳税人、扣缴义务人应按照法律、行政法规规定的期限，或者税务机关依照法律、行政法规的规定确定的期限，缴纳或者解缴税款。纳税人、扣缴义务人未按照上述期限缴纳或解缴税款的，税务机关除责令限期缴纳外，从滞纳税款之日起，按日加收滞纳税款0.05%的滞纳金。

1. 税收的延期

《税收征收管理法》第31条第2款规定："纳税人因有特殊困难，不能按期缴纳税款的，经省、自治区、直辖市国家税务局、地方税务局批准，可以延期缴纳税款，但是最长不得超过3个月。"其中，"特殊困难"包括：（1）因不可抗力，导致纳税人发生较大损失，正常生产经营活动受到较大影响的；（2）当期货币资金在扣除应付职工工资、社会保险费后，不足以缴纳税款的。

2. 税款的追征

《税收征收管理法》第52条规定，因税务机关的责任，致使纳税人、扣缴义务人未缴或者少缴税款的，税务机关在3年内可以要求纳税人、扣缴义务人补缴税款，但是不得加收滞纳金。在税款的追征方面，该法规定，因纳税人、扣缴义务人计算错误等失误，未缴或者少缴税款的，税务机关在3年内可以追征；有特殊情况的，追征期可以延长到10年。所谓特殊情况，是指纳税人或者扣缴义务人因计算错误等失误，未缴或者少缴、未扣或者少扣、未收或者少收税款，数额在10万元以上的。此外，对于纳税人、扣缴义务人和其他当事人因偷税未缴或者少缴的税款、骗取的退税款，税务机关可以无限期追征。

四、税收减免与退税

1. 减免税

减免税制度，是指对减免税的申请、审批和执行的全部过程进行管理的一种制度。

减免税分为报批类减免税和备案类减免税。报批类减免税是指应由税务机关审批的减免税项目，备案类减免税是指取消报批手续的减免税和不需税务机关审批的减免税项目。

纳税人享受报批类减免税，应提出书面申请并提交相应资料，经有权税务机关审批确认后执行。未按规定申请或虽申请但未经有权税务机关审批确认的，纳税人不得享受减免税。

纳税人享受备案类减免税，应提请备案，经税务机关登记备案后，自登记备案之日起执行。纳税人未按规定备案的，一律不得减免税。

税务机关收到纳税人提交的申请资料后，要审核其填报的表格是否符合要求，报送的文件资料是否齐全，申请减免税所依据的文件是否合法。在此基础上，深入实地进行调查核实，看纳税人申报的情况是否属实，是否符合减免税条件；经核实符合条件的，按照税收管理权限逐级上报审批。经核准后，依据审批机关核准的减免税种、减免方式、减免幅度、减免期限等制发《减免税通知书》，并通知纳税人。对不符合减免税条件的，税务机关不得核准减免，严禁擅自减免、越权减免。

自 2012 年 8 月 1 日起，为了提高征收效率，降低征收成本和纳税人负担，主管税务机关开具的缴税凭证上的应纳税额和滞纳金为 1 元以下的，应纳税额和滞纳金为零。

2. 退税

我国《税收征收管理法》规定，纳税人超过应纳税额缴纳的税款，税务机关发现后应当立即退还。纳税人自结算缴纳税款之日起 3 年内发现的，可以向税务机关要求退还，税务机关查实后应当立即退还，并加算银行同期存款利息。

五、税收保全措施

税收保全措施，是指税务机关在纳税人的某些行为将导致税款难以保证的情况下，于规定的纳税期之前采取的限制纳税人处理或者转移商品、货物或其他财产的强制措施，其目的是保证税款按期、足额征收入库。

1. 税收保全措施的适用范围及条件

税务机关有根据认为从事生产、经营的纳税人有逃避纳税义务的行为，可以在规定的纳税期之前，责令限期缴纳应纳税款；在限期内发现纳税人有明显的转移、隐匿其应纳税的商品、货物以及其他财产或者应纳税的收入的迹象的，税务机关可以责成纳税人提供纳税担保。如果纳税人不能提供纳税担保，经县以上税务局（分局）局长批准，税务机关可以采取下列税收保全措施。

（1）书面通知纳税人开户银行或者其他金融机构冻结纳税人的金额相当于应纳税款的存款。

（2）扣押、查封纳税人的价值相当于应纳税款的商品、货物或者其他财产。

由此不难看出，税收保全措施是指税务机关对可能由于纳税人的行为或者某种客观原因，导致以后税款的征收不能保证或难以保证时，所采取的限制纳税人处理或转移商品、货物或其他财产的措施。在税款征收环节，税收保全措施只适用于有逃避纳税义务行为的从事生产、经营的纳税人。对非从事生产、经营的纳税人，或对扣缴义务人和纳税担保人，不能使用该措施。

对纳税人采取税收保全措施，必须符合两个条件。

（1）纳税人有逃避纳税义务的行为。在规定期限内不缴纳税款，同时有明显的转移、隐匿其应纳税的商品、货物以及其他财产或者应纳税款的迹象。

（2）纳税人不能提供纳税担保。纳税担保是税务机关为使纳税人在发生纳税义务后能够保证依法履行纳税义务而采取的一种事前防备、控制措施。如果纳税人不能提供纳税担保，就会发生税款的征收不能保证或难以保证的后果。

2. 税收保全措施的解除及责任

纳税人在规定的期限内缴纳了税款，税务机关应立即解除税收保全措施，即税务机关在收到税款或银行转回的税票后24小时内填写解除通知书，解除保全措施。纳税人在期限期满后仍未缴纳税款的，经县以上税务局（分局）局长批准，税务机关可以书面通知纳税人开户银行或者其他金融机构从其暂停支付的存款中扣缴税款，或者交由有关机构拍卖所扣押、查封的商品、货物或者其他财产，以拍卖所得抵缴税款。此时，税收保全措施解除。

此外，对于纳税人个人及其所抚养家属维持生活必需的住房和用品，税务机关不得进行税收保全。

实施税收保全措施必须按照法定程序进行，如果措施不当，或者纳税人在限期内已缴纳税款，税务机关未立即解除税收保全措施，使纳税人的合法利益遭受损失（即实际经济损失）的，税务机关应当承担赔偿责任。赔偿的范围，应当是纳税人因税务机关采取税收保全措施不当而受到的直接损失。赔偿主要应以支付赔偿金的形式进行，能够返还财产或者恢复原状的，予以返还财产或者恢复原状；不能恢复原状的，按照损害程度给予相应的赔偿金；应当返还的财产灭失的，也应给予相应的赔偿金。

六、税收强制执行

税收强制执行措施，是指纳税人、扣缴义务人不按照规定的期限缴纳或者解缴税款，纳税担保人不按照规定的期限缴纳所担保的税款，或者当事人不履行税收法律、行政法规规定的义务，税务机关依法采取的强制追缴手段。税收强制执行是保障税收安全，维护国家税法尊严的重要措施。

1. 税收强制执行措施的适用对象

与税收保全措施只适用于纳税人不同，税收强制执行措施的适用对象既包括纳税人，又包括扣缴义务人、纳税担保人及其他当事人。

（1）从事生产、经营的纳税人、扣缴义务人。

这里有两种情况：一是未按规定期限缴纳税款的从事生产、经营的纳税人；二是在税务机关依法进行检查时，有逃避纳税义务行为，并有明显的转移、隐匿其应纳税的商品、货物以及其他财产或者应纳税收入的迹象的，以及未按照规定期限解缴税款的从事生产、经营的扣缴义务人。

（2）未按照规定期限缴纳所担保税款的纳税担保人。

（3）对税务机关的处罚决定逾期不申请行政复议也不向人民法院起诉，又不履行的当事人。

《税收征收管理法》既有针对纳税人、扣缴义务人的处罚款，也有对其他单位和个人违反税收法律、行政法规的处罚规定。因此,上述当事人的范围是非常广泛的,而不仅限于纳税人、扣缴义务人。

2. 税收强制执行措施的实施范围

税收强制执行措施的实施范围包括应纳税款、滞纳金和罚款。

《税收征收管理法》明确了税务机关对应纳税款、滞纳金、罚款都可以实施强制执行措施,但执行的程序和时限有所不同。与税收保全措施不同的是,强制执行措施无论在征收管理阶段还是在检查阶段实施,都是对已超过纳税期的税款进行追缴,因此,都是税款与滞纳金一同执行。而对罚款的强制追缴必须等复议申请期和起诉期满后才能执行。

3. 税收强制执行措施的实施

税务机关可以采取的强制执行措施有两种。

(1) 书面通知开户银行或其他金融机构从其存款中扣缴税款、滞纳金或者罚款。

(2) 扣押、查封、依法拍卖或者变卖其价值相当于应纳税款、滞纳金或者罚款的商品、货物或其他财产,以拍卖或变卖所得抵缴税款、滞纳金或者罚款。

七、文书送达

文书送达制度是在税收征管活动中由征税机关向纳税主体传递相关信息的一项重要制度,该制度对于保护征纳双方的权利同样具有重要作用。

在文书送达制度中,征税机关需送达的文书通常主要包括:纳税通知书;责令限期改正通知书;催缴税款通知书;扣缴税款通知书;暂停支付存款通知书;扣押、查封商品、货物及其他财产的财产清单;税务处理决定书;行政复议决定书;其他税务文书。

税务文书的送达方式主要包括直接送达、留置送达、邮寄送达、委托送达、公告送达等。其中,直接送达是最基本的送达方式,其他送达方式是在直接送达有困难时才采取的方式。

任务四 税务检查的基本业务

一、税务检查的概念

税务检查,是指税务机关根据国家税法和财务会计制度的规定,对纳税人履行纳税义务的情况进行的监督、审查活动。

税务检查是税收征收管理的重要内容,也是税务监督的重要组成部分。搞好税务检查,有利于征税机关及时了解和发现纳税主体履行纳税义务的情况及其存在的问题,从而及时纠正和处理税收违法行为,确保税收收入足额入库;有利于帮助纳税人严格依法纳税,提高其经营管理水平;有利于发现税收征管漏洞,维护税收秩序,促使税收征管制度进一步优化和完善。

二、税务检查的职责

1. 税务机关的税务检查权利

（1）资料检查权

税务机关有权检查纳税人的账簿、记账凭证、报表和有关资料，检查扣缴义务人代扣代缴、代收代缴税款账簿、记账凭证和有关资料。税务机关既可以在纳税人、扣缴义务人的业务场所行使资料检查权，也可以在必要时，经县以上税务局（分局）局长批准，将上述纳税主体以往会计年度的账簿、记账凭证、报表和其他有关资料调回税务机关检查。

（2）实地检查权

税务机关有权到纳税人的生产、经营场所和货物存放地实地检查纳税人应纳税的商品、货物或者其他财产，检查扣缴义务人与代扣代缴、代收代缴税款有关的经营情况。

（3）资料取得权

税务机关有权责成纳税人、扣缴义务人提供与纳税或者代扣代缴、代收代缴税款有关的文件、证明材料和有关资料。

（4）税情询问权

税情询问权是税务机关或税务工作人员在税务检查中为了调查了解有关纳税或代扣代缴、代收代缴税款问题和情况，向纳税人或扣缴义务人进行查询、访问的权力。

行使询问权力；一要注意询问和讯问的区别；二要正确把握询问对象，只能向纳税人、扣缴义务人和当事人询问；三要正确界定询问内容，只能询问与缴纳、扣缴税款有关的情况和问题。

（5）单证查核权

税务机关及其工作人员可以到车站、码头、机场、邮政部门及其分支机构检查纳税人托运、邮寄应税商品、货物及其他财产的有关单据、凭证及资料。

该项权力的行使对象仅限于纳税人，且仅限于纳税人托运、出寄应税商品、货物或其他财产的有关单据、凭证及资料。

（6）存款查核权

经县以上税务局（分局）局长批准，凭全国统一格式的检查存款账户许可证明，税务机关有权查核从事生产经营的纳税人、扣缴义务人在金融机构的存款账户。此外，税务机关查核从事生产、经营的纳税人的储蓄存款，须经银行县、市支行或者市分行的区办事处核对，指定所属储蓄所提供资料。

纳税人、扣缴义务人必须接受税务机关依法进行的税务检查，如实反映情况，提供有关资料，不得拒绝、隐瞒。在税务机关依法进行税务检查时，有关部门和单位应当支持、协助，向税务机关如实反映有关的情况，提供有关资料及证明材料。

2. 税务机关的税务检查义务

（1）资料退还的义务

税务机关把纳税人、扣缴义务人以前会计年度的账簿、记账凭证、报表和其他有关资料调回税务机关检查的，税务机关必须向纳税人、扣缴义务人开付清单，并在 3 个月内完整退还。

（2）保守秘密的义务

税务机关派出的人员在进行税务检查时，有义务为被检查人保守秘密。尤其是在行使存款查核权时，税务机关应当指定专人负责，凭全国统一格式的检查存款账户许可证明进行检查，并应为被检查人保守秘密。

（3）持证检查的义务

税务人员进行税务检查时，必须出示税务检查证；无税务检查证的，纳税人、扣缴义务人及其他当事人有权拒绝检查。

任务五　熟悉违反税收征收管理法的法律责任

依据我国《税收征收管理法》及其实施细则的规定，对于违反《税收征收管理法》的一般违法行为，其主要的制裁方式是罚款和其他行政处罚；对于违反税收征管法的严重违法行为，其主要的制裁方式则是罚金和其他刑事处罚。对于不同主体的不同违法行为，法律规定了不同的制裁手段，从而使违法主体相应地承担了不同的法律责任。

一、违法纳税人的法律责任

纳税人违反税法的行为主要有欠税、偷税、骗税、抗税以及其他违反税法的行为，具体包括：违反税务管理特定制度的行为；偷税行为；欠税行为；抗税行为；骗取国家出口退税行为；虚开增值税专用发票或者虚开用于骗取出口退税、抵扣税款的其他发票的行为；伪造或者出售伪造的增值税专用发票的行为；非法出售增值税专用发票的行为；非法购买增值税专用发票或者购买伪造的增值税专用发票的行为；伪造、擅自制造或者出售伪造、擅自制造的可以用于骗取出口退税、抵扣税款的其他发票的行为；盗窃增值税专用发票或者可以用于骗取出口退税、抵扣税款的其他发票的行为。

1. 纳税人违反税务管理特定制度的行为及其法律责任

税务管理制度包括税务登记、账簿及凭证管理、纳税申报等具体制度，违反这些具体制度规定，多属一般违法行为，具体包括以下两种情况。

（1）违反税务登记，账、证管理规定的法律责任

纳税人有下列行为之一的，由税务机关责令其限期改正，逾期不改正的，可处以 2 000 元以下的罚款；情节严重的，处以 2 000 元以上 1 万元以下的罚款：

① 未按照规定的期限申报办理税务登记、变更或者注销登记；
② 未按照规定设置、保管账簿或者保管记账凭证和有关资料；
③ 未按照规定将财务、会计制度或者财务、会计处理办法报送税务机关备查。

纳税人未按照规定使用税务登记证件，或者转借、涂改、损毁、买卖、伪造税务登记证件的，可处 2 000 元以上 1 万元以下的罚款；情节严重的，处 1 万元以上 5 万元以

下的罚款。

纳税人违反法律规定，在规定的保存期限以前擅自损毁账簿、记账凭证和有关资料的，税务机关可以处2 000元以上1万元以下的罚款；情节严重，构成犯罪的，移送司法机关依法追究刑事责任。

（2）违反纳税申报规定的法律责任

纳税人未按照规定的期限办理纳税申报的，由税务机关责令限期改正，可处2 000元以下的罚款；逾期不改正的，可处2 000元以上1万元以下的罚款。

2. 纳税人违反税款征收规定的法律责任

（1）偷税行为及其法律责任

偷税，是指纳税人伪造、变造、隐匿、擅自销毁账簿、记账凭证，或者在账簿上多列支出或者不列、少列收入，或者经税务机关通知申报而拒不申报或者进行虚假的纳税申报，不缴或者少缴应纳税款的行为。

① 对纳税人偷税的，由税务机关追缴其不缴或者少缴的税款、滞纳金，并处不缴或者少缴的税款50%以上5倍以下的罚款；构成犯罪的，依法追究刑事责任。

扣缴义务人采取前款所列手段，不缴或者少缴已扣、已收税款，由税务机关追缴其不缴或者少缴的税款、滞纳金，并处不缴或者少缴的税款50%以上5倍以下的罚款；构成犯罪的，依法追究刑事责任。

② 纳税人采取欺骗、隐瞒手段进行虚假纳税申报或者不申报，逃避缴纳税款数额较大并且占应纳税额10%以上的，处3年以下有期徒刑或者拘役，并处罚金；数额巨大并且占应纳税额30%以上的，处3年以上7年以下有期徒刑，并处逃税数额1倍以上5倍以下的罚金。

（2）欠税行为及其法律责任

欠税，是指纳税人在纳税期限届满后，仍未缴或少缴应纳税款的行为。拖欠税款的纳税人通常在主观上没有逃避纳税义务的故意，只是由于种种原因而未能如期缴纳税款，因而与偷税是有区别的。对于欠税行为，征税机关一般是责令其限期缴纳并加收滞纳金；逾期仍未缴纳的，征税机关可通过强制执行措施等迫使其缴纳那些未或少缴的税款。

欠税人如果采取转移、隐匿财产等手段，致使税务机关无法追缴其所欠税款时，则欠税人已存在偷税故意，因而其行为应视为逃避追缴欠税行为。

纳税人欠缴应纳税款，采取转移或者隐匿财产的手段，致使税务机关无法追缴欠缴的税款，数额不满1万元的，由税务机关追缴欠缴的税款，处以欠缴税款50%以上5倍以下的罚款。数额在1万元以上不满10万元的，处3年以下有期徒刑或者拘役，并处欠缴税款1倍以上5倍以下的罚金；欠税数额在10万元以上的，处3年以上7年以下有期徒刑，并处欠缴税款1倍以上5倍以下的罚金。企事业单位有上述逃避追缴欠税行为的，判处欠缴税款1倍以上5倍以下的罚金，并对负有直接责任的主管人员和其他直接责任人员处3年以下有期徒刑或者拘役。

（3）抗税行为及其法律责任

抗税，是指以暴力、威胁方法拒不缴纳税款的行为。抗税行为对社会的负面影响和危害性较大，应承担如下法律责任：

① 抗税行为情节轻微，未构成犯罪的，由税务机关追缴其拒缴的税款，并处以拒缴税款5倍以下的罚款；

② 抗税行为构成犯罪的，除由税务机关追缴其拒缴的税款外，处3年以下有期徒刑或者拘役，并处拒缴税款1倍以上5倍以下的罚金；情节严重的，处3年以上7年以下有期徒刑，并处拒缴税款1倍以上5倍以下的罚金。

（4）骗税行为及其法律责任

骗税行为，即骗取出口退税的行为，是指企事业单位或者个人通过采取对所生产或者经营的商品假报出口等欺骗手段，骗取国家出口退税款的行为。

骗税行为主要包括三种情况：生产、经营出口产品的企事业单位，在出口退税申报中多报已纳税额骗取退税款；生产、经营内销产品的企事业单位通过假报出口的办法骗取退税款；不从事生产、经营的单位和个人采取伪造票证等手段骗取退税款。

骗取出口退税的行为未构成犯罪的，由税务机关追缴其骗取的退税款，处以骗取税款1倍以上5倍以下的罚款。骗税行为构成犯罪的，应依法追究刑事责任。其中，数额较大的，处5年以下有期徒刑或拘役；数额巨大或有其他严重情节的，处5年以上10年以下有期徒刑；数额特别巨大或有其他特别严重情节的，处10年以上有期徒刑或无期徒刑；在处以上刑罚的同时，均处骗税额1倍以上5倍以下的罚金。

二、扣缴义务人的法律责任

1. 违反税务管理规定的法律责任

扣缴义务人对其违法行为应承担如下责任。

（1）扣缴义务人未按规定设置、保管代扣代缴、代收代缴税款账簿或者保管代扣代缴、代收代缴税款记账凭证及有关资料的，由税务机关责令限期改正，逾期不改正的，可处2 000元以下的罚款；情节严重的，处2 000元以上5 000元以下的罚款。

（2）扣缴义务人未按规定的期限向税务机关报送代扣代缴、代收代缴税款报告表的，由税务机关责令限期改正，可以处2 000元以下的罚款；逾期不改正的，可以处2 000元以上1万元以下的罚款。

2. 违反税款征收规定的法律责任

（1）扣缴义务人采取偷税手段，不缴或者少缴已扣、已收税款，亦属偷税行为，其应承担的法律责任与纳税人的偷税行为应承担的法律责任相同。

（2）扣缴义务人应扣未扣、应收未收税款的，由税务机关向纳税人追缴税款，对扣缴义务人处应扣未扣、应收未收税款50%以上3倍以下的罚款。但是，扣缴义务人已将纳税人拒绝代扣、代收的情况及时报告税务机关的除外。

三、税务人员违反税收征收管理法的法律责任

税务人员对其各类违法行为，应具体承担如下法律责任。

（1）税务人员与纳税人、扣缴义务人勾结，唆使或者协助纳税人、扣缴义务人实施偷税或者采取偷税性手段，致使所欠税款无法追缴以及骗取国家出口退税的行为，构成犯罪的，应按照《中华人民共和国刑法》（以下简称《刑法》）关于共同犯罪的规定对税务人员予以刑事处罚；未构成犯罪的，给予行政处分。

（2）税务人员利用职务上的便利，收受或者索取纳税人、扣缴义务人财物，构成犯罪的，按照受贿罪追究刑事责任；未构成犯罪的，给予行政处分。

（3）税务人员玩忽职守，不征或者少征应征税款，致使国家税收遭受重大损失的，依照《刑法》有关玩忽职守罪的规定追究刑事责任；未构成犯罪的，给予行政处分。

（4）税务人员私分所扣押、查封的商品、货物或者其他财产的，必须责令退回并给予行政处分；情节严重，构成犯罪的，移送司法机关依法追究刑事责任。

（5）税务人员违反法律、行政法规的规定，擅自决定税收的开征、停征或者减税、免税、退税、补税的，除依法撤销其擅自做出的决定外，补征应征未征的税款，退还不应征收而征收的税款，并由上级机关追究直接责任人员的行政责任。

（6）税务人员滥用职权，故意刁难纳税人、扣缴义务人的，给予行政处分。

四、其他主体违反税收征收管理法的法律责任

1. 税务代理人的法律责任

税务代理人超越代理权限，违反税收法律、行政法规，造成纳税人未缴或者少缴税款的，除由纳税人缴纳或者补缴应纳税款、滞纳金外，对税务代理人处 2 000 元以下的罚款。

2. 为纳税主体的违法行为提供便利者的法律责任

为纳税人、扣缴义务人非法提供银行账户、发票、证明或者其他方便，导致未缴、少缴税款或者骗取国家出口退税款的，税务机关除没收其非法所得外，并可以处以未缴、少缴或者骗取的税款 1 倍以下的罚款。

任务六　发票管理的基本业务

一、发票的印制与领购

1. 发票的印制

增值税专用发票由国务院税务主管部门确定的企业印制；其他发票，按照国务院税务主管部门的规定，由省、自治区、直辖市税务机关确定的企业印制。禁止私自印制、伪造、变造发票。

印制发票的企业应当具备下列条件：

(1) 取得印刷经营许可证和营业执照；
(2) 设备、技术水平能够满足印制发票的需要；
(3) 有健全的财务制度和严格的质量监督、安全管理、保密制度。

税务机关应当以招标方式确定印制发票的企业，并发给发票准印证。发票准印证由国家税务总局统一监制，省税务机关核发。税务机关应当对印制发票企业实施监督管理，对不符合条件的，应当取消其印制发票的资格。

印制发票应当使用国务院税务主管部门确定的全国统一的发票防伪专用品。禁止非法制造发票防伪专用品。全国统一的发票防伪措施由国家税务总局确定，省税务机关可以根据需要增加本地区的发票防伪措施，并向国家税务总局备案。发票防伪专用品应当按照规定专库保管，不得丢失。次品、废品应当在税务机关监督下集中销毁。

发票应当套印全国统一发票监制章，全国统一发票监制章的式样和发票版面印刷的要求，由国家税务总局规定，发票监制由省、自治区、直辖市税务机关制作。禁止伪造发票监制章。全国统一发票监制章是税务机关管理发票的法定标志，其形状、规格、内容、印色由国家税务总局规定。

发票实行不定期换版制度，全国范围内发票换版由国家税务总局确定；省、自治区、直辖市范围内发票换版由省税务机关确定。发票换版时，应当进行公告。

印制发票的企业按照税务机关的统一规定，建立发票印制管理制度和保管措施。发票监制章和发票防伪专用品的使用和管理实行专人负责制度。印制发票的企业必须按照税务机关批准的式样和数量印制发票。

发票应当使用中文印制。民族自治地方的发票，可以加印当地一种通用的民族文字。有实际需要也可以同时使用中外两种文字印制。

各省、自治区、直辖市内的单位和个人使用的发票，除增值税专用发票外，应当在本省、自治区、直辖市内印制；确有必要到外省、自治区、直辖市印制的，应当由省、自治区、直辖市税务机关商印制地省、自治区、直辖市税务机关同意，由印制地省、自治区、直辖市税务机关指定的印制发票的企业印制。禁止在境外印制发票。

2. 发票的领购

需要领购发票的单位和个人，应当持税务登记证件、经办人身份证明、按照国务院税务主管部门规定式样制作的发票专用章的印模，向主管税务机关办理发票领购手续。主管税务机关根据领购单位和个人的经营范围和规模，确认领购发票的种类、数量以及领购方式，在5个工作日内发给发票领购簿。发票专用章式样由国家税务总局确定，税务机关对领购发票单位和个人提供的发票专用章的印模应当留存备查，领购方式包括批量供应、交旧购新或者验旧购新等。这里所称"经办人身份证明"是指经办人的居民身份证、护照或者其他能证明经办人身份的证件；所称"发票专用章"是指用票单位和个人在其开具发票时加盖的有其名称、税务登记号、发票专用章字样的印章。

单位和个人领购发票时，应当按照税务机关的规定报告发票使用情况，税务机关应当按照规定进行查验。

临时到本省、自治区、直辖市以外从事经营活动的单位或者个人，应当凭所在地税务机关的证明，向经营地税务机关领购经营地的发票。临时在本省、自治区、直辖市以内跨市、县从事经营活动领购发票的办法，由省、自治区、直辖市税务机关规定。

税务机关对外省、自治区、直辖市来本辖区从事临时经营活动的单位和个人领购发票的，可以要求其提供保证人或者根据所领购发票的票面限额以及数量交纳不超过1万元的保证金，并限期缴销发票。按期缴销发票的，解除保证人的担保义务或者退还保证金；未按期缴销发票的，由保证人或者以保证金承担法律责任。税务机关收取保证金应当开具资金往来结算票据。

二、发票的开具与保管

1. 发票的开具

销售商品、提供服务以及从事其他经营活动的单位和个人，对外发生经营业务收取款项，收款方应当向付款方开具发票。

销售商品、提供服务以及从事其他经营活动的单位和个人，对外发生经营业务收取款项时，收款方应当向付款方开具发票；特殊情况下，由付款方向收款方开具发票。

所称特殊情况下，由付款方向收款方开具发票，是指下列情况：

（1）收购单位和扣缴义务人支付个人款项时；

（2）国家税务总局认为其他需要由付款方向收款方开具发票的。

所有单位和从事生产、经营活动的个人在购买商品、接受服务以及从事其他经营活动支付款项，应当向收款方取得发票。取得发票时，不得要求变更品名和金额。

不符合规定的发票，不得作为财务报销凭证，任何单位和个人有权拒收。

开具发票应当按照规定时限、顺序、逐栏全部联次一次性如实开具，并加盖单位财务印章或者发票专用章。开具发票应当使用中文。民族自治地方可以同时使用当地通用的一种民族文字。

开具发票后，如发生销货退回需开红字发票的，必须收回原发票并注明"作废"字样或取得对方有效证明。开具发票后，如发生销售折让的，必须在收回原发票并注明"作废"字样后重新开具销售发票或取得对方有效证明后开具红字发票。

使用电子计算机开具发票，须经主管税务机关批准，并使用税务机关统一监制的机外发票，开具后的存根联应当按照顺序装订成册。

任何单位和个人不得转借、转让、代开发票；未经税务机关批准，不得拆本使用发票；不得自行扩大专业发票使用范围。禁止倒买倒卖发票、发票监制章和发票防伪专用品。

发票限于领购单位和个人在本省、自治区、直辖市内开具。省、自治区、直辖市税务机关可以规定跨市、县开具发票的办法。

任何单位和个人未经批准，不得跨规定的使用区域携带、邮寄、运输空白发票。禁止携带、邮寄或者运输空白发票出入境。

开具发票的单位和个人应当建立发票使用登记制度，设置发票登记簿，并定期向主管税务机关报告发票使用情况。

对国有的金融、邮电、铁路、民用航空、公路和水上运输等单位的专业发票，经国家税务总局或者国家税务总局省、自治区、直辖市分局批准，可以由国务院有关主管部门或者省、自治区、直辖市人民政府有关主管部门自行管理。

国家根据经济发展和税收征收管理的需要，提倡使用计税收款机，具体办法另行制定。

2. 发票的保管

开具发票的单位和个人应当建立发票使用登记制度，设置发票登记簿，并定期向主管税务机关报告发票使用情况。

开具发票的单位和个人应当在办理变更或者注销税务登记的同时，办理发票和发票领购簿的变更、缴销手续。

开具发票的单位和个人应当按照税务机关的规定存放和保管发票，不得擅自损毁。已经开具的发票存根联和发票登记簿，应当保存5年。保存期满，报经税务机关查验后销毁。

使用发票的单位和个人应当妥善保管发票。发生发票丢失情形时，应当于发现丢失当日书面报告税务机关，并登报声明作废。

三、发票的检查

税务机关在发票管理中有权进行下列检查：

（1）检查印制、领购、开具、取得、保管和缴销发票的情况；

（2）调出发票查验；

（3）查阅、复制与发票有关的凭证、资料；

（4）向当事各方询问与发票有关的问题和情况；

（5）在查处发票案件时，对与案件有关的情况和资料，可以记录、录音、录像、照相和复制。

印制、使用发票的单位和个人，必须接受税务机关依法检查，如实反映情况，提供有关资料，不得拒绝、隐瞒。

税务人员进行检查时，应当出示税务检查证。

税务机关需要将已开具的发票调出查验时，应当向被查验的单位和个人开具发票换票证。

发票换票证与所调出查验的发票有同等的效力。被调出查验发票的单位和个人不得拒绝接受。税务机关需要将空白发票调出查验时，应当开具收据；经查无问题的，应当及时返还。发票换票证仅限于在本县（市）范围内使用。需要调出外县（市）的发票查验时，应当提请该县（市）税务机关调取发票。

单位和个人从中国境外取得的与纳税有关的发票或者凭证，税务机关在纳税审查时有疑义的，可以要求其提供境外公证机构或者注册会计师的确认证明，经税务机关审核认可后，方可作为记账核算的凭证。

税务机关在发票检查中需核对发票存根联与发票联填写情况时，可以向持有发票或者发票存根联的单位发出发票填写情况核对卡，有关单位应当如实填写，按期报回。

用票单位和个人有权申请税务机关对发票的真伪进行鉴别。收到申请的税务机关应当受理并负责鉴别发票的真伪；鉴别有困难的，可以提请发票监制税务机关协助鉴别。在伪造、变造现场以及买卖地、存放地查获的发票，由当地税务机关鉴别。

四、对违反发票管理的处罚

违反发票管理办法的规定，有下列情形之一的，由税务机关责令改正，可以处1万元以下的罚款；有违法所得的予以没收：

（1）应当开具而未开具发票，或者未按照规定的时限、顺序、栏目，全部联次一次性开具发票，或者未加盖发票专用章的；

（2）使用税控装置开具发票，未按期向主管税务机关报送开具发票的数据的；

（3）使用非税控电子器具开具发票，未将非税控电子器具使用的软件程序说明资料报主管税务机关备案，或者未按照规定保存、报送开具发票的数据的；

（4）拆本使用发票的；

（5）扩大发票使用范围的；

（6）以其他凭证代替发票使用的；

（7）跨规定区域开具发票的；

（8）未按照规定缴销发票的；

（9）未按照规定存放和保管发票的。

跨规定的使用区域携带、邮寄、运输空白发票，以及携带、邮寄或者运输空白发票出入境的，由税务机关责令改正，可以处1万元以下的罚款；情节严重的，处1万元以上3万元以下的罚款；有违法所得的予以没收。丢失发票或者擅自损毁发票的，依照上述规定处罚。

违反本《办法》第22条第2款的规定虚开发票的，由税务机关没收违法所得；虚开金额在1万元以下的，可以并处5万元以下的罚款；虚开金额超过1万元的，并处5万元以上50万元以下的罚款；构成犯罪的，依法追究刑事责任。非法代开发票的，依照上述规定处罚。

私自印制、伪造、变造发票，非法制造发票防伪专用品，伪造发票监制章的，由税务机关没收违法所得，没收、销毁作案工具和非法物品，并处1万元以上5万元以下的罚款；情节严重的，并处5万元以上50万元以下的罚款；对印制发票的企业，可以并处吊销发票准印证；构成犯罪的，依法追究刑事责任。上述规定的处罚，《税收征收管理法》有规定的，依照其规定执行。

有下列情形之一的，由税务机关处1万元以上5万元以下的罚款；情节严重的，处5万元以上50万元以下的罚款；有违法所得的予以没收：

（1）转借、转让、介绍他人转让发票、发票监制章和发票防伪专用品的；

（2）知道或者应当知道是私自印制、伪造、变造、非法取得或者废止的发票而受让、开具、存放、携带、邮寄、运输的。

对违反发票管理规定2次以上或者情节严重的单位和个人，税务机关可以向社会公告。

违反发票管理法规,导致其他单位或者个人未缴、少缴或者骗取税款的,由税务机关没收违法所得,可以并处未缴、少缴或者骗取的税款1倍以下的罚款。

税务机关对违反发票管理法规的行为进行处罚,应当将行政处罚决定书面通知当事人;对违反发票管理法规的案件,应当立案查处。

对违反发票管理法规的行政处罚,由县以上税务机关决定;罚款额在2 000元以下的,可由税务所决定。对违反发票管理法规情节严重构成犯罪的,税务机关应当依法移送司法机关处理。

五、网络发票管理办法

在我国境内使用网络发票管理系统开具发票的单位和个人办理网络发票管理系统的开户登记、网上领取发票手续、在线开具、传输、查验和缴销等事项,均应遵守下列规定。

(1)网络发票的内涵。网络发票是指符合国家税务总局统一标准并通过国家税务总局及省、自治区、直辖市国家税务局、地方税务局公布的网络发票管理系统开具的发票。

国家积极推广使用网络发票管理系统开具发票。

(2)税务机关应加强网络发票的管理,确保网络发票的安全、唯一、便利,并提供便捷的网络发票信息查询渠道;应通过应用网络发票数据分析,提高信息管税水平。

(3)税务机关应根据开具发票的单位和个人的经营情况,核定其在线开具网络发票的种类、行业类别、开票限额等内容。

开具发票的单位和个人需要变更网络发票核定内容的,可向税务机关提出书面申请,经税务机关确认,予以变更。

(4)开具发票的单位和个人开具网络发票应登录网络发票管理系统,如实完整填写发票的相关内容及数据,确认保存后打印发票。

开具发票的单位和个人在线开具的网络发票,经系统自动保存数据后即完成开票信息的确认、查验。

(5)单位和个人取得网络发票时,应及时查询验证网络发票信息的真实性、完整性,对不符合规定的发票,不得作为财务报销凭证,任何单位和个人有权拒收。

(6)开具发票的单位和个人需要开具红字发票的,必须收回原网络发票全部联次或取得受票方出具的有效证明,通过网络发票管理系统开具金额为负数的红字网络发票。

(7)开具发票的单位和个人作废开具的网络发票,应收回原网络发票全部联次,注明"作废", 并在网络发票管理系统中进行发票作废处理。

(8)开具发票的单位和个人应当在办理变更或者注销税务登记的同时,办理网络发票管理系统的用户变更、注销手续并缴销空白发票。

(9)税务机关根据发票管理的需要,可以按照国家税务总局的规定委托其他单位通过网络发票管理系统代开网络发票。

税务机关应当与受托代开发票的单位签订协议,明确代开网络发票的种类、对象、内容和相关责任等内容。

（10）开具发票的单位和个人必须如实在线开具网络发票，不得利用网络发票进行转借、转让、虚开发票及其他违法活动。

（11）开具发票的单位和个人在网络出现故障，无法在线开具发票时，可离线开具发票。

开具发票后，不得改动开票信息，并于48小时内上传开票信息。

（12）开具发票的单位和个人违反本办法规定的，按照《中华人民共和国发票管理办法》有关规定处理。

（13）省以上税务机关在确保网络发票电子信息正确生成、可靠存储、查询验证、安全唯一等条件的情况下，可以试行电子发票。

任务七　熟悉税务行政复议与诉讼的基本规范

一、税务行政复议

税务行政复议，是指纳税人、扣缴义务人、纳税担保人等税务当事人或者其他行政相对人对税务机关做出的处罚、强制执行措施等具体行政行为不服，依法向上一级税务机关或者本级人民政府提出申诉，复议机关依法对该具体行政行为进行审查并做出裁决的一种行政司法活动。税务行政复议是我国行政复议制度的重要组成部分，其基本法律依据是2007年8月1日起实施的《中华人民共和国行政复议法》（以下简称《行政复议法》）和国家税务总局于1999年10月1日实行的《税务行政复议规则（试行）》。根据2007年8月1日修订的《行政复议法实施条例》，国家税务总局于2010年3月30日对《税务行政复议规则（试行）》进行了修订，并于当年4月1日起执行。

1. 复议范围

复议机关受理申请人对下列税务具体行政行为不服提出的税务行政复议申请。

（1）征税行为，包括确认纳税主体、征税对象、征税范围、减税、免税、退税、抵扣税款、适用税率、计税依据、纳税环节、纳税期限、纳税地点和税款征收方式等具体行政行为，征收税款、加收滞纳金，扣缴义务人、受税务机关委托的单位和个人作出的代扣代缴、代收代缴、代征行为等。

（2）行政许可、行政审批行为。

（3）发票管理行为，包括发售、收缴、代开发票等。

（4）税收保全措施、强制执行措施。

（5）行政处罚行为，包括罚款、没收财物和违法所得、停止出口退税权等。

（6）不依法履行下列职责的行为：颁发税务登记；开具、出具完税凭证、外出经营活动税收管理证明；行政赔偿；行政奖励；其他不依法履行职责的行为。

（7）资格认定行为。

（8）不依法确认纳税担保行为。
（9）政府信息公开工作中的具体行政行为。
（10）纳税信用等级评定行为。
（11）通知出入境管理机关阻止出境行为。
（12）其他具体行政行为。

申请人认为税务机关的具体行政行为所依据的下列规定不合法，对具体行政行为申请行政复议时，可以一并向行政复议机关提出对有关规定的审查申请；申请人对具体行政行为提出行政复议申请时不知道该具体行政行为所依据的规定的，可以在行政复议机关作出行政复议决定以前提出对该规定的审查申请。

（1）国家税务总局和国务院其他部门的规定。
（2）其他各级税务机关的规定。
（3）地方各级人民政府的规定。
（4）地方人民政府工作部门的规定。

2. 复议管辖

对各级国家税务局的具体行政行为不服的，向其上一级国家税务局申请行政复议。

对各级地方税务局的具体行政行为不服的，可以选择向其上一级地方税务局或者该税务局的本级人民政府申请行政复议。

省、自治区、直辖市人民代表大会及其常务委员会、人民政府对地方税务局的行政复议管辖另有规定的，从其规定。

对国家税务总局的具体行政行为不服的，向国家税务总局申请行政复议。对行政复议决定不服，申请人可以向人民法院提起行政诉讼，也可以向国务院申请裁决。国务院的裁决为最终裁决。

对下列税务机关的具体行政行为不服的，按照下列规定申请行政复议。

（1）对计划单列市税务局的具体行政行为不服的，向省税务局申请行政复议。

（2）对税务所（分局）、各级税务局的稽查局的具体行政行为不服的，向其所属税务局申请行政复议。

（3）对两个以上税务机关共同作出的具体行政行为不服的，向共同上一级税务机关申请行政复议；对税务机关与其他行政机关共同作出的具体行政行为不服的，向其共同上一级行政机关申请行政复议。

（4）对被撤销的税务机关在撤销以前所作出的具体行政行为不服的，向继续行使其职权的税务机关的上一级税务机关申请行政复议。

（5）对税务机关作出逾期不缴纳罚款加处罚款的决定不服的，向作出行政处罚决定的税务机关申请行政复议。但是对已处罚款和加处罚款都不服的，一并向作出行政处罚决定的税务机关的上一级税务机关申请行政复议。

有前面（2）、（3）、（4）、（5）项所列情形之一的，申请人也可以向具体行政行为发生地的县级地方人民政府提交行政复议申请，由接受申请的县级地方人民政府依法转送。

3. 复议申请

依法提起税务行政复议的纳税人和其他税务当事人为税务行政复议申请人，具体包括纳税人、扣缴义务人、纳税担保人和其他税务当事人。

有权申请税务行政复议的公民死亡的，其近亲属可以申请税务行政复议。有权申请税务行政复议的公民为无行为能力人或者限制行为能力人的，其法定代理人可以代理申请税务行政复议；有权申请税务行政复议的法人或者其他组织发生合并、分立或者终止的，承受其权利的法人或者其他组织可以申请税务行政复议；与申请税务行政复议的税务具体行政行为有利害关系的其他公民、法人或者组织，可以作为第三人参加税务行政复议。

纳税人和其他税务当事人对税务机关的税务具体行政行为不服申请税务行政复议的，做出税务具体行政行为的税务机关是被申请人。

申请人、第三人可以委托代理人代为参加税务行政复议，被申请人不得委托代理人代为参加税务行政复议。

纳税人和其他税务当事人对税务机关做出的征税行为不服，应当先向复议机关申请税务行政复议；对税务行政复议决定不服，再向人民法院起诉。申请人按照此项规定申请税务行政复议的，必须先按照税务机关根据法律、行政法规确定的税额、期限缴纳或者解缴税款及滞纳金，或者提供相应的担保，然后可以从收到税务机关填发的纳税凭证之日起60日内提出税务行政复议申请。

申请人对税务机关做出的其他税务具体行政行为不服，可以申请税务行政复议，也可以直接向人民法院提出税务行政诉讼。

申请人可以从得知税务机关做出税务具体行政行为之日起60日内提出税务行政复议申请。因不可抗力或者被申请人设置障碍等正当理由耽误法定申请期限的，申请期限自障碍消除之日起继续计算。

申请人申请税务行政复议，可以书面申请，也可以口头申请。口头申请的，复议机关应当当场记录申请人的基本情况、复议请求、申请复议的主要事实、理由和时间。

申请人向复议机关申请税务行政复议，复议机关已经受理的，在法定税务行政复议期限以内，申请人不得向人民法院起诉。申请人向人民法院提起税务行政诉讼，人民法院已经受理的，不得申请税务行政复议。

4. 复议受理

行政复议申请符合下列规定的，行政复议机关应当受理。
（1）属于税务行政复议规则规定的行政复议范围。
（2）在法定申请期限内提出。
（3）有明确的申请人和符合规定的被申请人。
（4）申请人与具体行政行为有利害关系。
（5）有具体的行政复议请求和理由。
（6）符合税务行政复议规则第33条和第34条规定的条件。

(7) 属于收到行政复议申请的行政复议机关的职责范围。

(8) 其他行政复议机关尚未受理同一行政复议申请，人民法院尚未受理同一主体就同一事实提起的行政诉讼。

行政复议机关收到行政复议申请以后，应当在 5 日内审查，决定是否受理。对不符合税务行政复议规则规定的行政复议申请，决定不予受理，并书面告知申请人。

对不属于本机关受理的行政复议申请，应当告知申请人向有关行政复议机关提出。

行政复议机关收到行政复议申请以后未按照前款规定期限审查并作出不予受理决定的，视为受理。

对符合规定的行政复议申请，自行政复议机构收到之日起即为受理；受理行政复议申请，应当书面告知申请人。

行政复议申请材料不齐全、表述不清楚的，行政复议机构可以自收到该行政复议申请之日起 5 日内书面通知申请人补正。补正通知应当载明需要补正的事项和合理的补正期限。无正当理由逾期不补正的，视为申请人放弃行政复议申请。

补正申请材料所用时间不计入行政复议审理期限。

上级税务机关认为行政复议机关不予受理行政复议申请的理由不成立的，可以督促其受理；经督促仍然不受理的，责令其限期受理。上级税务机关认为行政复议申请不符合法定受理条件的，应当告知申请人。上级税务机关认为有必要的，可以直接受理或者提审由下级税务机关管辖的行政复议案件。

对应当先向行政复议机关申请行政复议，对行政复议决定不服再向人民法院提起行政诉讼的具体行政行为，行政复议机关决定不予受理或者受理以后超过行政复议期限不作答复的，申请人可以自收到不予受理决定书之日起或者行政复议期满之日起 15 日内，依法向人民法院提起行政诉讼。

依照《税务行政复议规则》第 83 条规定延长行政复议期限的，以延长以后的时间为行政复议期满时间。

第 51 条 行政复议期间具体行政行为不停止执行；但是有下列情形之一的，可以停止执行。

（1）被申请人认为需要停止执行的。

（2）行政复议机关认为需要停止执行的。

（3）申请人申请停止执行，行政复议机关认为其要求合理，决定停止执行的。

（4）法律规定停止执行的。

5. 复议决定

复议机关内部有关工作机构应当从受理税务行政复议申请之日起 7 日内，将税务行政复议申请书副本或者税务行政复议笔录复印件发送被申请人。被申请人应当从收到申请书副本或者申请笔录复印件之日起 10 日内，提出书面答复，并提交当初做出税务具体行政行为的证据、依据和其他有关材料。

复议机关应当从受理税务行政复议申请之日起 60 日内做出税务行政复议决定的。情况复杂，不能在规定期限以内做出税务行政复议决定的，经过复议机关负责人批准，可以适当延长,但是延长期限最多不超过 30 日。

在税务行政复议决定做出以前,申请人要求撤回税务行政复议申请的,经说明理由,可以撤回;撤回税务行政复议申请的,税务行政复议终止。终止后,申请人不得因同一具体行政行为再次提起复议申请。

复议机关内部有关工作机构应当对被申请人做出的税务具体行政行为进行合法性和合理性审查,提出意见,经过复议机关负责人同意,按照下列规定做出税务行政复议决定。

(1) 税务具体行政行为认定事实清楚,证据确凿,使用依据正确,程序合法,内容适当的,决定维持。

(2) 被申请人不履行法律职责的,决定其在一定期限内履行。

(3) 事实不清,证据不足的;使用依据错误的;违反法定程序的;超越或者滥用职权的;税务具体行政行为明显不当的,决定撤销、变更或者确认该税务具体行政行为违法。决定撤销或者确认该税务具体行政行为违法的,可以责令被申请人在一定期限内重新做出税务具体行政行为。

被申请人应当履行税务行政复议决定。被申请人不履行税务行政复议决定或者无正当理由拖延履行税务行政复议决定的,复议机关或者有关上级行政机关应当责令其限期履行。

申请人逾期不起诉又不履行税务行政复议决定的,或者不履行最终裁决的税务行政复议决定的,按照下列决定分别处理。

(1) 维持税务具体行政行为的税务行政复议决定,由做出税务具体行政行为的税务机关依法强制执行,或者申请人民法院强制执行。

(2) 改变税务具体行政行为的税务行政复议决定,由复议机关依法强制执行,或者申请人民法院强制执行。

复议机关、复议机关工作人员和被申请人在税务行政复议活动中有违反行政复议法和税务行政复议规定的行为,按照行政复议法的有关规定追究法律责任。

6. 税务行政复议和解与调解

对下列行政复议事项,按照自愿、合法的原则,申请人和被申请人在行政复议机关作出行政复议决定以前可以达成和解,行政复议机关也可以调解。

(1) 行使自由裁量权作出的具体行政行为,如行政处罚、核定税额、确定应税所得率等。

(2) 行政赔偿。

(3) 行政奖励。

(4) 存在其他合理性问题的具体行政行为。

申请人和被申请人达成和解的,应当向行政复议机构提交书面和解协议。和解内容不损害社会公共利益和他人合法权益的,行政复议机构应当准许。经行政复议机构准许和解终止行政复议的,申请人不得以同一事实和理由再次申请行政复议。

调解应当符合下列原则。

（1）尊重申请人和被申请人的意愿。
（2）在查明案件事实的基础上进行。
（3）遵循客观、公正和合理原则。
（4）不得损害社会公共利益和他人合法权益。

税务行政复议机关按照下列程序调解。
（1）征得申请人和被申请人同意。
（2）听取申请人和被申请人的意见。
（3）提出调解方案。
（4）达成调解协议。
（5）制作行政复议调解书。

行政复议调解书应当载明行政复议请求、事实、理由和调解结果，并加盖行政复议机关印章。行政复议调解书经双方当事人签字，即具有法律效力。调解未达成协议，或者行政复议调解书不生效的，行政复议机关应当及时作出行政复议决定。申请人不履行行政复议调解书的，由被申请人依法强制执行，或者申请人民法院强制执行。

二、税务行政诉讼

1. 税务行政诉讼的概念

税务行政诉讼，是指纳税人或者其他纳税当事人认为税务机关的具体行政行为侵犯其合法权益，有权依照《中华人民共和国行政诉讼法》向人民法院提起诉讼。双方当事人在税务行政诉讼中的法律地位平等。

2. 税务行政诉讼的范围

纳税人或者其他纳税当事人认为税务机关的下列具体行政行为侵犯其合法权益，可以向人民法院提起诉讼。
（1）征收税款、加收纳金。
（2）税务机关做出的责令纳税人提供纳税担保行为。
（3）税务机关做出的税收保全措施。
（4）税务机关未及时解除税收保全措施，使当事人的合法权益遭受损失的。
（5）税务机关做出的税收强制执行措施。
（6）税务机关做出的税务行政处罚行为。
（7）税务机关不予依法办理或答复的行为。
（8）税务机关做出的取消增值税一般纳税人资格的行为。
（9）税务机关做出的通知出境管辖机关阻止出境行为。
（10）税务行政复议机关做出的行政复议决定。
（11）税务机关做出的其他税务具体行政行为。

上述除第（1）项必须先向税务行政复议机关申请行政复议，对税务行政复议决定不服的方可向人民法院提起诉讼外，其他项均可直接向人民法院提起诉讼。

3. 税务行政诉讼的管辖

税务行政诉讼案件由最初做出具体行政行为的税务机关所在地人民法院管辖。经复议的案件，复议机关改变原具体行政行为的，也可以由复议机关所在地人民法院管辖。

第一审税务行政诉讼案件一般由基层人民法院管辖。

中级人民法院管辖下列第一审税务行政诉讼案件。

（1）对国家税务总局所作的具体行政行为提起诉讼的案件。

（2）本辖区内重大、复杂的案件。

高级人民法院管辖本辖区内重大、复杂的第一审行政案件。

最高人民法院管辖全国范围内重大、复杂的第一审行政案件。

4. 税务行政诉讼参加人

（1）原告

对税务机关做出的具体行政行为不服，依法向人民法院提起诉讼的纳税人和其他税务当事人（公民、法人或者其他组织）是原告。

（2）被告

当事人直接向人民法院提起诉讼的，做出具体行政行为的税务机关是被告。

经复议的案件，复议机关决定维持原具体行政行为的，做出原具体行政行为的税务机关是被告；复议机关改变原具体行政行为的，复议机关是被告。

税务机关的派出机构依法以自己的名义做出的具体行政行为，设立该派出机构的税务机关是被告。

扣缴义务人做出的扣缴税款行为，主管扣缴义务人的税务机关是被告。

受税务机关委托的单位做出的代征税款行为，委托的税务机关是被告。

被撤销的税务机关在撤销前做出的具体行政行为，继续行使其职权的税务机关是被告。

（3）代理人

没有诉讼行为能力的公民，由其法定代理人代为诉讼。

当事人、法定代理人，可以委托一至两人代为诉讼。律师、社会团体、提起诉讼的公民的近亲属或者所在单位推荐的人，以及经人民法院许可的其他公民，可以受委托为诉讼代理人。

5. 提起税务行政诉讼的期限

（1）纳税人和其他税务当事人对税务机关做出的征税行为不服的，须依法先按照税务机关的纳税决定缴纳或解缴税款及滞纳金或者提供相应的担保，然后向税务机关申请复议。对复议机关做出的复议决定不服的，方可于收到复议决定之日起15日内向人民法院提起诉讼。

（2）纳税人或其他税务当事人对税务机关做出的其他税务具体行政行为不服的，可以在得知税务机关做出具体行政行为或不作为之日起3个月内向人民法院提起诉讼。

(3)申请人不服复议决定的,可以在收到复议决定书之日起 15 日内向人民法院提起诉讼。复议机关逾期不作复议决定的,申请人可以在复议期满之日起 15 日内向人民法院提起诉讼。

(4)纳税人或其他税务当事人因不可抗力或者其他特殊情况耽误法定期限的,在障碍消除后的 10 日内,可以申请延长期限,由人民法院决定。

6. 税务行政诉讼案件的审理和判决

人民法院对税务行政诉讼案件宣告判决或者裁定前,原告申请撤诉的,或者被告改变其所作的具体行政行为,原告同意并申请撤诉的,是否准许,由人民法院裁定。

人民法院经过审理,根据不同情况,分别做出以下判决。

(1)具体行政行为证据确凿,适用法律、法规正确,符合法定程序的,判决维持。

(2)具体行政行为有下列情形之一的,判决撤销或者部分撤销,并可以判决被告重新做出具体行政行为:主要证据不足的;适用法律、法规错误的;违反法定程序的;超越职权的;滥用职权的。行政处罚显失公正的,可以判决变更。被告不履行或者拖延履行法定职责的,判决其在一定期限内履行。

(3)人民法院判决被告重新做出具体行政行为的,被告不得以同一的事实和理由做出与原具体行政行为基本相同的具体行政行为。

(4)人民法院应当在立案之日起 3 个月内做出第一审判决。有特殊情况需要延长的,由高级人民法院批准,高级人民法院审理第一审案件需要延长的,由最高人民法院批准。

(5)当事人不服人民法院第一审判决的,有权在判决书送达之日起 15 日内向上一级人民法院提起上诉。当事人不服人民法院第一审裁定的,有权在裁定书送达之日起 10 日内向上一级人民法院提起上诉。逾期不提起上诉的,人民法院的第一审判决或者裁定发生法律效力。

(6)人民法院审理税务行政诉讼案件,不适用调解。

7. 税务行政诉讼判决的执行

双方当事人必须履行人民法院发生法律效力的判决、裁定。

纳税人或者其他税务当事人拒绝履行判决、裁定的,税务机关可以向第一审人民法院申请强制执行,或者依法强制执行。

税务机关拒绝履行判决、裁定的,第一审人民法院可以采取以下措施。

(1)对应当归还的罚款或者应当给付的赔偿金,通知银行从该税务机关的账户内划拨。

(2)在规定期限内不执行的,从期满之日起,对该税务机关按日处 50 元至 100 元的罚款。

(3)向该税务机关的上一级税务机关或者监察、人事机关提出司法建议。接受司法建议的机关,根据有关规定进行处理,并将处理情况告知人民法院。

(4)拒不执行判决、裁定,情节严重构成犯罪的,依法追究主管人员和直接责任人员的刑事责任。

（5）纳税人或者其他税务当事人对税务机关的具体行政行为在法定期间不提起诉讼又不履行的，税务机关可以申请人民法院强制执行，或者依法强制执行。

复习、思考与练习

1．名词解释：税收征收管理、纳税申报、税款征收方式、税务行政诉讼、税务行政复议和扣缴义务人。

2．税收保全措施和税收强制执行措施有什么区别？

3．税务检查有哪些形式，可以采取哪些方法？

4．偷税行为的法律责任有哪些？

5．税款征收的方式有哪些？

6．税收征收管理包括哪些内容？

综合实训

1．业务资料

李某于2009年10月7日被所在县的地税局罚款600元，王某是李某的好朋友，他认为地税局的罚款过重，于同年11月14日以自己的名义，向该县政府邮寄了行政复议书。由于邮局的原因，该县政府2010年1月14日才收到行政复议申请书，该县政府在2010年1月24日以超过复议申请期限为由做出不予受理决定，并电话通知了王某。

2．问题探讨

（1）王某能否作为申请人申请行政复议？为什么？

（2）本案申请人的申请期限是否超期？为什么？

（3）县政府对王某的行政复议申请，做出不予受理决定的期限是否符合行政复议法的规定？如果不符合，县政府应在几日内做出？

（4）县政府用电话通知王某不予受理的做法是否符合《行政复议法》的规定？如果不符合，应当用什么方式？

（5）如果李某申请行政复议，县政府能否受理？如果不能，李某应当向哪个机关申请？

项目三　增值税实务

任务一　增值税基本知识认知

一、增值税的概念

1. 增值税的概念

增值税是对在我国境内销售货物或者提供加工、修理修配劳务以及进口货物的单位和个人，就其取得的增值额征收的一种流转税。在境内销售货物或应税劳务，是指所销售的货物的起运地或所在地在境内，所销售的应税劳务发生在境内。

增值税是一个国际性税种，自从1954年法国首先征收增值税至今，全世界已有100多个国家和地区实行了增值税。我国于1979年开始征收增值税，并于1994年进行了重大改革。增值税已经成为我国税制结构中最重要的主体税种。现行增值税法的基本法律依据是，1993年12月13日国务院颁布、2008年11月5日修订，并于2009年1月1日起施行的《中华人民共和国增值税暂行条例》（以下简称《增值税暂行条例》）。

2. 理论增值额

从理论上讲，增值额是指生产经营者在生产经营过程中创造的新价值，即货物或劳务价值中 $V+M$ 部分，在我国相当于国民收入或净产值。

在现实经济生活中，可分别从生产经营单位和生产经营过程两个方面分析增值额。从一个经营单位来看，增值额是指该单位销售货物或提供应税劳务的收入额扣除生产消耗掉的物质资料转移价值之后的余额；从一个商品的生产经营全过程来讲，不论其生产经营经过几个环节，其最后的销售总值，应等于该商品从生产到流通的各个环节的增值额之和，即商品最后销售价格等于各环节增值额之和。

例如，某项货物最终销售价格为350元，在到达最终消费者之前经历了四个环节，该货物每一个环节的增值额与销售价格的关系如表3-1所示。

表3-1　各环节增值额与销售价格关系表

单位：元

项目 环节	材料生产	产品制造	批发环节	零售环节	合　计
销售额	100	190	280	350	—
增值额	100	90	90	70	350

为便于计算，假定材料生产环节没有物质消耗，都是该环节自己创造的新价值，即

为生产该材料外购商品价值为零,销售价格 100 元,增值额也是 100 元。产品的制造、批发和零售环节的增值额分别等于该环节的销售收入扣除外购商品价款(即上一环节的销售额)后的余额。该项货物在上述四个环节创造的增值额之和为 350 元,最终销售价格也是 350 元。实行增值税时,只对本环节创造的增值额课税,避免了对商品价值中消耗掉的物质资料转移价值重复课税。在税率一致的情况下,对每一生产经营环节征收的增值税之和,实际上就是按该货物最终销售额征收的增值税。

3. 税款抵扣制

实施增值税的国家,在实际计算税款时,很难准确地划分企业增值项目和非增值项目,所以不是先求出各生产经营环节的增值额并据以纳税,而是采用税款抵扣制。税款抵扣制首先用纳税人在纳税期内销售货物的销售额乘以适用税率,计算出销售货物的整体税金(销项税额),然后扣除当期购进商品已纳的增值税税款(进项税额),其余额即为纳税人应纳的增值税税额。进项税额的确定可依据取得的增值税专用发票上注明税款,或依据其他合法扣税凭证计算得到,比较简便易行,目前为大多数国家所采用。

二、增值税的特征

1. 税不重征,税收负担具有公平性

增值税以增值额为征税对象,一种货物或劳务无论经历多少环节都不会发生重复征税。这就使得同一种货物或劳务的税收负担,不会因其经历的流转环节的多少而有所不同,使税收负担具有公平性。

2. 多环节征税,税金计算具有连续性

从纳税环节看,增值税实行多环节征税,即一种货物或劳务从生产到最终进入消费,每经过一道生产经营环节就征收一道税,本环节的进项税额是上一环节的销项税额,本环节的销项税额是下一环节的进项税额,并通过增值税专用发票将税金的计算联系起来,这样有利于建立纳税人自我约束、相互监督的机制,同时也有利于税务机关对购销双方进行交叉稽核。

3. 税基广阔,征收范围具有普遍性

增值税征税范围广泛,从生产经营的横向关系看,无论工业、商业、农业或者劳务活动,只要产生增值额就要依照税率计算纳税;从生产经营的纵向关系看,从制造环节开始一直延伸到货物的批发、零售各个环节,实行普遍调节。

4. 实行价外税,最终税负具有转嫁性

增值税的纳税人是各环节的生产经营者,但负税人却是最终消费者。这是因为,在计税时,作为计税依据的销售额中不包含增值税税额,这样有利于形成均衡的生产价格,并有利于税负转嫁的实现。这是增值税与传统的以全部流转额为计税依据的流转税或商品课税的一个重要区别。

三、增值税的类型

在实践中，各国实行的增值税都是以法定增值额为课税对象的。法定增值额和理论增值额往往不相一致，其主要区别在于对购入固定资产的处理上。根据对购入固定资产已纳税款处理的不同，可以将增值税分为生产型增值税、消费型增值税和收入型增值税三种类型。

1. 生产型增值税

生产型增值税是以纳税人的销售收入（或劳务收入）减去其耗用的外购原材料、燃料、动力等物质资料价值（不包括纳税人购进的固定资产）后的余额为课税依据所计算的增值税。计税依据等于工资、利润、利息、租金和折旧数之和，从整体看，征税基数相当于国民生产总值，故称生产型增值税。

2008年以前，我国大部分地区（不包括港澳台）采用的就是生产型增值税。另外，印度尼西亚也采用这种类型。

2. 消费型增值税

消费型增值税允许将购置物质资料的价值和用于生产、经营的固定资产价值中所含的税款，在购置当期全部一次扣除。从国民经济的整体上看相当于只对消费资料征税，不包括生产资料的价值，即其税基相当于全部消费品价值，故称消费型增值税。

消费型增值税对于促进投资的作用是相当明显的，欧盟及许多发达国家和发展中国家都在采用，是各国实施的主流型增值税。我国从2009年1月1日起，实施增值税转型改革，即由生产型增值税转为消费型增值税。

3. 收入型增值税

收入型增值税除允许扣除外购物质资料的价值以外，对于购置用于生产、经营用的固定资产，允许将已提折旧的价值额予以扣除。即对于购入的固定资产，可以按照磨损程度相应地给予扣除。这个法定增值额，就整个社会来说，相当于国民收入，所以称为收入型增值税。这种类型的增值税既鼓励了投资，又可以保证财政收入。

采用收入型增值税的国家主要有摩洛哥及部分中东欧国家。

任务二　熟悉增值税的基本构成要素

一、纳税人

1. 纳税人的一般规定

根据《增值税暂行条例》的规定，在中华人民共和国境内销售货物或者提供加工、修理修配劳务以及进口货物的单位和个人，为增值税的纳税义务人（以下简称纳税人），应当依照本条例缴纳增值税。纳税义务人主要有以下几类。

（1）单位，是指企业、行政单位、事业单位、军事单位、社会团体及其他单位。

（2）个人，是指个体工商户及其他个人。

（3）承租人和承包人。单位租赁或承包给他人经营的，以承租人或承包人为纳税人。

2. 小规模纳税人和一般纳税人的认定标准

（1）小规模纳税人的认定标准

① 从事货物生产或者提供应税劳务的纳税人，以及以从事货物生产或者提供应税劳务为主，并兼营货物批发或者零售的纳税人，年应征增值税销售额（以下简称应税销售额）在50万元（含）以下的。

② 上述规定范围以外的纳税人，年应税销售额在80万元（含）以下的。

上述所称以从事货物生产或者提供应税劳务为主，是指纳税人的年货物生产或者提供应税劳务的销售额占年应税销售额的比重在50%以上。

年应税销售额超过小规模纳税人标准的其他个人按小规模纳税人纳税；非企业性单位、不经常发生应税行为的企业可选择按小规模纳税人纳税。

小规模纳税人销售货物或应税劳务不得使用增值税专用发票，不能享有税款抵扣权，小规模纳税人实行简易办法征收增值税。

（2）一般纳税人的认定标准

下列单位和个人经税务机关批准，可认定为一般纳税人。

① 年应税销售额超过小规模纳税人认定标准的企业和企业性单位。

② 年应税销售额未超过标准的小规模企业（商业企业除外），账簿健全，能准确核算并提供销项税额、进项税额并能按规定报送有关税务资料的，经企业申请，税务部门可将其认定为一般纳税人。

③ 非企业性单位如果经常发生增值税应税行为，并且符合一般纳税人条件的，可以认定为一般纳税人。

④ 个体工商户符合增值税暂行条例规定的条件，经省级国家税务局批准，可以认定为一般纳税人。

凡符合一般纳税人标准的增值税纳税人，都必须主动向企业所在地的主管税务机关申请办理认定手续。新开业的符合一般纳税人条件的企业，应在办理税务登记的同时，申请办理一般纳税人认定手续；已开业的小规模企业，其年应税销售额超过小规模纳税人标准的，应在次年1月底之前申请办理一般纳税人认定手续。

对于符合一般纳税人条件，但不申请办理一般纳税人认定手续的纳税人，不得抵扣进项税额，也不得使用增值税专用发票。小规模纳税人一经认定为一般纳税人后，不得再转为小规模纳税人。

一般纳税人在取得资格后，可到指定地点办理增值税专用发票领购手续并购买增值税专用发票。一般纳税人在对外销货物或提供应税劳务时，可开具增值税专用发票，在购进货物或接受应税劳务时有权向销售方索取增值税专用发票或其他扣税凭证。一般纳税人享受税款抵扣权；但会计核算不健全，或不能够提供准确税务资料的纳税人，应按销售额依照增值税税率计算应纳税额，不得抵扣进项税额，也不得使用增值税专用发票。

3. 扣缴义务人

增值税扣缴义务人，是指依据法律或行政法规规定，负有代扣代缴增值税税款义务的单位和个人。境外的单位或个人在境内销售货物或提供应税劳务，而在境内未设有经营机构的，其应纳税款以代理人为扣缴义务人，代替其向税务机关垫缴税款；没有代理人的，以购买者为扣缴义务人，购买者在接受劳务、支付劳务费时，可从支付的劳务费中扣除应纳税款，然后向税务机关缴纳。

二、征税范围

1. 征税范围的一般规定

（1）销售或进口货物

销售货物，是指有偿转让货物的所有权。进口货物是指申报进入中华人民共和国海关境内的货物。货物是指有形动产，包括电力、热力、气体在内。而销售土地、建筑物等不动产以及转让专利权、商标权等无形资产属于营业税的征税范围。

（2）提供加工、修理修配劳务

提供加工、修理修配劳务，是指有偿提供加工、修理修配劳务，其中，加工是指受托加工货物，即委托方提供原料及主要材料，受托方按照委托方的要求制造货物并收取加工费的业务；修理、修配，是指受托对损伤和丧失功能的货物进行修复，使其恢复原状和功能的业务。但提供加工、修理修配劳务不包括单位或个体经营者聘用的员工为本单位或雇主提供的加工、修理修配劳务。

2. 征税范围的特殊规定

（1）视同销售货物

为了保证增值税税款抵扣制度的实施，避免发生税款抵扣环节的中断，同时为了避免造成货物销售的税收负担不平衡，对单位或个体工商户发生的下列行为，根据税法规定要视同销售货物，缴纳增值税。视同销售货物具体包括以下几种形式。

① 将货物交付其他单位或者个人代销。
② 销售代销货物。
③ 设有两个以上机构并实行统一核算的纳税人，将货物从一个机构移送其他机构用于销售，但相关机构设在同一县（市）的除外。
④ 将自产或者委托加工的货物用于非增值税应税项目。
⑤ 将自产或者委托加工的货物用于集体福利或者个人消费。
⑥ 将自产、委托加工或者购进的货物作为投资，提供给其他单位或者个体工商户。
⑦ 将自产、委托加工或者购进的货物分配给股东或者投资者。
⑧ 将自产、委托加工或者购进的货物无偿赠送其他单位或者个人。

(2) 混合销售行为

混合销售行为,是指一项销售行为既涉及应税货物又涉及非增值税应税劳务(以下简称非应税劳务)。凡混合销售行为,其销售货物与提供非应税劳务的价款是同时从一个购买方取得的。例如,某空调厂销售空调,与购货方商定由本厂运输队负责运输,收取运费。从理论上讲,销售空调属于销售货物,应征收增值税,而提供运输劳务属于销售非应税劳务,应征收营业税。但实务工作中为了便于征管,《中华人民共和国增值税暂行条例实施细则》(以下简称《增值税条例实施细则》)规定:从事货物的生产、批发或零售的企业、企业性单位及个体工商户的混合销售行为,视为销售货物,应当征收增值税;其他单位和个人的混合销售行为,视为销售非应税劳务,征收营业税。

上述所称"非应税劳务"是指属于应缴营业税的交通运输业、建筑业、金融保险业、邮电通信业、文化体育业、娱乐业、服务业税目征收范围的劳务。所称"从事货物的生产、批发或零售的企业、企业性单位及个体工商户",包括以从事货物的生产、批发或零售为主,并兼营非应税劳务的企业、企业性单位及个体工商户在内。

下列混合销售行为,应当分别核算货物的销售额和非增值税应税劳务的营业额,并根据其销售货物的销售额计算缴纳增值税,非增值税应税劳务的营业额不缴纳增值税;未分别核算的,由主管税务机关核定其货物的销售额:销售自产货物并同时提供建筑业劳务的行为;财政部、国家税务总局规定的其他情形。

(3) 兼营非应税劳务

兼营非应税劳务,是指纳税人的销售行为既涉及货物或应税劳务又涉及非应税劳务,且从事的非应税劳务与某一项销售货物或提供应税劳务并无直接的联系和从属关系。

根据《增值税暂行条例实施细则》的规定,纳税人兼营非应税劳务的,应分别核算货物或应税劳务和非应税劳务的销售额,对货物或应税劳务的销售额,按各自适用的税率征收增值税;对非应税劳务的销售额,按适用的税率征收营业税。不分别核算或者不能准确核算的,其非应税劳务应与货物或应税劳务一并征收增值税。纳税人兼营的非应税劳务是否应当一并征收增值税,由国家税务总局所属征收机关确定。

例如,某食品商场(为增值税一般纳税人),一方面批发、零售各类食品,另一方面经营快餐业务,因此,该商场发生了兼营非应税劳务的行为。该商场应分别核算批发、零售的销售额和提供饮食服务业务的营业额,并对销售货物征收增值税,对饮食服务业务征收营业税。如果两项业务不分别核算或者不能准确核算,则批发、零售的销售额与饮食服务业务的营业额一并征收增值税。

(4) 增值税征税范围的其他规定

① 货物期货(包括商品期货和贵金属期货),在实物交割环节纳税。

② 银行销售金银业务。

③ 典当业的死当销售业务和寄售业代委托人销售物品。

④ 集邮商品(包括邮票、小型张、小本票、明信片、首日封、邮折及其他集邮商品)的生产,以及邮政部门以外的其他单位与个人销售集邮商品。

三、税率

我国增值税采用比例税率。为了发挥增值税的中性作用,原则上增值税的税率应该对不同行业不同企业实行单一税率,称为基本税率。实践中为照顾一些特殊行业或产品增设了一档低税率,对出口产品实行零税率。由于增值税纳税人分成了两类,对这两类不同的纳税人又采用了不同的税率。

1. 基本税率

纳税人销售或者进口货物,提供加工、修理修配劳务的,税率为17%。

为公平税负,规范税制,促进资源节约和综合利用,自2009年1月1日起,将部分金属矿、非金属矿采选产品的增值税税率由原来的13%低税率恢复到17%,如铜矿砂及其精矿(非黄金价值部分)、镍矿砂及其精矿(非黄金价值部分)、纯氯化钠、未焙烧的黄铁矿、石英、云母粉、天然硫酸钡(重晶石)等。

2. 低税率

纳税人销售或者进口下列货物,按照低税率计征增值税,税率为13%。
(1)粮食、食用植物油。
(2)自来水、热水、暖气、冷气、煤气、石油液化气、天然气、沼气、居民用煤炭制品、食用盐等。
(3)图书、报纸、杂志。
(4)饲料、化肥、农药、农机、农膜。
(5)国务院规定的其他货物,如农产品、音像制品、电子出版物、二甲醚等。

3. 零税率

纳税人出口货物,税率为零;但是,国务院另有规定的除外。

税率为零不是简单地等同于免税。出口货物免税仅指在出口环节不征收增值税,而零税率是指对出口货物除了在出口环节不征增值税外,还要对该产品在出口前已经缴纳的增值税进行退税,使该出口产品在出口时完全不含增值税税款,从而以无税产品进入国际市场。当然,我国目前并非对全部出口产品都完全实行零税率。

4. 征收率

我国增值税政策规定,小规模纳税人销售货物或提供应税劳务的,实行简易征收办法,按照销售额和规定的征收率计算应纳税额,征收率为3%。

一般纳税人生产下列货物,可按简易办法依照6%征收率计算纳税,并可由其自己开具增值税专用发票,但选择后36个月内不能变更:
(1)县以下小型水力发电单位生产的电力;
(2)建筑用和生产建筑材料所用的砂、土、石料;

(3) 以自己采掘的砂、土、石料或其他矿物连续生产的砖、瓦、石灰；
(4) 用微生物、微生物代谢产物、动物毒素、人或动物的血液或组织制成的生物制品；
(5) 自来水（不得抵扣进项税额）；
(6) 商品混凝土（仅限于以水泥为原料生产的水泥混凝土）。

一般纳税人销售下列特定货物销售行为按照简易办法依照4%征收率征收：
(1) 寄售商店代销寄售商品；
(2) 典当业销售死当物品；
(3) 销售旧货；
(4) 经国务院或国务院授权机关批准的免税商店零售免税货物。

另外，一般纳税人销售自己使用过的2008年12月31日以前购进或者自制的固定资产，以及销售自己使用过的属于《增值税暂行条例》第10条规定不得抵扣且未抵扣进项税额的固定资产，按照4%征收率减半征收增值税；小规模纳税人（除其他个人外）销售自己使用过的固定资产，减按2%征收率征收增值税；纳税人销售旧货，按照简易办法依照4%征收率减半征收增值税。这里所称"旧货"，是指进入二次流通的具有部分使用价值的货物（含旧汽车、旧摩托车和旧游艇），但不包括自己使用过的物品。

任务三 增值税应纳税额的计算

一、一般纳税人应纳税额的计算

一般纳税人销售货物或者提供应税劳务，应纳税额计算公式为：

$$应纳税额＝当期销项税额－当期进项税额$$

1. 销项税额的确定

销项税额是纳税人销售货物或者提供应税劳务，按照销售额和法定的适用税率计算，并向购买方收取的增值税税额，其计算公式为：

$$销项税额＝销售额×税率$$

（1）销售额的一般规定

销售额，是指纳税人销售货物或者提供应税劳务向购买方（包括接受劳务方，下同）收取的全部价款和价外费用，但不包括收取的销项税额。

价外费用（即销售方的价外收入），是指价外向购买方收取的手续费、补贴、基金、集资费、返还利润、奖励费、违约金、滞纳金、延期付款利息、赔偿金、包装费、包装物租金、储备费、优质费、运输装卸费、代收款项、代垫款项及其他各种性质的价外收费，但不包括下列项目。

① 受托加工应征消费税的消费品所代收代缴的消费税。
② 同时符合以下两个条件的代垫运费：
▶ 承运者的运费发票开具给购货方的；

- 纳税人将该项发票转交给购货方的。

③ 同时符合以下条件代为收取的政府性基金或者行政事业性收费：
- 由国务院或者财政部批准设立的政府性基金，由国务院或者省级人民政府及其财政、价格主管部门批准设立的行政事业性收费；
- 收取时开具省级以上财政部门印制的财政票据；
- 所收款项全额上缴财政。

④ 销售货物的同时代办保险等而向购买方收取的保险费，以及向购买方收取的代购买方缴纳的车辆购置税、车辆牌照费。

（2）销售额的特殊规定，主要包括以下几个方面。

① 混合销售的销售额

对属于征收增值税的混合销售，其销售额为货物与非应税劳务销售额的合计数。

② 兼营非应税劳务的销售额

纳税人兼营非应税劳务的，应分别核算货物或应税劳务和非应税劳务的销售额，对货物或应税劳务的销售额，按各自适用的税率征收增值税，对非应税劳务的销售额按适用的税率征收营业税。如果不分别核算或者不能准确核算货物或应税劳务和非增值税应税劳务销售额的，由主管税务机关核定货物或应税劳务的销售额。

③ 价税合并的销售额

一般纳税人销售货物或提供应税劳务，采用销售额和销项税额合并定价方法的，其销售额为含增值税税额的销售额，应将其含税销售额换算成不含税销售额计税，换算公式为：

$$不含税销售额＝含税销售额\div（1＋适用税率）$$

④ 以折扣方式销售货物的销售额

折扣销售，是指销货方在销售货物或应税劳务时，因购货方信誉较好或购货数量较大等原因，而给予购货方一定价格优惠的销售方式。如某运动衣厂家规定：购买100件运动衣，给予价格折扣10%；购买300件运动衣，给予价格折扣15%。由于折扣是在实现销售的同时发生，因此，税法规定，如果销售额和折扣额在同一张发票上分别注明，可按折扣后的余额作为销售额计算增值税；如果将折扣额另开发票，不论其在财务上如何处理，均不得从销售额中减除折扣额。需要注意的是，折扣销售仅限于货物价格的折扣，如果销货方将自产、委托加工和购买的货物用于实物折扣的，则该实物款项不能从货物销售额中减除，且该实物应按增值税条例"视同销售货物"中的"赠送他人"计算征收增值税。

在确定折扣销售的销售额时，应注意区分销售折让、销售折扣。销售折让是指货物销售后，由于其品种、质量等原因，销售方给予购货方的一种价格折让。销售折让可以按折让后的货款为销售额。销售折扣是指销货方在销售货物或应税劳务后，为了鼓励购货方及早偿付货款，而协议许诺给购货方的一种折扣优惠。如某购销合同规定：购货方应在30天之内付清全部款项，但在10天内付款，可给予折扣2%；20天内付款，给予折扣1%。销售折扣又称现金折扣，是一种融资性质的理财费用，不得从销售额中减除。

⑤ 以旧换新销售货物的销售额

以旧换新,是指纳税人在销售自己的货物时,以一定的价格同时回收相关的旧货,以达到促销的目的。由于销售货物与收购货物是两个不同的业务活动,因此税法规定,纳税人采取以旧换新的销售方式销售货物,销售额按照新货物的同期销售价格确定,不得扣减旧货物的收购价格。

⑥ 还本方式销售货物的销售额

还本销售,是指纳税人销售货物后,在一定期限内将全部或部分销货款一次或分次退还给购货方的一种销售方式。其主要目的在于进行促销和融通资金。税法规定,采取还本销售方式销售货物,其销售额就是货物的销售价格,不得扣除还本支出。

⑦ 以物易物销售货物的销售额

以物易物,是指购销双方不以货币结算,而以货物相互结算,实现购销的一种方式。税法规定,纳税人采取以物易物方式销售货物的,应视同销售按规定纳税,即购销双方均以各自发出的货物核算销售额,计算销项税额。对纳税人以低于正常价格作价销售的,由主管税务机关根据纳税人当月同类产品平均销售价格、最近时期同类产品平均销售价格或组成计税价格核定其销售额。

⑧ 出租出借包装物条件下的销售额

纳税人为销售货物而出租出借包装物收取的押金,凡单独记账核算,时间在12个月以内,又未过期的,不并入销售额征税;但对逾期未收回包装物不再退还的押金,应计算销项税额。押金视同含税销售额,必须将其换算为不含税价,再依据所包装货物的适用税率计算销项税额。其中"逾期"是指按合同规定实际逾期或以12个月为限,对收取12个月以上的押金,无论是否退还均并入销售额征税。

(3) 核定销售额的基本方法

纳税人销售货物或应税劳务,价格明显偏低且无正当理由的,或是纳税人发生了视同销售行为而无销售额的,主管税务机关有权核定其销售额。其确定顺序和方法如下:

① 按纳税人最近时期同类货物的平均销售价格确定;
② 按其他纳税人最近时期同类货物的平均销售价格确定;
③ 用以上两种方法均不能确定其销售额的情况下,可按组成计税价格确定。

组成计税价格公式为:

$$组成计税价格 = 成本 \times (1 + 成本利润率)$$

属于应征消费税的货物,其组成计税价格中应加计消费税税额,计算公式为:

$$组成计税价格 = 成本 + 利润 + 消费税$$
$$= (成本 \times (1 + 成本利润率)) \div (1 - 消费税税率)$$

以上公式中的"成本"分为两种情况,销售自产货物的为实际生产成本,销售外购货物的为实际采购成本。"成本利润率"一般确定为10%,但对于应从价定率征收消费税的货物,则按《消费税若干具体问题的规定》确定。

2. 进项税额的计算

进项税额。是指纳税人购进货物或接受应税劳务所支付或负担的增值税税额。在开具增值税专用发票的情况下,销售方收取的销项税额就是购买方支付的进项税额。对于一般纳税人而言,销售货物或提供加工、修理修配劳务会发生销项税额的收取,而购进货物或接受应税劳务会产生进项税额的支付,纳税人实际应缴纳的增值税就是销项税额扣除进项税额的余额。

(1) 准予从销项税额中抵扣的进项税额

① 从销售方取得的增值税专用发票上注明的增值税额

根据税法相关规定,纳税人取得增值税税控防伪专用发票后,必须在180日内认证比对,否则不得作为进项税额抵扣。

② 从海关取得的完税凭证上注明的增值税额

一般纳税人因生产经营所需进口货物,在进口时由海关征收货物进口环节增值税,完税凭证上注明的增值税额可作为进项税额予以扣除。

③ 购进免税农产品

购进农产品,除取得增值税专用发票或者海关进口增值税专用缴款书外,按照农产品收购发票或者销售发票上注明的农产品买价和13%的扣除率计算的进项税额。进项税额的计算公式为:

$$进项税额 = 买价 \times 扣除率$$

买价,是指纳税人购进农产品在农产品收购发票或者销售发票上注明的价款和按照规定缴纳的烟叶税。

④ 运输费用

2013年8月1日起,接受铁路运输服务,按照铁路运输费用结算单据上注明的运输费用金额和7%的扣除率计算的进项税额。进项税额的计算公式:

$$进项税额 = 运输费用金额 \times 扣除率$$

运输费用金额,是指铁路运输费用结算单据上注明的运输费用(包括铁路临管线及铁路专线运输费用)、建设基金,不包括装卸费、保险费等其他杂费。

增值税一般纳税人取得的2013年8月1日(含)以后开具的运输费用结算单据(铁路运输费用结算单据除外),不得作为增值税扣税凭证。

2014年1月1日起,铁路运输业务也实行了"营改增",增值税一般纳税人取得铁路运输结算单据也必须按照增值税有关规定处理。

⑤ 接受境外单位或者个人提供的应税服务,从税务机关或者境内代理人取得的解缴税款的中华人民共和国税收缴款凭证(以下称税收缴款凭证)上注明的增值税额。

(2) 不得从销项税中抵扣的进项税额

按照税法有关规定,下列项目的进项税额不得从销项税额中抵扣。

① 用于非增值税应税项目、免征增值税项目、集体福利或者个人消费的购进货物或者应税劳务。

非增值税应税项目,是指提供非应税劳务、转让无形资产、销售不动产和固定资产在建工程等。纳税人新建、改建、扩建、修缮、装饰建筑物,无论会计制度规定如何核算,均属于固定资产在建工程。

如果购进的货物发生视同销售,即作为投资、分配给股东或投资者、无偿赠送他人的，若取得了扣税凭证，其进项税额可以抵扣。

② 非正常损失的购进货物及相关的应税劳务。

非正常损失，是指生产、经营过程中正常损耗以外的损失，包括因管理不善造成货物被盗窃、发生霉烂变质等损失，以及其他非正常损失。

③ 非正常损失的在产品、产成品所耗用的购进货物或者应税劳务。

④ 国务院财政、税务主管部门规定的纳税人自用消费品。

⑤ 第①～④项规定的货物的运输费用和销售免税货物的运输费用。

⑥ 小规模纳税人的购进货物或者应税劳务。

⑦ 纳税人购进货物或应税劳务，未按照规定取得并保存增值税扣税凭证，或者增值税扣税凭证上未按照规定注明增值税额及其他有关事项的，其进项税额不得从销项税额中抵扣。

⑧ 一般纳税人兼营免税项目或者非增值税应税劳务而无法划分不得抵扣的进项税额的，按下列公式计算不得抵扣的进项税额：

不得抵扣的进项税额＝当月无法划分的全部进项税额×当月免税项目销售额、非增值税应税劳务营业额合计÷当月全部销售额、营业额合计。

3. 一般纳税人应纳税额计算实例

我国增值税应纳税额的计算采用购进扣税法，基本计算公式为：

应纳税额＝当期销项税额－当期进项税额

【例3-1】 某空调生产厂为增值税一般纳税人，2014年3月购销业务如下：

（1）销售给某家电商场空调500台，每台不含税的价款2 800元；

（2）本月购进原材料取得防伪税控系统开具的增值税专用发票上注明税金108 000元；

（3）购买设备一台取得增值税专用发票上注明税金85 000元，发票均经税务机关认证。

要求：请计算该企业当月应纳的增值税税额。

解析：

（1）当月销项税额＝2 800×500×17%＝238 000（元）；

（2）当月准予抵扣的进项税额＝108 000＋85 000＝193 000（元）；

（3）当月应纳的增值税税额＝238 000－193 000＝45 000（元）。

【例3-2】 某汽车配件商店为增值税一般纳税人，2014年3月购进零配件150 000元，取得增值税专用发票上注明税金25 500元。当月销售零配件取得零售收入220 000元，收取装卸费14 000元。

要求：请计算该企业当月应纳的增值税税额。

解析：

（1）当月销项税额＝（220 000＋14 000）/（1＋17%）×17%＝34 000（元）；

（2）当月准予抵扣的进项税额25 500（元）；

（3）当月应纳的增值税税额＝34 000－25 500＝8 500（元）。

【例 3-3】 某商场为增值税一般纳税人,2013 年 8 月发生以下购销业务:
(1) 批发销售服装一批,取得不含税销售额 18 万元;
(2) 零售各种服装,取得含税销售额 58.5 万元;
(3) 将零售价为 1.638 万元的运动装作为礼品赠送给某学校;
(4) 当月购入服装,取得增值税专用发票上注明税款 5.1 万元。
要求:请计算该企业当月应纳的增值税税额。
解析:
(1) 批发销售的销项税额=18×17%=3.06(万元);
(2) 零售的销项税额=58.5/(1+17%)×17%=8.5(万元);
(3) 赠送礼品的销项税额=1.638/(1+17%)×17%=0.238(万元);
(4) 当月准予抵扣的进项税额=5.1(万元);
(5) 当月应纳的增值税税额=3.06+8.5+0.238－5.1=6.698(万元)。

【例 3-4】 某印刷厂(一般纳税人)2013 年 11 月经济业务如下:
(1) 印刷挂历 6 000 本,每本售价 23.4 元(含税价),零售 600 本;
(2) 批发销售给某图书市场 5 000 本,实行 6 折优惠,开票时将销售额与折扣额开在了同一张专用发票上,并分别注明;
(3) 发给本企业职工 300 本;
(4) 本月购进原材料取得增值税专用发票上注明税金 10 200 元。
要求:请计算该企业当月应纳的增值税税额。
解析:
(1) 零售的销项税额=23.4÷(1+17%)×600×17%=2 040(元);
(2) 批发销售的销项税额=23.4÷(1+17%)×5 000×60%×17%=10 200(元);
(3) 发给职工的销项税额=23.4÷(1+17%)×300×17%=1 020(元);
(4) 当月准予抵扣的进项税额=10 200(元);
(5) 当月应纳的增值税税额=2 040+10 200+1 020－10 200=3 060(元)。

【例 3-5】 某家电零售企业为增值税一般纳税人,2014 年 3 月发生以下购销业务:
(1) 本月销售某型号彩电 200 台,每台零售价 2 574 元;
(2) 采用以旧换新方式向消费者个人销售燃气灶,每台零售价 936 元,本月售出 120 台,共收回 120 台旧燃气灶,每台旧燃气灶折价为 100 元;
(3) 本月购进货物取得增值税专用发票,注明税额 41 200 元。
要求:请计算该企业当月应纳的增值税税额。
解析:
(1) 销售彩电的销项税额=2 574÷(1+17%)×200×17%=74 800(元);
(2) 以旧换新销售的销项税额=936÷(1+17%)×120×17%=16 320(元);
(3) 当月准予抵扣的进项税额=41 200(元);
(4) 当月应纳的增值税税额=74 800+16 320－41 200=49 920(元)。

【例 3-6】 某食品加工厂为增值税一般纳税人,2013 年 10 月发生购销业务情况如下:
(1) 直接向农民收购一批用于生产加工食品的粮食,经税务机关批准的收购凭证上注明价款 168 000 元；

（2）销售一批产品，取得不含税销售额 270 000 元；

（3）本月随同销售货物出借包装物收取押金 2 000 元，该企业账面显示"其他应付款——包装物押金"贷方余额 9 400 元，其中，2008 年 1 月 6 日收取押金 3 000 元，2010 年 11 月 21 日收取押金 4 000 元，2011 年 3 月 19 日收取押金 2 400 元，经查，以上几笔押金以前均未征税。

要求：请计算该企业当月应纳的增值税税额。

解析：

（1）销售产品销项税额＝270 000×17%＝45 900（元）；

（2）逾期未退包装物押金的销项税额＝3 000÷（1+17%）×17%＝435.90（元）；

（3）当月准予抵扣的进项税额＝168 000×13%＝21 840（元）；

（4）当月应纳的增值税税额＝45 900+435.90－21 840＝24 495.90（元）。

【例 3-7】 某装饰材料公司为增值税一般纳税人，2013 年 10 月经济业务如下：

（1）销售装饰材料取得含税销售收入 230 000 元；

（2）为客户装修办公室，包工包料形式共取得收入 120 000 元（未分别核算）；

（3）为消费者个人提供装修劳务收入 46 000 元（未分别核算）；

（4）装修本公司办公室耗费装饰材料 7 000 元；

（5）当月购进装饰材料取得增值税专用发票注明税额 25 000 元，购进装修用工具 1 台，价款 6 000 元，取得增值税专用发票注明税额 1 020 元。

该公司销售装饰材料和提供装修劳务的收入未分别核算。

要求：试计算该企业当月应纳的增值税税额。

解析：

（1）当月销项税额＝（230 000+120 000+46 000）÷（1+17%）×17%＝57 538.46（元）；

（2）当月准予抵扣的进项税额＝25 000+1 020－7 000×17%＝24 830（元）；

（3）当月应纳的增值税税额＝57 538.46－24 830＝32 708.46（元）。

二、小规模纳税人应纳税额的计算

1. 应纳税额的计算公式

小规模纳税人销售货物或者提供应税劳务，实行简易办法计算应纳税额，其应纳税额计算公式为：

应纳税额＝销售额×征收率

增值税的征税率是 3%。公式中销售额的确定，比照一般纳税人的计算方法，即销售货物或提供应税劳务向购买方收取的全部价款和价外费用，不包括按征收率收取的应纳税额。

小规模纳税人会计核算不健全，不能准确核算销项税额和进项税额，不实行按销项税额抵扣进项税额的购进扣税法计算应纳税额，而是实行简易办法征收，所以小规模纳税人不得抵扣进项税额。

2. 含税销售额的换算

小规模纳税人在销售货物或提供应税劳务时只能开具普通发票，取得收入均为含税的销售额。所以在计算应纳税额时，必须将其换算为不含税的销售额。换算公式为：

$$\text{不含税销售额} = \text{含税销售额} \div (1 + \text{征收率})$$

【例 3-8】 小规模纳税人应纳税款计算举例。

某文具商店是小规模纳税人，2013 年 8 月，取得零售收入总额 72 100 元。计算该商店 2013 年 8 月应缴纳的增值税税额。

解析：

（1）取得的不含税销售额 = 72 100 ÷ (1 + 3%) = 70 000（元）；

（2）应缴纳增值税税额 = 70 000 × 3% = 2 100（元）。

三、进口货物应纳税额的计算

凡是申报进入我国海关境内的货物，均应缴纳进口环节增值税，并由海关代征。对于报关进口的应税货物，不论其是国外产制还是我国已出口而转内销的货物，是进口者自行采购还是国外捐赠的货物，也不论进口货物的所有权是否会发生转移，均应按照规定缴纳进口环节的增值税。

1. 进口货物的纳税人

进口货物增值税的纳税人是进口货物的收货人或办理报关手续的单位和个人。

代理进口货物的纳税人，是海关开具的完税凭证上的纳税人。对报关进口货物，凡是海关完税凭证开具给委托方的，代理方对代理进口的货物不再缴纳增值税；凡是海关完税凭证开具给代理方的，代理方对所进口的货物应缴纳增值税，纳税后，代理方将已纳税款和进口货物价款等费用与委托方结算，由委托者承担已纳税款。

2. 进口货物应纳税额的计算

海关代征纳税人应纳进口货物增值税时，按照组成计税价格和规定税率计算应纳税额，不得抵扣发生在我国境外的各种税金，其计算公式为：

$$\text{应纳税额} = \text{组成计税价格} \times \text{税率}$$

$$\text{组成计税价格} = \text{关税完税价格} + \text{关税}$$

如果进口货物属于消费税的应税消费品，组成计税价格公式中需加上消费税额，其计算公式为：

$$\text{组成计税价格} = \text{关税完税价格} + \text{关税} + \text{消费税}$$
$$= (\text{关税完税价格} + \text{关税}) \div (1 - \text{消费税税率})$$

【例 3-9】 某企业 2013 年 4 月 2 日进口一批工业品，关税完税价格 30 万元，海关当日填发税款缴纳证，关税税额为 3 万元。计算该企业进口环节应缴纳的增值税税额。

解析:
(1) 关税的组成计税价格=30+3=33(万元);
(2) 应纳增值税税额=33×17%=5.61(万元)。

任务四 增值税的出口货物退(免)税的基本业务

企业出口货物,以不含税价格参与国际市场竞争,是国际上的通行做法。我国为鼓励货物出口,按《增值税暂行条例》规定,实行出口货物退(免)税,即在国际贸易业务中,对我国报关出口的货物退还或免除其在国内各生产和流转环节缴纳的增值税、消费税。

出口货物退(免)税的原则是"征多少、退多少""未征不退和彻底退税"。在这一原则指导下,对增值税出口货物实行零税率的税收优惠。所谓实行零税率,是指对出口环节生产或销售货物的增值部分免征增值税,对出口货物前各道环节所含的进项税额进行退付,从而使货物在出口时整体税负为零。

一、适用增值税退(免)税政策的出口货物劳务

对下列出口货物劳务,除特殊规定(即本任务第四、五两个标题涉及的内容)之外,实行免征和退还增值税(以下简称增值税退(免)税)政策。

1. 出口企业出口货物

出口企业,是指依法办理工商登记、税务登记、对外贸易经营者备案登记,自营或委托出口货物的单位或个体工商户,以及依法办理工商登记、税务登记但未办理对外贸易经营者备案登记,委托出口货物的生产企业。

出口货物,是指向海关报关后实际离境并销售给境外单位或个人的货物,分为自营出口货物和委托出口货物两类。

生产企业,是指具有生产能力(包括加工修理修配能力)的单位或个体工商户。

2. 出口企业或其他单位视同出口货物

出口企业或其他单位视同出口货物具体是指:

(1) 出口企业对外援助、对外承包、境外投资的出口货物;

(2) 出口企业经海关报关进入国家批准的出口加工区、保税物流园区、保税港区、综合保税区、珠澳跨境工业区(珠海园区)、中哈霍尔果斯国际边境合作中心(中方配套区域)、保税物流中心(B型)(以下统称特殊区域)并销售给特殊区域内单位或境外单位、个人的货物;

(3) 免税品经营企业销售的货物(国家规定不允许经营和限制出口的货物、卷烟和超出免税品经营企业《企业法人营业执照》规定经营范围的货物除外);

(4) 出口企业或其他单位销售给用于国际金融组织或外国政府贷款国际招标建设项

目的中标机电产品（以下简称中标机电产品）。上述中标机电产品，包括外国企业中标再分包给出口企业或其他单位的机电产品；

（5）生产企业向海上石油天然气开采企业销售的自产的海洋工程结构物；

（6）出口企业或其他单位销售给国际运输企业用于国际运输工具上的货物。上述规定暂仅适用于外轮供应公司、远洋运输供应公司销售给外轮、远洋国轮的货物，国内航空供应公司生产销售给国内和国外航空公司国际航班的航空食品；

（7）出口企业或其他单位销售给特殊区域内生产企业生产耗用且不向海关报关而输入特殊区域的水（包括蒸汽）、电力、燃气（以下简称输入特殊区域的水电气）。

3. 出口企业对外提供加工修理修配劳务

对外提供加工修理修配劳务，是指对进境复出口货物或从事国际运输的运输工具进行的加工修理修配。

二、增值税退（免）税办法

适用增值税退（免）税政策的出口货物劳务，按照下列规定实行增值税免抵退税或免退税办法。

1. 免抵退税办法

生产企业出口自产货物和视同自产货物及对外提供加工修理修配劳务，以及列名生产企业出口非自产货物，免征增值税，相应的进项税额抵减应纳增值税额（不包括适用增值税即征即退、先征后退政策的应纳增值税额），未抵减完的部分予以退还。

2. 免退税办法

不具有生产能力的出口企业（以下简称外贸企业）或其他单位出口货物劳务，免征增值税，相应的进项税额予以退还。

三、增值税出口退税率

1. 退税率的一般规定

除财政部和国家税务总局根据国务院决定而明确的增值税出口退税率（以下简称退税率）外，出口货物的退税率为其适用税率。国家税务总局根据上述规定将退税率通过出口货物劳务退税率文库予以发布，供征纳双方执行。退税率有调整的，除另有规定外，其执行时间以货物（包括被加工修理修配的货物）出口货物报关单（出口退税专用）上注明的出口日期为准。

2. 退税率的特殊规定

（1）外贸企业购进按简易办法征税的出口货物、从小规模纳税人购进的出口货物，其退税率分别为简易办法实际执行的征收率、小规模纳税人征收率。上述出口货物取得增值税专用发票的，退税率按照增值税专用发票上的税率和出口货物退税率孰低的原则确定。

（2）出口企业委托加工修理修配货物，其加工修理修配费用的退税率，为出口货物的退税率。

（3）中标机电产品、出口企业向海关报关进入特殊区域销售给特殊区域内生产企业生产耗用的列名原材料、输入特殊区域的水电气，其退税率为适用税率。如果国家调整列名原材料的退税率，列名原材料应当自调整之日起按调整后的退税率执行。

（4）海洋工程结构物退税率的适用，具体规定略。

3. 适用不同退税率的货物劳务的规定

适用不同退税率的货物劳务，应分开报关、核算并申报退（免）税，未分开报关、核算或划分不清的，从低适用退税率。

四、适用增值税免税政策的出口货物劳务

1. 出口企业或其他单位出口规定的货物

（1）增值税小规模纳税人出口的货物。

（2）避孕药品和用具，古旧图书。

（3）软件产品。

（4）含黄金、铂金成分的货物，钻石及其饰品。

（5）国家计划内出口的卷烟。

（6）已使用过的设备。其具体范围是指购进时未取得增值税专用发票、海关进口增值税专用缴款书但其他相关单证齐全的已使用过的设备。

（7）非出口企业委托出口的货物。

（8）非列名生产企业出口的非视同自产货物。

（9）农业生产者自产农产品（农产品的具体范围按照《农业产品征税范围注释》（财税〔1995〕52号）的规定执行）。

（10）油画、花生果仁、黑大豆等财政部和国家税务总局规定的出口免税的货物。

（11）外贸企业取得普通发票、废旧物资收购凭证、农产品收购发票、政府非税收入票据的货物。

（12）来料加工复出口的货物。

（13）特殊区域内的企业出口的特殊区域内的货物。

（14）以人民币现金作为结算方式的边境地区出口企业从所在省（自治区）的边境口岸出口到接壤国家的一般贸易和边境小额贸易出口货物。

（15）以旅游购物贸易方式报关出口的货物。

2. 出口企业或其他单位视同出口的下列货物劳务

（1）国家批准设立的免税店销售的免税货物，包括进口免税货物和已实现退（免）税的货物。

（2）特殊区域内的企业为境外的单位或个人提供加工修理修配劳务。

（3）同一特殊区域、不同特殊区域内的企业之间销售特殊区域内的货物。

3. 出口企业或其他单位未按规定申报或未补齐增值税退（免）税凭证的出口货物劳务

（1）未在国家税务总局规定的期限内申报增值税退（免）税的出口货物劳务。

（2）未在规定期限内申报开具《代理出口货物证明》的出口货物劳务。

（3）已申报增值税退（免）税，却未在国家税务总局规定的期限内向税务机关补齐增值税退（免）税凭证的出口货物劳务。

对于适用增值税免税政策的出口货物劳务，出口企业或其他单位可以依照现行增值税有关规定放弃免税，并依照本通知第7条的规定缴纳增值税。

五、适用增值税征税政策的出口货物劳务

（1）出口企业出口或视同出口财政部和国家税务总局根据国务院决定明确的取消出口退（免）税的货物（不包括来料加工复出口货物、中标机电产品、列名原材料、输入特殊区域的水电气、海洋工程结构物）。

（2）出口企业或其他单位销售给特殊区域内的生活消费用品和交通运输工具。

（3）出口企业或其他单位因骗取出口退税被税务机关停止办理增值税退（免）税期间出口的货物。

（4）出口企业或其他单位提供虚假备案单证的货物。

（5）出口企业或其他单位增值税退（免）税凭证有伪造或内容不实的货物。

（6）出口企业或其他单位未在国家税务总局规定期限内申报免税核销以及经主管税务机关审核不予免税核销的出口卷烟。

（7）出口企业或其他单位具有以下情形之一的出口货物劳务。

① 将空白的出口货物报关单、出口收汇核销单等退（免）税凭证交由除签有委托合同的货代公司、报关行，或由境外进口方指定的货代公司（提供合同约定或者其他相关证明）以外的其他单位或个人使用的。

② 以自营名义出口，其出口业务实质上是由本企业及其投资的企业以外的单位或个人借该出口企业名义操作完成的。

③ 以自营名义出口，其出口的同一批货物既签订购货合同，又签订代理出口合同（或协议）的。

④ 出口货物在海关验放后，自己或委托货代承运人对该笔货物的海运提单或其他运输单据等上的品名、规格等进行修改，造成出口货物报关单与海运提单或其他运输单据有关内容不符的。

⑤ 以自营名义出口，但不承担出口货物的质量、收款或退税风险之一的，即出口货物发生质量问题不承担购买方的索赔责任（合同中有约定质量责任承担者除外）；不承担未按期收款导致不能核销的责任（合同中有约定收款责任承担者除外）；不承担因申报出口退（免）税的资料、单证等出现问题造成不退税责任的。

⑥ 未实质参与出口经营活动、接受并从事由中间人介绍的其他出口业务，但仍以自营名义出口的。

任务五　增值税的申报与缴纳

一、纳税义务发生时间

增值税纳税义务发生时间是指，增值税纳税义务人发生应税行为应承担纳税义务的起始时间。纳税义务发生时间一经确定，纳税人必须按此时间计算应纳税款。

（1）销售业务的纳税义务发生时间。

销售货物或者应税劳务，为收讫销售额或者取得索取销售额凭据的当天；具体又按销售结算方式的不同确定为：

① 采取直接收款方式销售货物，不论货物是否发出，均为收到销售款或者取得索取销售款凭据的当天；先开具发票的，为开具发票的当天；

② 采取托收承付和委托银行收款方式销售货物，为发出货物并办妥托收手续的当天；

③ 采取赊销和分期收款方式销售货物，为书面合同约定的收款日期的当天，无书面合同的或者书面合同没有约定收款日期的，为货物发出的当天；

④ 采取预收货款方式销售货物，为货物发出的当天，但生产销售、生产工期超过12个月的大型机械设备、船舶、飞机等货物，为收到预收款或者书面合同约定的收款日期的当天；

⑤ 委托其他纳税人代销货物，为收到代销单位的代销清单或者收到全部或者部分货款的当天；未收到代销清单及货款的，为发出代销货物满180天的当天；

⑥ 销售应税劳务，为提供劳务同时收讫销售款或者取得索取销售款的凭据的当天；

⑦ 纳税人发生视同销售货物行为为货物移送的当天。

（2）进口货物的纳税义务发生时间，为报关进口的当天。

（3）增值税扣缴义务发生时间为纳税人增值税纳税义务发生的当天。

二、纳税期限

增值税的纳税期限分别为1日、3日、5日、10日、15日、1个月或者1个季度。纳税人的具体纳税期限，由主管税务机关根据纳税人应纳税额的大小分别核定；不能按照固定期限纳税的，可以按次纳税。其中，纳税期限为1个季度的规定只适用于小规模纳税人。

纳税人以1个月或者1个季度为1个纳税期的，自期满之日起15日内申报纳税；

以 1 日、3 日、5 日、10 日或者 15 日为 1 个纳税期的，自期满之日起 5 日内预缴税款，于次月 1 日起 15 日内申报纳税并结清上月应纳税款。

纳税人进口货物，应当自海关填发税款缴纳书之日起 15 日内缴纳税款。

纳税人出口适用税率为零的货物，向海关办理出口手续后，凭出口报关单等有关凭证，可以按月向税务机关申报办理该项出口货物的退税。

三、纳税地点

增值税纳税地点，是指纳税人申报缴纳增值税税款的具体地点。

（1）固定业户，应当向其机构所在地主管税务机关申报纳税。总机构和分支机构不在同一县（市）的，应当分别向各自所在地主管税务机关申报纳税；经国家税务总局或其授权的税务机关批准，可以由总机构汇总向总机构所在地主管税务机关申报纳税。

（2）固定业户到外县（市）销售货物的，应当向其机构所在地主管税务机关申请开具外出经营活动税收管理证明，向其机构所在地主管税务机关申报纳税。未持有其机构所在地主管税务机关核发的外出经营活动税收管理证明，到外县（市）销售货物或者应税劳务的，应当向销售地主管税务机关申报纳税；未向销售地主管税务机关申报纳税的，由其机构所在地主管税务机关补征税款。

（3）非固定业户销售货物或者应税劳务，应当向销售地主管税务机关申报纳税。非固定业户到外县（市）销售货物或者应税劳务，未向销售地主管税务机关申报纳税的，由其机构所在地或者居住地主管税务机关补征税款。

（4）进口货物，应当由进口人或其代理人向报关地海关申报纳税。

四、增值税的税收优惠

1. 起征点的规定

为照顾收入低微业户，2011 年 11 月 1 日起，增值税调高了起征点：
（1）按销售货物纳税的起征点为月销售额 5 000～20 000 元；
（2）销售应税劳务的起征点为月销售额 5 000～20 000 元；
（3）按次纳税的起征点为每次（日）销售额 300～500 元。

2. 法定减免

（1）农业（包括种植业、养殖业、林业、水产业、牧业）生产者销售的自产初级农业产品。免征增值税的农业产品必须符合两个条件：
① 农业生产者生产的初级农业产品；
② 农业生产者自己销售的初级农业产品。
（2）避孕药品和用具。
（3）向社会收购的古旧图书。
（4）国家规定的科学研究机构和学校，在合理的数量范围以内，进口国内不能生产的科研和教学用品,直接用于科研或者教学的。

(5) 符合国家规定的进口的供残疾人专用的物品,如假肢、轮椅、矫形器。

(6) 外国政府、国际组织无偿援助的进口物资和设备。

(7) 个人(不包括个体工商户)销售的自己使用过的物品,但是不包括摩托车、游艇、应当征收消费税的汽车等(上述项目应当按照3%的征收率计算缴纳增值税)。

3. 其他减免

自2009年1月1日起,有关资源综合利用及其他产品增值税政策统一明确如下。

(1) 对销售下列自产货物实行免征增值税政策:

① 再生水;

② 以废旧轮胎为全部生产原料生产的胶粉;

③ 翻新轮胎;

④ 生产原料中掺兑废渣比例不低于30%的特定建材产品。

(2) 对污水处理劳务免征增值税。污水处理是指将污水加工处理后符合GB 18918—2002有关规定的水质标准的业务。

(3) 对销售下列自产货物实行增值税即征即退的政策:

① 以工业废气为原料生产的高纯度二氧化碳产品;

② 以垃圾为燃料生产的电力或者热力;

③ 以煤炭开采过程中伴生的舍弃物油母页岩为原料生产的页岩油;

④ 以废旧沥青混凝土为原料生产的再生沥青混凝土。废旧沥青混凝土用量占生产原料的比重不低于30%;

⑤ 采用旋窑法工艺生产并且生产原料中掺兑废渣比例不低于30%的水泥(包括水泥熟料)。

(4) 销售下列自产货物实现的增值税实行即征即退50%的政策:

① 以退役军用发射药为原料生产的涂料硝化棉粉;

② 对燃煤发电厂及各类工业企业产生的烟气、高硫天然气进行脱硫生产的副产品;

③ 以废弃酒糟和酿酒底锅水为原料生产的蒸汽、活性炭、白碳黑、乳酸、乳酸钙、沼气;

④ 以煤矸石、煤泥、石煤、油母页岩为燃料生产的电力和热力;

⑤ 利用风力生产的电力;

⑥ 部分新型墙体材料产品。具体范围按税法有关《享受增值税优惠政策的新型墙体材料目录》执行。

(5) 对销售自产的综合利用生物柴油实行增值税先征后退政策。

(6) 对增值税一般纳税人生产的黏土实心砖、瓦,一律按适用税率征收增值税,不得采取简易办法征收增值税。2008年7月1日起,以立窑法工艺生产的水泥(包括水泥熟料),一律不得享受上述规定的增值税即征即退政策。

五、增值税专用发票的管理

增值税专用发票(以下简称专用发票)只限于增值税的一般纳税人领购使用,增值税的小规模纳税人和非增值税纳税人不得使用。一般纳税人销售货物(包括视同销售货物在内)、提供应税劳务,以及提供应当征收增值税的非应税劳务,除另有规定(即下文中"不得开具专用发票的规定")外,必须向购买方开具专用发票。

1. 不得领购使用专用发票的规定

一般纳税人有下列情形之一者,不得领购使用专用发票。

(1)会计核算不健全,即不能按会计制度和税务机关的要求准确核算增值税的销项税额、进项税额和应纳税额者。

(2)不能向税务机关准确提供增值税销项税额、进项税额、应纳税额数据及其他有关增值税税务资料者。

(3)有以下行为,经税务机关责令限期改正而仍未改正者:
① 私自印制专用发票;
② 向个人或税务机关以外的单位买取专用发票;
③ 借用他人专用发票;
④ 向他人提供专用发票;
⑤ 未按规定的要求开具专用发票;
⑥ 未按规定保管专用发票;
⑦ 未按规定申报专用发票的购、用、存情况;
⑧ 未按规定接受税务机关检查。

(4)销售的货物全部属于免税项目者。

有上列情形的一般纳税人,如已领购使用专用发票,税务机关应收缴其结存的专用发票。

2. 不得开具专用发票的规定

一般纳税人有下列情形,不得开具专用发票:
(1)向消费者销售应税项目;
(2)销售免税项目;
(3)销售报关出口的货物,在境外销售应税劳务;
(4)将货物用于非应税项目;
(5)将货物用于集体福利或个人消费;
(6)提供非应税劳务(应当征收增值税的除外),转让无形资产或销售不动产;
(7)商业零售的烟、酒、食品、服装、鞋帽(不包括劳保专用的部分)、化妆品等消费品;

但对生产经营机器、机车、汽车、轮船、锅炉等大型机械电子设备的工商企业,凡直接销售给使用单位的,应开具普通发票,如购货方索取增值税专用发票,销售方可开具增值税专用发票。

向小规模纳税人销售应税项目,可以不开具专用发票;将货物无偿赠送他人,可以不开具专用发票,但受赠者是一般纳税人,可根据受赠者的要求开具增值税专用发票。

3. 专用发票联次

专用发票由基本联次或者基本联次附加其他联次构成,基本联次为三联:发票联、抵扣联和记账联。发票联,作为购买方核算采购成本和增值税进项税额的记账凭证;抵扣联,作为购买方报送主管税务机关认证和留存备查的凭证;记账联,作为销售方核算销售收入和增值税销项税额的记账凭证。其他联次用途,由一般纳税人自行确定。

4. 专用发票开具时限

一般纳税人必须按规定时限开具专用发票,不得提前或滞后。专用发票开具时限规定如下:

(1)采用预收货款、托收承付、委托银行收款结算方式的,为货物发出的当天;
(2)采用交款提货结算方式的,为收到货款的当天;
(3)采用赊销、分期付款结算方式的,为合同约定的收款日期的当天;
(4)将货物交付他人代销,为收到受托人送交的代销清单的当天;
(5)设有两个以上机构并实行统一核算的纳税人,将货物从一个机构移送其他机构用于销售,按规定应当征收增值税的,为货物移送的当天;
(6)将货物作为投资提供给其他单位或个体经营者,为货物移送的当天;
(7)将货物分配给股东,为货物移送的当天。

5. 专用发票的开具要求

(1)项目齐全,与实际交易相符。
(2)字迹清楚,不得压线、错格。
(3)发票联和抵扣联加盖财务专用章或者发票专用章。
(4)按照增值税纳税义务的发生时间开具。

开具的专用发票有不符合上列要求者,不得作为扣税凭证,购买方有权拒收。

6. 专用发票的开具方法

增值税专用发票开具的方法与普通发票的开具方法基本相同,主要区别在以下八个方面。

(1)"单价""金额"栏分别填写不含税单价和金额。如果纳税人采用销售额和增值税合并定价方法的,应将单价和销售额换算成不含税的单价和金额,其计算公式如下:

① 销售额=含税总收入÷(1+税率或征收率);
② 税额=含税总收入-销售额;
③ 不含税单价=销售额÷数量。

(2)"税率"栏按适用的税率填写,一般纳税人按简易方法计算缴纳增值税的货物,本栏填写征收率3%或6%、4%。

（3）"税额"栏的数字应按"金额"栏数字和"税率"相乘计算填写。

（4）开具专用发票，必须在"金额""税额"栏合计前用"￥"符号封顶，在"价税合计"栏大写合计数前用"×"封顶。

（5）购销双方单位名称必须详细填写，不得简写。如果单位名称较长，可在名称栏分上下两行填写，必要时可出该栏的上下横线。"开户事业单位及账号"栏和"电话号码"栏必须如实填写，不得简写。

（6）增值税专用发票销货单位栏使用蓝色印泥加盖戳记，不得手工填写。凡手工填写"销货单位"栏的，属于未按规定开具增值税专用发票，购货方不得作为扣税凭证。

（7）开具专用发票，必须统一加盖单位财务专用章或发票专用章，使用红色印泥覆盖在"销货单位"处。

（8）汇总开具专用发票。销售货物品种较多的，可以汇总开具专用发票。如果货物适用的税率不一致，应按不同税率分别汇总填开专用发票。汇总填开专用发票，可以不填写"商品或劳务名称""计量单位""数量"和"单价"栏，但必须附有销售方开具并加盖财务专用章的销货清单。购货方应索取销货清单一式两份，分别附在发票联和抵扣联之后。

7. 税务机关为小规模纳税人代开增值税专用发票

按照税法规定，小规模纳税人销售货物或者应税劳务，不得领购专用发票。这样一来，一般纳税人向小规模纳税人购进货物便不能取得专用发票，无法抵扣进项税额。为此，国家税务总局做出如下三个规定。

（1）凡是能认真履行纳税人义务的小规模企业，经县（市）税务局批准，其销售货物或应税劳务可由税务所代开专用发票。但销售免税货物或将货物、应税劳务销售给消费者的以及小额零星销售，不得代开专用发票。

（2）为小规模纳税人代开专用发票，应在专用发票"单价"栏和"金额"栏分别填写不含税单价和销售额；"税率"栏填写增值税征收率 3%；"税额"栏填写应纳税额。一般纳税人由税务所取得专用发票后，应以专用发票上填写的税额为进项税额。

（3）代开增值税专用发票，除应加盖纳税人的财务专用章或发票专用章外，同时还必须加盖税务机关代开增值税专用发票专用章。凡未加盖上述专用章的，购货方一律不得作为扣税凭证。税务机关代开增值税专用发票专用章标准格式由国家税务总局确定。

从 2005 年 1 月 1 日起，凡税务机关代开增值税专用发票必须通过防伪税控系统开具，通过防伪税控报税子系统采集代开增值税专用发票开具信息，不再填报《代开发票开具清单》，同时停止使用非防伪税控系统为纳税人代开增值税专用发票（包括手写用发票和计算机开具不带密码的电脑版增值税专用发票）。

8. 电子计算机开具专用发票的要求

使用电子计算机开具专用发票必须报经主管税务机关批准并使用由税务机关监制的机外发票。

符合下列条件的一般纳税人，可以向主管税务机关申请使用电子计算机开具专用发票：

（1）有专业电子计算机技术人员，操作人员；

（2）具备通过电子计算机开具专用发票和按月列印进货，销货及库存清单的能力；

（3）国家税务总局直属分局规定的其他条件。

六、增值税纳税申报表

增值税纳税申报表包括主表和附表，这里只介绍增值税主表的格式（见表3-2），填表说明从略。

表 3-2　增值税纳税申报表（适用于增值税一般纳税人）

根据国家税收法律法规及增值税相关规定制定本表。纳税人不论有无销售额，均应按税务机关核定的纳税限期填写本表，并向当地税务机关申报。

税款所属时间：自　年　月　日至　年　月　日　填表日期：　年　月　日　　金额单位：元至角分

纳税人识别号						所属行业：	
纳税人名称		（公章）	法定代表人姓名		注册地址	生产经营地址	
开户银行及账号			登记注册类型			电话号码	

	项　目	栏次	一般货物、劳务和应税服务		即征即退货物、劳务和应税服务	
			本月数	本年累计	本月数	本年累计
销售额	（一）按适用税率计税销售额	1				
	其中：应税货物销售额	2				
	应税劳务销售额	3				
	纳税检查调整的销售额	4				
	（二）按简易办法计税销售额	5				
	其中：纳税检查调整的销售额	6				
	（三）免、抵、退办法出口销售额	7			—	—
	（四）免税销售额	8			—	—
	其中：免税货物销售额	9			—	—
	免税劳务销售额	10			—	—
税款计算	销项税额	11				
	进项税额	12				
	上期留抵税额	13				—
	进项税额转出	14				

续表

项　目		栏　次	一般货物、劳务和应税服务		即征即退货物、劳务和应税服务	
			本月数	本年累计	本月数	本年累计
税款计算	免、抵、退应退税额	15			—	—
	按适用税率计算的纳税检查应补缴税额	16			—	—
	应抵扣税额合计	17＝12＋13－14－15＋16			—	—
	实际抵扣税额	18（如果17＜11，则为17；否则为11）				
	应纳税额	19＝11－18				
	期末留抵税额	20＝17－18				
	简易计税办法计算的应纳税额	21				
	按简易计税办法计算的纳税检查应补缴税额	22				
	应纳税额减征额	23				
	应纳税额合计	24＝19＋21－23				
税款缴纳	期初未缴税额（多缴为负数）	25				
	实收出口开具专用缴款书退税额	26			—	—
	本期已缴税额	27＝28＋29＋30＋31				
	①分次预缴税额	28			—	—
	②出口开具专用缴款书预缴税额	29			—	—
	③本期缴纳上期应纳税额	30				
	④本期缴纳欠缴税额	31				
	期末未缴税额（多缴为负数）	32＝24＋25＋26－27				
	其中：欠缴税额（≥0）	33＝25＋26－27			—	—
	本期应补（退）税额	34＝24－28－29				
	即征即退实际退税额	35			—	—
	期初未缴查补税额	36			—	—
	本期入库查补税额	37				
	期末未缴查补税额	38＝16＋22＋36－37			—	—

授权声明	如果你已委托代理人申报,请填写下列资料：为代理一切税务事宜,现授权 （地址）　　　　为本纳税人的代理申报人,任何与本申报表有关的往来文件,都可寄予此人。 授权人签字：	申报人声明	本纳税申报表是根据国家税收法律法规及相关规定填报的,我确定它是真实的、可靠的、完整的。 声明人签字：

主管税务机关：　　　　　　　　接收人：　　　　　　　　接收日期：

复习、思考与练习

1. 如何理解增值额？
2. 增值税有哪几种类型，各种类型增值税的增值额是如何确定？
3. 增值税的征税范围包括哪些项目？
4. 如何划分小规模纳税人与一般纳税人，在税款计算上有何区别？
5. 增值税的税率有几挡，低税率适用哪些范围？
6. 什么是混合销售行为，发生混合销售如何进行税务处理？
7. 什么是兼营非应税劳务，发生兼营非应税劳务如何进行税务处理？
8. 准予从销项税额中抵扣的进项税额包括哪些项目？
9. 不得抵扣的进项税额包括哪些项目？
10. 出口货物退免税的基本政策有哪些？
11. 销售货物或提供应税劳务的纳税义务发生时间如何确定？
12. 一般纳税人在哪些情形下不得开具增值税专用发票？
13. 增值税专用发票有哪些基本联次，各联次有何用途？
14. 某进出口公司当月进口一批货物，海关审定的关税完税价格 500 000 元，关税 50 000 元，增值税税率为 17%。计算该公司进口货物应纳的增值税税额。
15. 某生产企业为小规模纳税人，2013 年 11 月购进原材料一批，取得普通发票注明金额 52 800 元，款项已付，材料入库；销售货物一批，开出普通发票，取得销售额 115 360 元。计算该企业当月应纳的增值税税额。

综合实训

1. 某服装厂为增值税一般纳税人，2014 年 3 月发生以下经济业务：
（1）购进原材料 600 000 元，其中增值税专用发票注明价款 500 000 元，税款 85 000 元，普通发票注明金额 100 000 元；
（2）当月销售服装开出增值税专用发票 5 份，取得销售额 900 000 元，开出普通发票 2 份，取得销售收入 234 000 元；
（3）设计并加工厂服 800 套，发放给职工，每件厂服的生产成本 100 元。
要求：请根据上述资料，计算本月份应纳的增值税税额。

2. 某化工厂为增值税一般纳税人，2013 年 10 月发生下列经济业务：
（1）购买原材料，取得增值税专用发票，注明税款 70 000 元，材料已验收入库，其中 30%用于本企业基建工程；
（2）购买生产设备 1 台，取得增值税专用发票，注明价款 300 000 元，税款 51 000 元；
（3）销售商品一批，取得不含税销售收入 800 000 元，收取包装物租金 9 360 元。
要求：请根据上述资料，计算该企业本月应纳的增值税税额。

3. 某大型超市为增值税一般纳税人，主营各类商品的零售业务，同时兼营快餐饮食业务。2013年2月发生下列经济业务：

（1）本月取得营业收入327 600元，其中包括提供快餐饮食业务收入。该超市未将商品销售和饮食业务分别核算；

（2）向农民购进核桃、红枣一批，购进价20 000元，已支付款项并验收入库，按规定开具了收购凭证；

（3）购进日用品一批，取得增值税专用发票，注明税款30 600元，已支付款项并验收入库。

要求：请根据上述资料，计算该企业本月应纳的增值税税额。

4．某食品厂为增值税一般纳税人，主要经营各种面点。2014年3月发生以下经济业务：

（1）本月销售食品共取得不含税销售收入300 000元；

（2）本月收回上月委托加工的食品一批，应支付加工费4 000元（不含税），加工食品已验收入库，并收到受托方开来的增值税专用发票，注明税款680元，款项已支付；

（3）向某粮油经营部（为一般纳税人）购进面粉一批，取得增值税专用发票注明价款150 000元，税款19 500元，面粉已验收入库，支付运输费用11 100元，其中，运费金额10 000元，税金1 100元，取得货运专用发票；

（4）因仓库管理不善，部分库存面粉霉烂，经盘点损失面粉18 000元。

要求：请根据上述资料，计算该企业本月应纳的增值税税额。

项目四 关税实务

任务一 关税基本理论认知

一、关税的概念

关税是海关依法对进出国境或关境的货物、物品征收的一种税。国境是指一个国家以边界为界限，全面行使主权的域域，包括领土、领海、领空。关境是指海关征收关税的领域。一般而言，国境和关境是一致的，货物进出国境也就是进出关境。但是，两者的大小也有不一致的情况，这就是存在有关税同盟和自由贸易港、自由贸易区的时候。当国境内设有自由贸易港、自由贸易区或出口加工区时，关境就小于国境。自由贸易港或自由贸易区虽在国境之内，但从征收关税的角度来说，它是在该关境之外，进出自由贸易港（区）的货物可以不征关税。当几个国家结成关税同盟，组成一个共同的关境，实施统一的关税法令和统一的对外税则，这些国家彼此之间货物进出国境不征收关税，这时关境就大于其成员国的各自国境。

现行关税法律规范以全国人民代表大会于2000年7月8日修订的《中华人民共和国海关法》（以下简称《海关法》）为法律依据，以国务院于2003年11月发布的《中华人民共和国进出口关税条例》（以下简称《进出口条例》），以及由国务院关税税则委员会审定并报国务院批准作为条例组成部分的《中华人民共和国海关进出口税则》（以下简称《海关进出口税则》）和《中华人民共和国海关入境旅客行李物品和个人邮递物品征收进口税办法》为基本法规，由负责关税政策制定和征收管理的主管部门依据基本法规拟定的管理办法和实施细则为主要内容。

二、关税的分类

在各国每个阶段不同的关税政策下，各国采取不同的关税征收办法，关税也因此形成了不同的类型。依据不同的分类标准和依据，关税可以划分为不同的种类。

1. 按征收对象划分

按征收对象的不同，关税分为进口关税、出口关税和过境关税。

（1）进口关税

进口关税，是指海关在外国货物进口时所课征的关税。进口税通常在外国货物进入关境或国境时征收，或在外国货物从保税仓库提出运往国内市场时征收。现今世界各国的关税，主要是征进口税。征收进口税的目的在于保护本国市场和增加财政收入。

（2）出口关税

出口关税，是指海关在本国货物出口时课征的关税。为降低出口货物的成本，提高本国货物在国际市场上的竞争能力，世界各国一般少征或不征出口税。

（3）过境关税

过境关税，又称通过税，是对外国货物通过本国国境或关境时征收的一种关税。随着国际贸易的发展，各国已逐步废除了过境税的条款。我国也不征收过境税。

2. 按征收关税的目的划分

按征收关税的目的不同，关税分成财政关税和保护关税两大类。

（1）财政关税

财政关税，是指征收关税的目的主要是为了增加财政收入。一般是选择那些进口数量多、消费量大的非必需品和本国不能生产或不准备生产而又无替代品的消费品为征税对象；税率不能太高，否则就达不到增加财政收入的目的。

（2）保护关税

保护关税，是指征收关税的目的主要是为了保护本国工农业生产和本国经济的发展。征税对象是本国需要发展或国际间竞争性很强的商品。保护关税起源于重商主义时期，在资本主义发展中，保护关税成为保护资本主义工业在竞争中成长发展的一种重要手段。目前，各国所使用的关税主要是保护关税，财政关税已处于次要地位。

3. 按计征方式划分

按计征方式不同，关税分为从量关税、从价关税、混合关税、选择关税、滑动关税等。

（1）从量关税

从量关税，是指以征税对象的数量为计税依据，按每单位数量预先制定的应税额计征。

（2）从价关税

从价关税，是指以征税对象的价格为计税依据，根据一定比例的税率进行计征。

（3）混合关税

混合关税，是指对两种进口货物同时制定出从价、从量两种方式，分别计算税额，以两种税额之和作为该货物的应征税额。

（4）选择关税

选择关税，是指对同一种货物在税则中规定从价、从量两种税率，在征税时选择其中征收税额较多的一种，以免因物价波动影响财政收入。也可以选择税额较少的一种标准计算关税。

（5）滑动关税

滑动关税，又称滑准税，是指对某种货物在税则中预先按该商品的价格规定几挡税率。同一种货物当价格高时适用较低税率，价格低的时候适用较高税率。目的是使该物品的价格在国内市场上保持相对稳定。

4. 按特定实施情况划分

按差别待遇和特定的实施情况划分，关税分成进口附加税、差价税、特惠税和普遍优惠制。

（1）进口附加税

进口附加税，是指除了征收一般进口税以外，还根据某种目的再加征额外的关税。它主要有反贴补税和反倾销税。

（2）差价税

差价税，又称差额税。当某种本国生产的产品国内价格高于同类的进口商品价格时，为了削弱进口商品的竞争能力，保护国内生产和国内市场，按国内价格与进口价格之间的差额征收关税，称差价税。

（3）特惠税

特惠税，又称优惠税，是指对某个国家或地区进口的全部商品或部分商品，给予特别优惠的低关税或免税待遇。但特惠税不适用于从非优惠国家或地区进口的商品。特惠税有的是互惠的，有的是非互惠的。

（4）普遍优惠制

普遍优惠制，以下简称普惠制，是发展中国家在联合国贸易与发展会议上经过长期斗争，在1968年通过建立普惠制决议后取得的。该决议规定，发达国家承诺对从发展中国家或地区输入的商品，特别是制成品和半成品，给予普遍的、非歧视性的和非互惠的优惠关税待遇。

任务二 熟悉关税的基本构成要素

一、纳税义务人

进口货物的收货人、出口货物的发货人、进出境物品的所有人，是关税的纳税义务人。进出口货物的收、发货人是依法取得对外贸易经营权，并进口或者出口货物的法人或者其他社会团体。进出境物品的所有人包括该物品的所有人和推定为所有人的人。一般情况下，对于携带进境的物品，推定其携带人为所有人；对分离运输的行李，推定相应的进出境旅客为所有人；对以邮递方式进境的物品，推定其收件人为所有人；以邮递或其他运输方式出境的物品，推定其寄件人或托运人为所有人。

1. 贸易性货物的纳税人

根据税法规定，贸易性货物的纳税人，是进出口货物的收货人、发货人。贸易性货物的纳税人包括：

（1）外贸进出口公司；

（2）工贸或农贸结合的进出口公司；

（3）其他经批准经营进出口商品的企业。

2. 物品的纳税人

物品的纳税人包括：
（1）携带物品进境的入境人员；
（2）进境邮递物品的收件人；
（3）以其他方式进口物品的收件人。

二、征税对象

关税的征税对象是准许进出口的货物和进境物品。

1. 货物

这里所说的货物，是指贸易性商品，即国际贸易中运进或运出的商品。

2. 物品

这里所说的物品，是指非贸易性商品，包括入境旅客随身携带的行李物品、个人邮递物品、各种运输工具上的服务人员携带进口的自用物品、馈赠物品以及其他方式进境的个人物品。

三、海关进出口税则

海关进出口税则，是根据国家关税政策和经济政策，通过一定的国家立法程序制定公布实施的，对进出口的应税和免税商品加以系统分类的一览表，以税率表为主体。海关进出口税则一般包括以下四个部分。

（1）国家实施的该税则的法令，即该税则实施细则以及使用税则的有关说明。
（2）税则的归类总规则，即说明进出口货物分类的原则和方法。
（3）各类、各章和税目的注释，说明它们各自应包括和不应包括的商品以及对一些商品的形态、功能、用途等方面的说明。
（4）税目表，包括商品分类目录和税率栏两大部分。

《海关进出口税则》是我国海关凭以征收关税的法律依据，也是我国关税政策的具体体现。1992年1月至今，我国实施了以《商品名称及编码协调制度》为基础的进出口税则。《商品名称及编码协调制度》是一部科学、系统的国际贸易商品分类体系，是国际上多个商品分类目录协调的产物，适合于与国际贸易有关的多方面需要，如海关、统计、贸易、运输、生产等，成为国际贸易商品分类的一种"标准语言"。自2014年1月1日起实施的《2014年关税实施方案》包括进口关税调整、出口关税调整、税则税目调整三个方面。调整后，税目总数由2014年的8 238个增至8 277个。

四、税率

1. 进口货物的税率

在我国加入 WTO 之后，为履行我国在加入 WTO 关税减让谈判中承诺的有关义务，享有 WTO 成员应有的权利，自 2002 年 1 月 1 日起，我国进口税则设有最惠国税率、协定税率、特惠税率、普通税率、关税配额税率等税率。

（1）最惠国税率。原产于与我国共同适用最惠国待遇条款的 WTO 成员方或地区的进口货物，或原产于与中华人民共和国签订含有相互给予最惠国待遇条款的双边贸易协定的国家或者地区的进口货物，以及原产于中华人民共和国境内的进口货物，适用最惠国税率。

（2）协定税率。原产于与中华人民共和国签订含有关税优惠条款的区域性贸易协定的国家或者地区的进口货物，适用协定税率。

（3）特惠税率。原产于与中华人民共和国签订含有特殊优惠关税协定的国家或地区的进口货物，适用特惠税率。

（4）普通税率。原产于适用上述三种税率所列以外国家或者地区的进口货物，以及原产地不明的进口货物，适用普通税率。

另外，根据国家关税政策需要，还可设置关税配额税率、反倾销税率、反补贴税率、保障税率、报复性关税税率等。

2. 出口货物的税率

我国出口税则为一栏税率，即出口税率。国家仅对少数资源性产品及易于竞相杀价、盲目进口、需要规范出口秩序的半制成品征收出口关税。对出口货物在一定期限内可以实行暂定税率。现行税则主要对煤炭、原油、化肥、有色金属等"两高一资"产品征收出口暂定关税。另外为加强稀土管理，将金属钕和新增税目稀土铁合金的出口关税提高至 25%，为保障国内农业生产用肥的需要，继续对尿素、磷酸铵等化肥征收季节性出口关税。

五、原产地规定

确定进境货物原产国的主要原因之一，是便于正确运用进口税则的各栏税率，对产自不同国家或地区的进口货物适用不同的关税税率。我国原产地规定基本上采用了"全部产地生产标准"和"实质加工标准"两种国际上通用的原产地标准。

1. 全部产地生产标准

全部产地生产标准，是指进口货物"完全在一个国家内生产或制造"，生产或制造国即为该货物的原产国。完全在一国生产或制造的进口货物包括：

（1）在该国领土或领海内开采的矿产品；

（2）在该国领土上收获或采集的植物产品；

（3）在该国领土上出生或由该国饲养的活动物及从其所得的产品；

（4）在该国领土上狩猎或捕捞所得的产品；

（5）在该国的船只上卸下的海洋捕捞物，以及由该船只在海上取得的其他产品；

（6）在该国加工船加工上述第（5）项所列物品所得的产品；
（7）在该国收集的只适用于作再加工制造的废碎料和废旧物品；
（8）在该国完全使用上述（1）至（7）项所列产品加工成的制成品。

2. 实质性加工标准

实质性加工标准是适用于确定有两个或两个以上国家参与生产的产品的原产国标准，其基本含义是：经过几个国家加工、制造的进口货物，以最后一个对货物进行经济上可以视为实质加工的国家作为有关货物的原产国。"实质性加工"是指产品加工后，在进出口税则中四位数税号一级的税则归类已经有了改变，或者加工增值部分所占新产品总值的比例已超过30%及以上的。

3. 其他

对机器、仪器、器材或车辆所用零件、部件、配件、备件及工具，如与主件同时进口且数量合理的，其原产地按主件的原产地确定，分别进口的则按各自的原产地确定。

任务三　关税应纳税额的计算

一、关税应纳税额的计算

1. 从价计征应纳税额的计算公式

$$应纳税额=进出口货物的完税价格\times 关税税率$$

2. 从量计征应纳税额的计算公式

$$应纳税额=进出口货物的数量\times 单位税额$$

3. 复合计征应纳税额的计算公式

$$应纳税额=进出口货物的完税价格\times 关税税率+进出口货物的数量\times 单位税额$$

二、进口货物完税价格的确定

进出口货物的完税价格，由海关以该货物的成交价格为基础审查确定。成交价格不能确定时，完税价格由海关依法估定。

1. 进口货物的完税价格和成交价格

进口货物的完税价格由海关以符合规定的成交价格，以及该货物运抵中华人民共和国境内输入地点起卸前的运输及其相关费用、保险费为基础审查确定，可表述为：

进口货物完税价格=货价+采购费用（包括货物运抵中国境内输入地起卸前的运费、保险和其他劳务等费用）

进口货物的成交价格,是指卖方向中华人民共和国境内销售该货物时,买方为进口该货物向卖方实付、应付的,并按照规定调整后的价款总额,包括直接支付的价款和间接支付的价款。

2. 应调整计入进口货物完税价格的费用

(1) 由买方负担的购货佣金以外的佣金和经纪费。其中,购货佣金是指购买方为购买进口货物向自己的采购代理人支付的劳务费用。经纪费是指购买方为购买进口货物向代表买卖双方利益的经纪人支付的劳务费用。

(2) 由买方负担的审查确定完税价格时与该货物视为一体的容器的费用。

(3) 由买方负担的包装材料费用和包装劳务费用。

(4) 与该货物的生产和向中华人民共和国境内销售有关的,由买方以免费或者以低于成本的方式提供并可以按适当比例分摊的料件、工具、模具、消耗材料及类似货物的价款,以及在境外开发、设计等相关服务的费用。

(5) 作为该货物向中华人民共和国境内销售的条件,买方必须支付的、与该货物有关的特许权使用费。

(6) 卖方直接或者间接从买方获得的该货物进口后转售、处置或者使用的收益。

3. 不计入货物完税价格的项目

进口时在货物的价款中列明的下列税收和费用,不计入该货物的完税价格。

(1) 厂房、机械、设备等货物进口后进行建设、安装、装配、维修和技术服务的费用。

(2) 进口货物运抵境内输入地点起卸后的运输及其相关费用、保险费。

(3) 进口关税及其他国内税收。

4. 关税完税价格的估定

进口货物的成交价格不符合规定条件的,或者成交价格不能确定的,海关经了解有关情况,并与纳税义务人进行价格磋商后,依次以下列价格估定该货物的完税价格。

(1) 与该货物同时或者大约同时向我国境内销售的相同货物的成交价格。

(2) 与该货物同时或者大约同时向我国境内销售的类似货物的成交价格。

(3) 与该货物进口的同时或者大约同时,将该进口货物、相同或者类似的进口货物在第一级销售环节销售给无特殊关系买方最大销售总量的单位价格。但应当扣除的项目有,同等级或者同种类货物在中华人民共和国境内第一级销售环节销售时通常的利润和一般费用以及通常支付的佣金;进口货物运抵境内输入地点起卸后的运输及其相关费用、保险费;进口关税及国内税收。

(4) 按照下列各项总和计算的价格:生产该货物所使用的料件成本和加工费用;向中华人民共和国境内销售同等级或者同种类货物通常的利润和一般费用;该货物运抵境内输入地点起卸前的运输及其相关费用、保险费。

(5) 以合理方法估定的价格。纳税义务人向海关提供有关资料后,可以提出申请,颠倒第(3)项和第(4)项的适用次序。

三、出口货物价格的确定

出口货物的完税价格由海关以该货物的成交价格以及该货物运至中华人民共和国境内输出地点装载前的运输及其相关费用、保险费为基础审查确定。

1. 出口货物的成交价格

出口货物的成交价格，是指该货物出口时卖方为出口该货物应当向买方直接收取和间接收取的价款总额。出口关税不计入完税价格。

2. 出口货物完税价格的估定

出口货物的成交价格不能确定的，海关经了解有关情况，并与纳税义务人进行价格磋商后，依次以下列价格估定该货物的完税价格。

（1）与该货物同时或者大约同时向同一国家或者地区出口的相同货物的成交价格。

（2）与该货物同时或者大约同时向同一国家或者地区出口的类似货物的成交价格。

（3）按照下列各项总和计算的价格。境内生产相同或者类似货物的料件成本、加工费用，通常的利润和一般费用，境内发生的运输及其相关费用、保险费。

（4）以合理方法估定的价格。

四、关税应纳税额计算案例

【例 4-1】 某化妆品生产企业为增值税一般纳税人，2013 年 10 月从国外进口一批散装化妆品，支付给国外的货价 100 万元、相关税金 10 万元、卖方佣金 2 万元、运抵我国海关前的运杂费和保险费 18 万元；散装化妆品验收入库。假定化妆品的进口关税税率 20%。计算该企业在进口环节应缴纳的关税。

解析：

$$应纳关税=(100+10+2+18)\times 20\%=130\times 20\%=26（万元）。$$

【例 4-2】 某商场于 2013 年 11 月进口一批化妆品。该批货物在国外的买价为 130 万元，货物运抵我国入关前发生的运输费、保险费和其他费用分别为 6 万元、3 万元、1 万元。货物报关后，该商场按规定缴纳了进口环节的增值税和消费税并取得了海关开具的缴款书。从海关将化妆品运往商场所在地发生运输费用 5 万元，该批化妆品当月在国内全部销售，取得不含税销售额 520 万元（假定化妆品进口关税税率 20%，增值税税率 17%、消费税税率 30%）。

要求：计算该批化妆品进口环节应缴纳的关税、增值税、消费税和国内销售环节应缴纳的增值税。

解析：

（1）关税的组成计税价格=130+6+3+1=140（万元）；

（2）应缴纳进口关税=140×20%=28（万元）；

（3）进口环节应缴纳增值税的组成计税价格=（140+28）÷（1-30%）=240（万元）；

（4）进口环节应缴纳增值税=240×17%=40.8（万元）；

(5) 进口环节应缴纳消费税=240×30%=72（万元）；
(6) 国内销售环节应缴纳增值税=520×17%-5×7%-40.8=47.25（万元）。

任务四　熟悉关税的税收优惠及征纳管理规定

一、关税的税收优惠

1. 法定减免

法定减免税是税法中明确列出的减税或免税。符合税法规定可予减免税的进出口货物，纳税义务人无须提出申请，海关可按规定直接予以减免税。海关对法定减免货物一般不进行后续管理。

我国《海关法》和《进出口条例》明确规定，下列货物、物品予以减免关税。

（1）关税税额在人民币 50 元以下的一票货物，可免征关税。

（2）无商业价值的广告品和货样，可免征关税。

（3）外国政府、国际组织无偿赠送的物资，可免征关税。

（4）进出境运输工具装载的途中必需的燃料、物料和饮食用品，可予免征关税。

（5）经海关核准暂时进境或者暂时出境，并在 6 个月内复运出境或者复运进境的货样、展览品、施工机械、工程车辆、工程船舶、供安装设备时使用的仪器和工具、电视或者电影摄制器械、盛装货物的容器以及剧团服装道具，在货物收发货人向海关缴纳相当于税款的保证金或者提供担保后，可予暂时免征关税。

（6）为境外厂商加工、装配成品和为制造外销产品而进口的原材料、辅料、零件、部件、配套件和包装物料，海关按照实际加工出口的成品数量免征进口关税；或者对进口料件先征进口关税，再按照实际加工出口的成品数量予以退税。

（7）因故退还的中国出口货物，经海关审查属实，可予免征进口关税，但已征收的出口关税不予退还。

（8）因故退还的境外进口货物，经海关审查属实，可予免征出口关税，但已征收的进口关税不予退还。

（9）进口货物如有以下情形，经海关查明属实，可酌情减免进口关税：在境外运输途中或者在起卸时，遭受损坏或者损失的；起卸后海关放行前，因不可抗力遭受损坏或者损失的；海关查验时已经破漏、损坏或者腐烂，经证明不是保管不慎造成的。

（10）法律规定减征、免征的其他货物。

2. 特定减免

特定减免税也称政策性减免税。在法定减免税之外，国家按照国际通行规则和我国实际情况，制定发布的有关进出口货物减免关税的政策，称为特定或政策性减免税。特定减免税货物一般有地区、企业和用途的限制，海关需要进行后续管理，也需要进行减免税统计。

根据我国关税相关法律规定，下列进口物品给予减税或免税照顾。

（1）科教用品。

（2）残疾人专用品。

（3）扶贫、慈善性捐赠物资。

（4）进口设备。

（5）特定行业或用途的减免税政策。

二、关税的征纳管理

1. 关税缴纳

进口货物的纳税义务人应当自运输工具申报进境之日起 14 日内，出口货物的纳税义务人除海关特准的外，应当在货物运抵海关监管区后装货的 24 小时以前，向货物的进（出）口地海关申报，海关根据税则归类和完税价格计算应缴纳的关税和进口环节代征税，并填发税款缴款书。进出口货物转关运输的，按照海关总署的规定执行。纳税义务人应当自海关填发税款缴款书之日起 15 日内，向指定银行缴纳税款。如关税缴纳期限的最后 1 日是周末或法定节假日，则关税缴纳期限顺延至周末或法定节假日过后的第 1 个工作日。为方便纳税义务人，经申请且海关同意，进（出）口货物的纳税义务人可以在设有海关的指运地（起运地）办理海关申报、纳税手续。进口货物到达前，纳税义务人经海关核准可以先行申报。具体办法由海关总署另行规定。

2. 关税的强制执行

纳税义务人未在关税缴纳期限内缴纳税款，即构成关税滞纳。为保证海关征收关税决定的有效执行和国家财政收入的及时入库，《海关法》赋予海关对滞纳关税的纳税义务人强制执行的权利。强制措施主要有两类。

（1）征收关税滞纳金。滞纳金自关税缴纳期限届满之日起，至纳税义务人缴纳关税之日止，按滞纳税款 0.05% 的比例按日征收，周末或法定节假日不予扣除。具体计算公式为：

$$关税滞纳金金额 = 滞纳关税税额 \times 滞纳金征收比例 \times 滞纳天数$$

（2）强制征收。如纳税义务人自海关填发缴款书之日起 3 个月仍未缴纳税款，经海关关长批准，海关可以采取强制扣缴、变价抵缴等强制措施。强制扣缴即海关从纳税义务人在开户银行或者其他金融机构的存款中直接扣缴税款。变价抵缴即海关将应税货物依法变卖，以变卖所得抵缴税款。

海关可以对纳税义务人欠缴税款的情况予以公告。

3. 延期纳税

关税纳税义务人因不可抗力或者在国家税收政策调整的情形下，不能按期缴纳税款的，经海关总署批准，可以延期缴纳税款，但是最长不得超过 6 个月。

4. 关税补征和追征

补征和追征是海关在关税纳税义务人按海关核定的税额缴纳关税后，发现实际征收税额少于应当征收的税额（称为短征关税）时，责令纳税义务人补缴所差税款的一种行政行为。关税补征是因非纳税人违反海关规定造成的少征或漏征关税，关税补征期为缴纳税款或货物放行之日起1年内。关税追征是因纳税人违反海关规定造成少征或漏征关税，关税追征期为应缴纳税款之日起3年内，并按日加收0.05%的滞纳金。

复习、思考与练习

1. 名词解释：关税、完税价格和成交价格。
2. 关税的特点是什么？
3. 关税的纳税人、征税对象是如何规定的？
4. 关税税则是如何规定的？
5. 如何对进口货物的成交价格进行调整？
6. 关税应纳税额如何计算？
7. 关税征收管理的内容包括哪些？

综合实训

1. 某进出口企业从国外进口小轿车1辆，支付买价40万元、相关费用3万元，支付到达我国海关前的运输费用4万元、保险费用2万元。从国外进口卷烟8万条（每条200支），支付买价200万元，支付到达我国海关前的运输费用12万元、保险费用8万元。假定小轿车和卷烟的进口关税税率均为20%。

要求：计算进口小轿车、进口卷烟应缴纳的关税。

2. 某进出口企业进口原材料一批，支付给国外买价120万元，包装材料8万元，到达我国海关以前的运输装卸费3万元、保险费13万元，从海关运往企业所在地支付运输费7万元。假定进口原材料的关税税率为10%，增值税税率为17%。

要求：（1）计算进口原材料应缴纳的关税。
（2）计算进口原材料应缴纳的增值税。

3. 某进出口公司进口化妆品一批，支付国外买价220万元，购货佣金6万元，国外经纪费4万元；支付运抵我国海关地前的运输费用20万元、装卸费用和保险费用11万元；支付海关地再运往商贸公司的运输费用8万元、装卸费用和保险费用3万元。

要求：分别计算该公司进口环节应缴纳的关税、消费税、增值税（假定关税税率为20%）。

项目五　消费税实务

任务一　消费税基本理论认知

一、消费税的概念

消费税，是指对消费品和特定的消费行为按消费流转额征收的一种商品税。消费税可分为一般消费税和特别消费税，前者主要是指对所有消费品包括必需品和日用品普遍课税，后者主要是指对特定消费品或特定消费行为（如奢侈品）等课税。消费税以消费品为课税对象，在此情况下，税收随价格转嫁给消费者负担，消费者是间接纳税人，实际负税人。消费税的征收具有较强的选择性，是国家贯彻消费政策、引导消费结构从而引导产业结构的重要手段，因而在保证国家财政收入，体现国家经济政策等方面具有十分重要的意义。

我国现行消费税是对在我国境内从事生产、委托加工和进口应税消费品的单位和个人，以及国务院确定的销售应税消费品的其他单位和个人，就其应税消费品征收的一种税。其选择部分消费品征税，因而属于特别消费税。

我国现行消费税的基本法规，是国务院于1993年12月13日发布，2008年11月5日修订，并于2009年1月1日起施行的《中华人民共和国消费税暂行条例》（以下简称《消费税暂行条例》）。

二、消费税的特点

一般来说，消费税的征税对象主要是与居民消费相关的最终消费品和消费行为。与其他税种比较，消费税具有如下几个特点。

1. 征税项目具有选择性

我国仅选择部分消费品征收消费税，而不是对所有消费品都征收消费税。我国消费税目前共设置14个税目，征收的具体品目采用正列举，征税界限清晰，征税范围是有限的。只有消费税税目税率表上列举的应税消费品才征收消费税，没有列举的则不应征收消费税。目前，我国消费税主要包括了特殊消费品、奢侈品、高能耗消费品、不可再生的资源消费品和税基宽广、消费普遍、不影响人民群众生活水平，但又具有一定财政意义的普通消费品。

2. 征税环节具有单一性

消费税是在生产（进口）、委托加工、流通或消费的某一个或某几个环节一次性征收，在该环节征税后，应税消费品在其他非税环节均不再征收消费税，即实行一次课征制或二次课征制。例如，金银首饰、钻石及其饰品在零售环节征收，则在生产、进口、批发等环节就不再征收，而卷烟除了在生产（进口）和批发两个环节征收，其他环节不再征收。这样，可以加强源泉控制，防止税款流失，有利于降低征收管理费用。

3. 征收方法具有多样性

消费税的计税方法比较灵活多样。消费税在征收方法上，既可以采用对消费品制定单位税额，依消费品的数量实行从量定额的征收方法，也可以采用对消费品制定比例税率，依消费品的价格实行从价定率的征收方法。目前，对卷烟和白酒两类消费品既采用从价征收，又同时采用从量征收。

4. 平均税率水平比较高且税负差异大

消费税属于国家运用税收杠杆对某些消费品进行特殊调节的税种。为了有效体现国家政策，消费税的平均税率水平一般定得比较高，并且不同征税项目的税负差异较大，对需要限制或控制消费的消费品，通常税负较重。例如，甲类卷烟比例税率为 56%，化妆品税率 30%。不同消费品的消费税率有很大差异，如乘用车气缸容量在 1.0 升（含 1.0 升）以下的，税率 1%；气缸容量在 4.0 升以上的，税率则为 40%，从而起到调节消费的作用。

5. 消费税具有转嫁性

消费税属于间接税，无论采取价内税形式还是价外税形式，也无论在哪个环节征收，消费品中所含的消费税税款最终都要转嫁到消费者身上，由消费者（或购买者）负担。消费税转嫁性的特征，较其他商品课税形式更为明显。

三、消费税的计税方法

消费税主要采用以下三种计税方法。

1. 从价定率

在从价定率征收情况下，根据不同的应税消费品确定不同的比例税率，以应税消费品的销售额为基数乘以比例税率计算应纳税额。在从价定率征收情况下，消费税税额会随应税消费品的价格上升而增加，相反，消费税税额会随应税消费品的价格下降而减少。例如化妆品消费税为从价定率，税率为 30%。

2. 从量定额

在从量定额征收情况下，根据不同的应税消费品确定不同的单位税额，以应税消费品的数量为基数乘以单位税额计算应纳税额。在从量定额征收情况下，消费税税额不会随应税消费品的价格变化而变化，具有相对稳定性，一般适用于价格变化较小、批量较大的应税消费品。例如对甲类啤酒实行从量计征，每吨征收消费税 250 元。

3. 复合计税

复合计税,是指从价定率和从量定额复合征收。在从价定率和从量定额复合征收情况下,基本与前两种征收方法相同,只不过是对同一应税消费品同时采用两种计税方法计算税额,以两种方法计算的应纳税额之和为该应税消费品的应纳税额。采用复合征收方法的应税消费品一般较少,如我国目前只对烟和酒采用复合征收方法。

四、消费税与增值税的关系

消费税与增值税既有联系又有区别。

1. 消费税与增值税的联系

消费税和增值税都属于流转税,都是对货物征收;对于从价定率征收消费税的商品,征收消费税的同时仍需征收增值税,两者计税依据一致。

2. 消费税与增值税的区别

(1) 两者征税范围不同

增值税是对货物销售以及加工、修理修配劳务以及进口货物进行征收,而消费税只针对税法列举的14种商品征收。

(2) 两者与价格的关系不同

增值税是价外税,消费税是价内税。

(3) 两者的纳税环节不同

增值税是在货物所有的流转环节道道征收,而消费税是单一环节征收,一般在生产进口环节征收。

(4) 两种计税方法不同

增值税是按照两类纳税人(一般纳税人和小规模纳税人)来计算的,而消费税的计算方法是根据应税消费品来划分的。

任务二 熟悉消费税的基本构成要素

一、纳税义务人

消费税的纳税人为在我国境内生产、委托加工和进口应税消费品的单位和个人。

这里所称单位,是指企业、行政单位、事业单位、军事单位、社会团体及其他单位;所称个人,是指个体工商户及其他人,包括中国公民和外国公民。我国境内,是指生产、委托加工和进口属于应当缴纳消费税的消费品的起运地或者所在地在境内。

二、纳税环节

1. 生产环节

生产应税消费品的销售环节是消费税征收的主要环节,因消费税具有单一环节征税的特点,在生产销售环节征税以后,货物在流通环节无论再转销多少次,不用再缴纳消费税。生产应税消费品除了直接对外销售应征收消费税外,纳税人将生产的应税消费品换取生产资料、消费资料、投资入股、偿还、债务,以及用于继续生产应税消费品以外的其他方面都应缴纳消费税。

2. 委托加工环节

委托加工应税消费品,是指委托方提供原料和主要材料,受托方只收取加工费和代垫部分辅助材料加工的应税消费品。由受托方提供原材料或其他情形的一律不能视同加工应税消费品。委托加工的应税消费品,除受托方为个人外,由受托方在向委托方交货时代收代缴税款。委托加工的应税消费品收回后,再继续用于生产应税消费品销售的,其加工环节缴纳的消费税款可以扣除。

3. 进口环节

单位和个人进口货物属于消费税征税范围的,在进口环节也要缴纳消费税。为了减少征税成本,进口环节缴纳的消费税由海关代征。

4. 零售环节

经国务院批准,自1995年1月1日起,金银首饰消费税由生产销售环节征收改为零售环节征收。改在零售环节征收消费税的金银首饰仅限于金基、银基合金首饰以及金、银和金基、银基合金的镶嵌首饰。零售环节适用税率为5%,在纳税人销售金银首饰、钻石及钻石饰品时征收,其计税依据是不含增值税的销售额。

5. 批发环节

2009年5月26日,财政部、国家税务总局联合下发《关于调整烟产品消费税政策的通知》(财税〔2009〕84号),自2009年5月1日起,在中华人民共和国境内从事卷烟批发业务的单位和个人,凡是批发销售的所有牌号规格卷烟的,都要按批发卷烟的销售额(不含增值税)乘以5%的税率缴纳批发环节的消费税。

三、税目和税率

目前消费税有烟、酒、化妆品等14个税目。消费税属于价内税,实行单一环节征收,即一般在应税消费品的生产、委托加工、进口或零售环节缴纳后,在其他环节就不再缴纳。

1. 税目和税率

消费税采用比例税率和定额税率两种形式。具体的消费税税目及税率如表5-1所示。

表 5-1 消费税税目及税率表

税目		说明	税率 比例税率	税率 定额税率
一、烟		以烟叶为原料加工生产的产品		
1. 卷烟	甲类卷烟	每标准条（200 支）调拨价格在 70 元（含 70 元，不含增值税）以上的卷烟	56%	0.003 元/支
	乙类卷烟	包括每条（200 支）调拨价格不足 70 元（不含增值税）的卷烟	36%	0.003 元/支
	批发环节	批发环节加征一道从价税	5%	
2. 雪茄烟			36%	
3. 烟丝			30%	
二、酒及酒精		酒是酒精度在 1 度以上的各种酒类饮料。酒精又名乙醇，是指用蒸馏或合成方法生产的酒精度在 95 度以上的无色透明液体。酒类包括粮食白酒、薯类白酒、黄酒、啤酒和其他酒。酒精包括各种工业酒精、医用酒精和食用酒精		
1. 白酒		包括粮食白酒、薯类白酒。每斤=500 克（或 500 毫升）	20%	0.5 元/斤
2. 黄酒				240 元/吨
3. 啤酒	甲类啤酒	每吨出厂价在 3 000 元（含 3 000 元，不含增值税）以上的。饮食业、商业、娱乐业举办的啤酒屋（啤酒坊）利用啤酒生产设备生产的啤酒按此征收		250 元/吨
	乙类啤酒	每吨出厂价在 3 000 元以下的		220 元/吨
4. 其他酒		包括糠麸白酒、其他原料白酒、土甜酒、复制酒、果木酒、汽酒、药酒等	10%	
5. 酒精		包括工业酒精、医用酒精和食用酒精	5%	
三、化妆品		各类美容、修饰类化妆品、高档护肤类化妆品和成套化妆品。美容、修饰类化妆品是指香水、香水精、香粉、口红、指甲油、胭脂、眉笔、唇笔、蓝眼油、眼睫毛以及成套化妆品。舞台、戏剧、影视演员化妆用的上妆油、卸装油、油彩不属于本税目	30%	
四、贵重首饰及珠宝玉石		凡以金、银、白金、宝石、珍珠、钻石、翡翠、珊瑚、玛瑙等高贵稀有物质以及其他金属、人造宝石等制作的各种纯金银首饰及镶嵌首饰和经采掘、打磨、加工的各种珠宝玉石		
1. 金银首饰、铂金首饰和钻石及钻石饰品		在零售环节征收，仅限于金基、银基合金首饰以及金、银和金基、银基合金的镶嵌首饰	5%	
2. 其他首饰和珠宝玉石			10%	
五、鞭炮、焰火		各种鞭炮、焰火 体育上用的发令纸、鞭炮药引线，不按本税目征收	15%	
六、成品油				
1. 汽油	含铅汽油			1.40 元/升
	无铅汽油			1.00 元/升

续表

税　目	说　明	税率 比例税率	税率 定额税率
2．柴油			0.8 元/升
3．航空煤油			0.80 元/升
4．石脑油			1.00 元/升
5．溶剂油			1.00 元/升
6．润滑油			1.00 元/升
7．燃料油			0.80 元/升
七、汽车轮胎	用于各种汽车、挂车、专用车和其他机动车上的内、外轮胎 不包括农用拖拉机、收割机、手扶拖拉机的专用轮胎。子午线轮胎免征消费税，翻新轮胎停止征收消费税	3%	
八、摩托车	包括轻便摩托车和摩托车两种 对最大设计车速不超过50千米/小时，发动机汽缸总工作容量不超过50毫升的三轮摩托车不征收消费税		
1．汽缸容量（排气量）在250毫升（含）以下的		3%	
2．汽缸容量（排气量）在250毫升以上的		10%	
九、小汽车	电动汽车不属于本税目征收范围 沙滩车、雪地车、卡丁车、高尔夫车不属于消费税征收范围，不征收消费税		
1．乘用车	汽缸容量（排气量，下同）在1.0升（含）以下的	1%	
	汽缸容量在1.0升以上至1.5升（含）的	3%	
	汽缸容量在1.5升以上至2.0升（含）的	5%	
	汽缸容量在2.0升以上至2.5升（含）的	9%	
	汽缸容量在2.5升以上至3.0升（含）的	12%	
	汽缸容量在3.0升以上至4.0升（含）的	25%	
	汽缸容量在4.0升以上的	40%	
2．中轻型商用客车	车身长度大于7米（含），并且座位在10～23座（含）以下的商用客车，不属于中轻型商用客车征税范围，不征收消费税	5%	
十、高尔夫球及球具	征收范围包括高尔夫球、高尔夫球杆、高尔夫球包(袋)。高尔夫球杆的杆头、杆身和握把属于本税目的征收范围	10%	

续表

税　目	说　明	税率	
		比例税率	定额税率
十一、高档手表	指销售价格（不含增值税）每只在 10 000 元（含）以上的各类手表	20%	
十二、游艇	包括无动力艇、帆艇和机动艇	10%	
十三、木制一次性筷子	以木材为原料经过锯段、浸泡、旋切、刨切、烘干、筛选、打磨、倒角、包装等环节加工而成的各类一次性使用的筷子	5%	
十四、实木地板	包括各类规格的实木地板、实木指接地板、实木复合地板及用于装饰墙壁、天棚的侧端面为榫、槽的实木装饰板。未经涂饰的素板也属于本税目征税范围	5%	

2. 兼营不同税率应税消费品的税率选择

纳税人兼营不同税率应税消费品，应当分别核算不同税率应税消费品的销售额和销售数量，按各自适用税率计算纳税。

如果发生下列情形之一，应按适用税率中最高税率征税。

（1）兼营不同税率应税消费品，未分别核算其销售额和销售数量，按最高税率征收消费税。

（2）将应税消费品与非应税消费品，以及适用税率不同的应税消费品组成成套消费品销售，应以成套制品的销售额按应税消费品中适用的最高税率征收消费税。

任务三　消费税应纳税额的计算

一、应纳税额的一般计算方法

消费税对应税消费品采用从价定率或从量定额两类模式计算应纳税额，并由此形成了以下三种具体的计算方法。

1. 从价定率计算方法

对实行从价定率计算方法计算的应税消费品，以其销售额为计税依据，按适用的比例税率计算应纳消费税税额，基本计算公式为：

$$应纳税额 = 应税销售额 \times 比例税率$$

在此，应注意以下几个方面内容。

（1）公式中的"销售额"是指纳税人有偿转让应税消费品所取得的全部收入，即纳税人销售应税消费品向购买方收取的全部价款和价外费用（价外费用的含义参照增值税）。

（2）公式中的"销售额"不包括向购买方收取的增值税税款。

【例 5-1】　某化妆品厂为一般纳税人，该厂本月销售两批香水，一批开出增值税专用发票,注明价款 10 万元,增值税 1.7 万元;另一批开具普通发票,注明价款 5.85 万元。

要求:计算该化妆品厂本月应纳消费税的销售额。

解析:

$$应税销售额=10+5.85\div(1+17\%)=10+5=15(万元)。$$

【例 5-2】 某日用化妆品有限公司为增值税一般纳税人,2013 年 11 月 1 日向某大型商场销售一批化妆品,开具增值税专用发票,取得不含税销售额 30 万元,增值税额 5.1 万元;10 日向某单位销售化妆品一批,开具普通发票,取得含税销售额 4.68 万元。

要求:计算该化妆品生产企业 11 月应缴纳消费税税额。

解析:

应缴纳消费税税额=$(30+4.68\div(1+17\%))\times 30\%=10.2$(万元)。

(3)包装物押金是否并入销售额征收消费税问题:

① 实行从价定率办法计算应纳税额的应税消费品,连同包装物销售的,无论包装物是否单独计价,也不论在会计上如何核算,均应并入应税消费品的销售额中征收消费税;

② 如果包装物不作价随同产品销售的,而是收取押金,此项押金则不应并入应税消费品的销售额中征收消费税。但对因逾期未收回包装物不再退还的押金和已收取 12 个月以上的押金,应并入应税消费品的销售额,按照应税消费品的适用税率计算纳税;

③ 对既作价随同应税消费品销售,又另外收取包装物押金的,凡纳税人在规定的期限内不予退还的,均应并入应税消费品的销售额,按照应税消费品的适用税率计算纳税;

④ 对除啤酒、黄酒外的酒类产品生产企业销售酒类产品而收取的包装物押金,无论押金是否返还,也不论会计上如何核算,均需并入酒类产品销售额中,依酒类产品的适用税率计算纳税。

【例 5-3】 某摩托厂(一般纳税人)本月销售摩托车 10 辆,每辆不含税售价 5 000 元,同时另外收取包装物押金共计 5 850 元。本月发生逾期未退的包装物押金 3 510 元。

要求:计算本月应缴纳消费税的销售额。

解析:

应税销售额=$10\times 5\,000+3\,510\div(1+17\%)=50\,000+3\,000=53\,000$(元)。

【例 5-4】 某酒厂(一般纳税人)本月销售自产粮食白酒 1 000 斤,每斤酒售价 50 元(不含增值税),连同价值 1 170 元的包装物一起销售,同时本月又收取包装物押金共计 3 510 元。

要求:计算本月应缴纳消费税的销售额。(不考虑白酒的定额税)

解析:

应税销售额=$1\,000\times 50+(1\,170+3\,510)\div(1+17\%)=50\,000+4\,000$
$=54\,000$(元)。

2. 从量定额计算方法

在从量定额计算方法下,应纳税额的计算取决于消费品的应税数量和单位税额两个因素,其基本计算公式为:

$$应纳税额=应税消费品的销售数量×单位税额$$

在实际销售过程中,为了规范不同产品的计量单位,以准确计算应税销售额,应明确不同计量单位的换算标准:

啤酒	1 吨＝988 升	黄酒	1 吨＝962 升
汽油	1 吨＝1 388 升	柴油	1 吨＝1 176 升
石脑油	1 吨＝1 385 升	溶剂油	1 吨＝1 282 升
润滑油	1 吨＝1 126 升	燃料油	1 吨＝1 015 升
航空煤油	1 吨＝1 246 升		

【例 5-5】 某啤酒厂 11 月 4 日将自己生产的啤酒 20 吨销售给某超市,收押金 300 元/吨,价税款及押金均已收到;另外将 10 吨让客户及顾客免费品尝。该啤酒出厂价为 2 800 元/吨,成本为 2 000 元/吨。

要求:请计算该啤酒厂 11 月应缴纳消费税税额。

解析:

应缴纳消费税税额＝20×250＋10×220＝7 200(元)。

3. 复合计税计算方法

现行消费税的征税范围中,只有卷烟、白酒采用复合计税计算方法,其基本计算公式为:

$$应纳税额=应税销售额×比例税率＋销售数量×单位税额$$

【例 5-6】 某酒厂本月生产粮食白酒 1 000 箱,每箱 10 千克。本月销售 850 箱,每箱不含税的出厂价为 500 元。

要求:请计算该酒厂应纳消费税税额。

解析:

应缴纳消费税税额＝850×10×2×0.5＋850×500×20%＝93 500(元)。

二、应纳税额的特殊计算方法

为了使消费税的课征制度能够适应复杂多样的生产经营情况,税法除规定消费税的一般计算方法外,还针对纳税人的各种特殊情况,就消费税应纳税额的计算方法做出了下列特殊规定。

1. 自产自用应税消费品的计税方法

自产自用,是指纳税人自己生产自己使用,而未对外销售的应税消费品。按照其用途不同,可分为用于连续生产应税消费品和用于其他方面的应税消费品。

(1)用于连续生产应税消费品。税法规定,纳税人将自产自用的应税消费品用于连续生产应税消费品的，不缴纳消费税。

（2）用于其他方面的应税消费品。税法规定，纳税人将自产自用的应税消费品用于其他方面的，应于移送使用时缴纳消费税。

纳税人自产自用的应税消费品，按照纳税人生产同类消费品的销售价格计算纳税；没有同类消费品销售价格的，按照组成计税价格计算纳税。组成计税价格公式为：

组成计税价格＝（成本＋利润）÷（1－比例税率）

实行复合计税办法计算纳税的，组成计税价格计算公式：

组成计税价格＝（成本＋利润＋自产自用数量×定额税率）÷（1－比例税率）
应纳税额＝组成计税价格×适用税率

公式中的"成本"，是指应税消费品的产品生产成本；公式中的"利润"，是指根据应税消费品的全国平均成本利润率计算的利润，应税消费品全国平均成本利润率见表 5-2。

表 5-2 应税消费品全国平均成本利润率

应税消费品	利润率	应税消费品	利润率
1．甲类卷烟	10%	12．贵重首饰及珠宝玉石	6%
2．乙类卷烟	5%	13．汽车轮胎	5%
3．雪茄烟	5%	14．摩托车	6%
4．烟丝	5%	15．乘用车	8%
5．粮食白酒	10%	16．中轻型商用客车	5%
6．薯类白酒	5%	17．高尔夫球及球具	10%
7．其他酒	5%	18．高档手表	20%
8．酒精	5%	19．游艇	10%
9．化妆品	5%	20．木制一次性筷子	5%
10．护肤护发品	5%	21．实木地板	5%
11．鞭炮、焰火	5%		

【例 5-7】 某日用化工厂本月销售自产 A 种化妆品 50 000 元（不含增值税）；将 A 种化妆品 100 000 元（不含增值税）用于连续生产 B 种化妆品；另外，将本厂生产的一批 C 种化妆品用作职工福利，这批化妆品的成本为 10 000 元，假设该类化妆品不存在同类消费品销售价格。其消费税税率为 30%，应税化妆品全国平均利润率为 5%。

要求：请计算该企业应缴纳的消费税税额。

解析：

（1）用于连续生产 B 种化妆品的 A 种化妆品 100 000 元不纳税；

（2）应纳税额＝（50 000×30%）＋(10 000×（1＋5%）÷（1－30%））×30%
　　　　　　＝15 000＋4 500
　　　　　　＝19 500（元）。

2．委托加工应税消费品的计税方法

所谓委托加工的应税消费品，是指由委托方提供原料和主要材料，受托方只收取加工费和代垫部分辅助材料加工的应税消费品。对于由受托方提供原材料生产的应税消费品，或者受托方先将原材料卖给委托方，然后再接受加工的应税消费品，以及由受托方以委托方名义购进原材料生产的应税消费品，不论纳税人在财务上是否作销售处理，都不得作为委托加工应税消费品，而应当按照销售应税消费品缴纳消费税。

根据财法〔2012〕8号文件规定，"委托加工的应税消费品直接出售的，不再缴纳消费税"，其含义是指：委托方将收回的应税消费品，以不高于受托方的计税价格出售的，为直接出售，不再缴纳消费税；委托方以高于受托方的计税价格出售的，不属于直接出售，需按照规定申报缴纳消费税，在计税时准予扣除受托方已代收代缴的消费税。

委托加工的应税消费品，按照受托方的同类消费品的销售价格计算纳税；没有同类消费品销售价格的，按照组成计税价格计算。组成计税价格的计算公式如下：

组成计税价格＝（材料成本＋加工费）÷（1－比例税率）

实行复合计税办法计算纳税的，组成计税价格计算公式：

组成计税价格 ＝（材料成本＋加工费＋受托加工数量×定额税率）÷（1－比例税率）

应纳税额＝组成计税价格×比例税率

在此，应注意以下几方面内容。

（1）公式中的"材料成本"，是指委托方所提供加工材料的实际成本；委托加工应税消费品的纳税人，必须在委托加工合同上如实注明（或以其他方式提供）材料成本，凡未提供材料成本的，受托方所在地主管税务机关有权核定其材料成本。

（2）公式中的"加工费"，是指受托方加工应税消费品向委托方所收取的全部费用（包括代垫辅助材料的实际成本）。

【例5-8】甲企业委托乙企业加工一批应税消费品，甲企业为乙企业提供原材料等，实际成本为7 000元，支付乙企业加工费2 000元，其中包括乙企业代垫的辅助材料500元。已知适用消费税税率为10%，同时该应税消费品在受托方无同类产品销售价格。

要求：请计算乙企业代收代缴应税消费品的消费税税额。

解析：

组成计税价格＝（7 000＋2 000）÷（1－10%）＝10 000（元）；

代收代缴应税消费品的消费税税额＝10 000×10%＝1 000（元）。

3. 进口应税消费品的计税方法

进口应税消费品，于报关进口时缴纳消费税；进口应税消费品的消费税由海关代征；进口的应税消费品，由进口人或其代理人向报关地海关申报纳税。

纳税人进口应税消费品，按照组成计税价格和规定的税率计算纳税。组成计税价格计算公式如下：

组成计税价格＝（关税完税价格＋关税）÷（1－消费税比例税率）

实行复合计税办法计算纳税的，组成计税价格计算公式为：

组成计税价格＝（关税完税价格＋关税＋进口数量×定额税率）÷（1－消费税比例税率）

应纳税额＝组成计税价格×适用税率

【例5-9】某公司从境外进口一批化妆品。经海关核定，关税完税价格为54 000元，进口关税税率为 25%，消费税税率为 30%。

要求：请计算该公司进口应税消费品应纳消费税税额。

解析：

组成计税价格＝（54 000＋54 000×25%）÷（1－30%）≈96 429（元）；

进口应税消费品应纳消费税税额＝96 429×30%≈28 929（元）。

4. 外购已税消费品连续生产应税消费品或委托加工已税消费品连续生产应税消费品的计税方法

由于某些应税消费品是用外购已缴纳消费税的消费品（或委托加工收回的已缴纳消费税的应税消费品）连续生产出来的，在对这些连续生产出来的应税消费品计算征税时，税法规定，应按当期生产领用数量，计算准予扣除外购的（或委托加工的）应税消费品已缴纳的消费税税额。扣除范围包括以下 11 个方面内容。

（1）以外购（或委托加工收回）的已税烟丝生产的卷烟。

（2）以外购（或委托加工收回）的已税化妆品生产的化妆品。

（3）以外购（或委托加工收回）的已税摩托车生产的摩托车。

（4）以外购（或委托加工收回）的已税珠宝玉石生产的贵重首饰及珠宝玉石。

（5）以外购（或委托加工收回）的已税鞭炮、焰火生产的鞭炮焰火。

（6）以外购（或委托加工收回）的已税汽车轮胎连续生产的汽车轮胎。

（7）以外购（或委托加工收回）的已税杆头、杆身和握把为原料生产的高尔夫球杆。

（8）以外购（或委托加工收回）的已税木制一次性筷子为原料生产的木制一次性筷子。

（9）以外购（或委托加工收回）的已税实木地板为原料生产的实木地板。

（10）以外购（或委托加工收回）的已税石脑油为原料生产的应税消费品。

（11）以外购（或委托加工收回）的已税润滑油为原料生产的润滑油。

上述当期准予扣除外购的应税消费品已纳消费税税款的计算公式为：

当期准予扣除的外购应税消费品的已纳税款＝当期准予扣除的外购应税消费品的买价×外购应税消费品适用税率

其中：

当期准予扣除的外购应税消费品的买价＝期初库存的外购应税消费品的买价＋当期外购应税消费品的买价－期末库存的外购应税消费品的买价

上述当期准予扣除委托加工收回的应税消费品已纳消费税税款的计算公式为：

当期准予扣除的委托加工收回的应税消费品已纳的税款＝期初库存委托加工的应税消费品已纳税款＋当期委托加工收回的应税消费品已纳税款－期末库存的委托加工的应税消费品已纳税款

【例 5-10】某化妆品公司长期委托某日用化工厂加工 A 种化妆品，将其收回后用于连续生产 B 种化妆品。2013 年受托方按同类化妆品每千克 100 元的销售价格代扣代缴消费税。2013 年 10 月，公司收回加工好的 A 种化妆品 4 000 千克，当月销售连续生产 B 种化妆品 100 箱，每箱销售价 6 000 元。10 月底结算时，账面反映月初库存的委托加工的 A 种化妆品 3 000 千克，价款 30 元；月底库存委托加工的 A 种化妆品 2 000 千克，价款 20 万元。

要求：请计算该公司当月销售化妆品应纳的消费税税额（化妆品消费税税率为 30%；销售价格均为不含增值税价格）。

解析：

当期应纳消费税税额＝6 000×100×30%＝180 000（元）；

当期准予抵扣的委托加工化妆品已纳税额＝3 000×100×30%＋4 000×100×30%－
$$2\ 000×100×30\%=150\ 000\ （元）；$$

当月实际缴纳的消费税税额＝180 000－150 000＝30 000（元）。

【例 5-11】 某首饰加工厂 2013 年 10 月份购进玉石生产玉石首饰。当期购进玉石增值税专用发票上注明的价款为 20 万元，期初库存的外购玉石为 2 万元，期末库存的外购玉石为 5 万元，当月销售的玉石首饰 33.9 万元（含增值税）。

要求：请计算当月应纳消费税税额（玉石增值税税率为 13%，消费税税率为 5%）。

当期应纳消费税税额＝33.9÷（1＋13%）×5%＝1.5（万元）；

当期准予抵扣的外购玉石已纳税额＝（2＋20－5）×5%＝0.85（万元）；

当月实际缴纳的消费税税额＝1.5－0.85＝0.65（万元）。

5. 出口应税消费品的退（免）税

消费税是一种选择税，选择征收的消费品一般为非生活必需品，应税消费品的购买者一般都具有较高的消费能力，因此，不能要求国家给予减免税来满足较高的消费需求。为了体现公平税负，确保国家的财政收入，充分发挥消费税调节社会特殊消费的作用，消费税一般不再给予减免税。

但是，对纳税人出口应税消费品，除国家限制出口的应税消费品外，免征消费税。

（1）适用范围

① 出口企业出口或视同出口适用增值税退（免）税的货物，免征消费税，如果属于购进出口的货物，退还前一环节对其已征的消费税。

② 出口企业出口或视同出口适用增值税免税政策的货物，免征消费税，但不退还其以前环节已征的消费税，且不允许在内销应税消费品应纳消费税款中抵扣。

③ 出口企业出口或视同出口适用增值税征税政策的货物，应按规定缴纳消费税，不退还其以前环节已征的消费税，且不允许在内销应税消费品应纳消费税款中抵扣。

（2）消费税退税的计税依据

出口货物的消费税应退税额的计税依据，按购进出口货物的消费税专用缴款书和海关进口消费税专用缴款书确定。

属于从价定率计征消费税的，为已征且未在内销应税消费品应纳税额中抵扣的购进出口货物金额；属于从量定额计征消费税的，为已征且未在内销应税消费品应纳税额中抵扣的购进出口货物数量；属于复合计征消费税的，按从价定率和从量定额的计税依据分别确定。

（3）消费税退税的计算

消费税应退税额＝从价定率计征消费税的退税计税依据×比例税率＋
从量定额计征消费税的退税计税依据×定额税率

任务四　消费税的申报与缴纳

一、纳税义务发生时间

纳税人生产的应税消费品于销售时纳税，进口消费品应当于应税消费品报关进口环节纳税，但金银首饰、钻石及钻石饰品在零售环节纳税。消费税纳税义务发生的时间，以货款结算方式或行为发生时间分别确定。

1. 纳税人生产销售的应税消费品的纳税义务发生时间

纳税人销售的应税消费品，其纳税义务的发生时间为：

（1）采取赊销和分期收款结算方式的，为书面合同约定的收款日期的当天，书面合同没有约定收款日期或者无书面合同的，为发出应税消费品的当天；

（2）采取预收货款结算方式的，为发出应税消费品的当天；

（3）采取托收承付和委托银行收款方式销售的应税消费品，为发出应税消费品并办妥托收手续的当天；

（4）采取其他结算方式的，为收讫销售款或者取得索取销售款凭据的当天。

2. 纳税人自产自用的应税消费品的纳税义务发生时间

纳税人自产自用的应税消费品，其纳税义务的发生时间，为移送使用的当天。

3. 纳税人委托加工的应税消费品的纳税义务发生时间

纳税人委托加工的应税消费品，其纳税义务的发生时间，为提货的当天。

4. 纳税人进口的应税消费品的纳税义务发生时间

纳税人进口的应税消费品，其纳税义务的发生时间，为报关进口的当天。

二、纳税期限

为了促使纳税人及时履行纳税义务，保证税收收入及时缴入国库，税法对消费税的纳税期限规定如下。

1. 结算期限

结算期限是结算应纳税款的期限，是指结算一次应纳税额的时间跨度。

结算期限分别为：1日、3日、5日、10日、15日、1个月或者1个季度。纳税人的具体纳税期限,由主管税务机关根据纳税人应纳税额的大小分别核定,不能按照固定期限纳税的,可以按次纳税。

2. 缴款期限

缴款期限是缴纳税款的期限,是指在结算应纳税款后多少天内缴纳税款。

消费税的缴款期限分别为:纳税人以 1 个月或者 1 个季度为 1 个纳税期的,自期满之日起 15 日内申报纳税;以 1 日、3 日、5 日、10 日或者 15 日为 1 个纳税期的,自期满之日起 5 日内预缴税款,于次月 1 日起 15 日内申报纳税并结清上月应纳税款。

纳税人进口应税消费品,应当自海关填发税款缴纳证书的次日起 15 日内缴纳税款。

三、纳税地点

为了有利于税务机关进行征收管理,防止发生偷税、漏税,并方便纳税人办理纳税手续,税法就消费税的纳税地点做了下列规定。

1. 销售及自产自用应税消费品的纳税地点

(1)纳税人销售及自产自用的应税消费品,向纳税人机构所在地或居住地主管税务机关申报纳税。

(2)纳税人到外县(市)销售或委托外县(市)代销自产应税消费品的,于应税消费品销售后,向纳税人机构所在地或者居住地主管税务机关申报纳税。

(3)纳税人的总机构与分支机构不在同一县(市)的,应当分别向各自机构所在地的主管税务机关申报纳税;经财政部、国家税务总局或者其授权的财政、税务机关批准,可由总机构汇总向总机构所在地的主管税务申报纳税。

2. 委托加工应税消费品的纳税地点

(1)工业企业受托加工的应税消费品,由受托方向其机构所在地或居住地主管税务机关解缴消费税税款。

(2)个体工商户受托加工的应税消费品,由委托方在收回应税消费品后,向其机构所在地或居住地主管税务机关申报纳税。

3. 进口应税消费品的纳税地点

进口应税消费品,由进口人或其代理人向报关地海关申报纳税(改在零售环节征收消费税的金银首饰除外)。

四、消费税的纳税申报

1. 消费税的纳税申报

消费税的纳税人,必须依照消费税及相关的税收法律法规确定的申报期限、申报内容如实办理纳税申报,报送纳税申报表、财务会计报表,以及税务机关根据实际需要要求纳税人报送的其他纳税资料。

扣缴义务人必须依照法律、行政法规规定或者税务机关依照法律、行政法规规定的申报期限、申报内容如实报送代扣代缴、代收代缴税款报告表以及税务机关根据实际需要要求扣缴义务人报送的其他有关资料。

纳税人、扣缴义务人可以直接到税务机关办理纳税申报或者报送代扣代缴、代收代缴税款报告表，也可以按照规定采取邮寄、数据电文或者其他方式办理上述申报、报送事项。

纳税人、扣缴义务人不能按期办理纳税申报或者报送代扣代缴、代收代缴税款报告表的，经税务机关核准，可以延期申报或报送；经核准延期办理申报、报送事项的，应当在纳税期内按照上期实际缴纳的税额或者税务机关核定的税额预缴税款，并在核准的延期内办理税款结算。消费税纳税人应按有关规定及时办理纳税申报，并如实填写消费税的纳税申报表和消费税缴款书。

2. 消费税纳税申报表

根据国家税务总局 2008 年 3 月 14 日发布的《关于使用消费税纳税申报表有关问题的通知》（国税函〔2008〕236 号）文件规定，消费税纳税申报表分为五类：烟类应税消费品消费税纳税申报表；酒及酒精消费税纳税申报表；成品油消费税纳税申报表；小汽车消费税纳税申报表；其他应税消费品消费税纳税申报表。本教材以第一类和第五类为例进行介绍。

烟类应税消费品消费税纳税申报表的格式如表 5-3、表 5-4 所示（其他应税消费品消费税纳税申报表格式基本相同）。

表 5-3 烟类应税消费品消费税纳税申报表

税款所属期： 年 月 日 至 年 月 日

纳税人名称（公章）：

纳税人识别号：

填表日期： 年 月 日

单位：卷烟万支、雪茄烟支、烟丝千克；金额单位：元（列至角分）

应税消费品名称 \ 项目	适用税率		销售数量	销售额	应纳税额
	定额税率	比例税率			
卷 烟	30元/万支	56%			
卷 烟	30元/万支	36%			
雪茄烟	—	36%			
烟 丝	—	30%			
合 计	—	—			

续表

项目 应税消费品名称	适用税率		销售数量	销售额	应纳税额
	定额税率	比例税率			
本期准予扣除税额：					
本期减（免）税额：					
期初未缴税额：					
本期缴纳前期应纳税额：					
本期预缴税额：					
本期应补（退）税额：					
期末未缴税额：					

声　明

此纳税申报表是根据国家税收法律的规定填报的，我确定它是真实的、可靠的、完整的。

经办人（签章）：

财务负责人（签章）：

联系电话：

（如果你已委托代理人申报，请填写）

授权声明

为代理一切税务事宜，现授权＿＿＿＿＿＿＿＿

＿＿＿＿＿＿＿（地址）＿＿＿＿＿＿＿＿为本纳税人的代理申报人，任何与本申报表有关的往来文件，都可寄予此人。

授权人签章：

以下由税务机关填写

受理人（签章）：　　　受理日期：　　年　月　日　　　受理税务机关（章）：

填表说明如下。

（1）本表仅限烟类消费税纳税人使用。

（2）本表"销售数量"为《中华人民共和国消费税暂行条例》、《中华人民共和国消费税暂行条例实施细则》及其他法规、规章规定的当期应申报缴纳消费税的烟类应税消费品销售（不含出口免税）数量。

（3）本表"销售额"为《中华人民共和国消费税暂行条例》、《中华人民共和国消费税暂行条例实施细则》及其他法规、规章规定的当期应申报缴纳消费税的烟类应税消费品销售（不含出口免税）收入。

（4）根据《中华人民共和国消费税暂行条例》和《财政部 国家税务总局关于调整烟类产品消费税政策的通知》（财税〔2001〕91号）的规定，本表"应纳税额"计算公式如下。

① 卷烟

　　　　应纳税额＝销售数量×定额税率＋销售额×比例税率

② 雪茄烟、烟丝

　　　　应纳税额＝销售额×比例税率

（5）本表"本期准予扣除税额"按本表附件一的本期准予扣除税款合计金额填写。

（6）本表"本期减（免）税额"不含出口退（免）税额。

（7）本表"期初未缴税额"填写本期期初累计应缴未缴的消费税额，多缴为负数，其数值等于上期"期末未缴税额"。

（8）本表"本期缴纳前期应纳税额"填写本期实际缴纳入库的前期消费税额。

(9) 本表"本期预缴税额"填写纳税申报前已预先缴纳入库的本期消费税额。

(10) 本表"本期应补（退）税额" 计算公式如下，多缴为负数：

本期应补（退）税额＝应纳税额（合计栏金额）－本期准予扣除税额－本期减（免）税额－本期预缴税额

(11) 本表"期末未缴税额" 计算公式如下，多缴为负数：

期末未缴税额＝期初未缴税额＋本期应补（退）税额－本期缴纳前期应纳税额

(12) 本表为 A4 竖式，所有数字小数点后保留两位。一式两份，一份纳税人留存，一份税务机关留存。

表 5-4 其他应税消费品消费税纳税申报表

税款所属期： 年 月 日至 年 月 日

纳税人名称（公章）：

纳税人识别号：

填表日期： 年 月 日

金额单位：元（列至角分）

应税消费品名称 \ 项目	适用税率	销售数量	销售额	应纳税额
合　计	—	—	—	

本期准予扣除税额：	**声　明**
本期减（免）税额：	此纳税申报表是根据国家税收法律的规定填报的，我确定它是真实的、可靠的、完整的。
期初未缴税额：	经办人（签章）：
本期缴纳前期应纳税额：	财务负责人（签章）：
	联系电话：
	（如果你已委托代理人申报，请填写）
本期预缴税额：	**授权声明**
本期应补（退）税额：	为代理一切税务事宜，现授权＿＿＿＿＿＿
	＿＿＿＿＿（地址）＿＿＿＿＿＿＿＿＿为本纳税人的代理申报人，任何与本申报表有关的往来文件，都可寄予此人。
期末未缴税额：	授权人签章：

以下由税务机关填写

受理人（签章）： 受理日期： 年 月 日 受理税务机关（章）：

注意：本表填制说明和附表及其填制说明与烟类基本相同，此处从略。

复习、思考与练习

1. 名词解释：消费税和委托加工应税消费品。
2. 消费税的基本特点是什么？
3. 列入消费税应税消费品有哪几大类，具体的税目有多少？
4. 消费税有哪几种基本计算方法？请分别举例说明。
5. 消费税的纳税地点与增值税有何异同？
6. 某汽车制造厂为增值税一般纳税人。2013年8月，该厂购进用于汽车生产的原材料，取得的增值税专用发票上注明的税款共800万元；进口大型检测设备一台，取得的海关完税凭证上注明的增值税税款10万元；销售汽车取得销售收入9 000万元（含增值税）；兼营汽车修理修配业务收入30万元（不含增值税）；用于汽车修理修配业务所购进的零部件、原材料等所取得的增值税专用发票上注明的税款共4万元。（注：该厂汽车适用的消费税税率为8%）

要求：分别计算该厂8月应缴纳的增值税、消费税税额。

7. 某化妆品公司为增值税一般纳税人，2013年8月发生下列业务。

（1）自行加工甲化妆品一批并对外销售，取得货款117 000元（含增值税价款）。

（2）从一化工厂外购A化妆品，继续加工成乙化妆品出售。当月购进A化妆品买价为180 000元，期初库存的A化妆品买价为50 000元，期末库存的A化妆品买价为60 000元，本月销售乙化妆品400 000元（以上价款中均不含增值税）。

（3）委托另一化工厂加工B化妆品，收回后继续加工成丙化妆品对外销售。该月发出委托加工材料220 000元，支付加工费50 000元，受托方代垫辅料6 000元，当月该公司期初库存的委托加工收回的B化妆品为70 000元，期末没有库存。本月销售丙化妆品550 000元。（注：化妆品的消费税税率为30%）

要求：请计算该公司本月应纳消费税税额。

8. 某酒厂2013年2月销售自产粮食白酒7 000公斤，取得收入84 000元（不含税），包装物计价500元；委托加工黄酒30吨，发出材料成本10 000元，加工费用8 000元，受托企业开具增值税专用发票，黄酒收回后直接销售。本月进口小轿车一辆，汽缸容量为2 000毫升，到岸价折合人民币200 000元，关税税率30%。（注：粮食白酒定额税率0.5元/500克，比例税率为20%，黄酒消费税税率240元/吨，小轿车消费税税率5%）

要求：请计算该酒厂本月应纳消费税税额。

综 合 实 训

1. 企业概况

企业名称：双利日化厂（增值税一般纳税人）；
纳税人识别号：11010000001××××
企业地址及电话：北京市知春路1号　　电话号码　6555××××
企业所属行业：工业企业　　　　企业性质：股份制企业
开户银行及账号：工行知春里分理处　12-55345

2. 模拟业务

该日化厂生产销售化妆品。2013年3月有关购销业务如下。

（1）2013年1月16日将一批自产的化妆品用作职工福利，这批化妆品的成本为10 000元。假设该类化妆品不存在同类消费品销售价格，其消费税税率为30%，应税化妆品全国平均利润率为5%。

（2）2013年1月20日提供一批生产化妆品的材料80 000元给万方化妆品公司生产，委托其加工一批化妆品，受托方同类消费品的销售价格为135 000元。1月27日，双利集团公司以银行存款付清全部款项。1月28日，收回已加工完成的化妆品。1月30日，该化妆品全部用于销售，其售价为145 000元，款已收到。

3. 模拟要求

（1）根据上述业务计算该日化厂应缴纳的消费税税额。
（2）填制《消费税纳税申报表》。

项目六 营业税实务

任务一 营业税基本理论认知

一、营业税的概念

营业税是对在我国境内提供应税劳务、转让无形资产或销售不动产的单位和个人，就其营业额征收的一种流转税。

营业税是世界各国普遍征收的一种税。从理论上讲，营业税是以纳税人从事生产经营活动的营业全额为课税对象征收的一种税，但由于其存在重叠课税的缺点，大部分课税对象已被增值税包括，因此，营业税的征收范围在不断缩小。

我国现行营业税的基本法规，是国务院于 1993 年 12 月 13 日发布的《中华人民共和国营业税暂行条例》（以下简称《营业税暂行条例》）。2009 年为了适应经济形式发展和增值税转型改革的需要，《营业税暂行条例》进行了修订，主要内容是调整了按照差额征收营业税的项目，同时明确了交易价格明显偏低的处理规定，规范了营业税扣缴义务人的规定，调整了部分营业税纳税地点，延长了营业税的申报缴纳期限，使营业税制度的规定更加规范和严谨。同时，应关注 2012 年起在上海等城市进行的营业税改革试点的基本内容。

二、营业税的特点

营业税因具有征收对象广泛、多环节课征、平均税负低、征收简便易行等特点，成为世界各国普遍征收的一种重要的税种。

1. 营业税一般以营业收入全额征税为计税依据，实行多环节课税

营业税按照商品流转环节或非商品营业环节征税，每经过一个流转环节，就有一次应税行为，即取得一次营业收入，就要以营业收入全额为依据征收一次营业税，不受成本、费用的影响。这样，能够更好地保证国家及时、稳定、可靠地取得财政收入。

2. 按行业设计差别比例税率或幅度比例税率，税负较低

由于提供应税劳务、转让无形资产和销售不动产的经营特点不同，各种经营业务盈利水平高低也就不同。营业税按行业设计税目和不同税率，使税负更加公平合理。

3. 计算简便，利于征收管理

营业税对征税范围、征税对象、税率档次规定的界限清楚，税额计算简单明确，不

仅减轻了纳税人计算应纳税额的难度，而且便于理解国家的税收政策，保证计算征收的正确性，减少错征、漏征；同时，适应我国公民税法知识普及程度不高的特点，有利于税收工作的开展。

任务二　熟悉营业税的基本构成要素

一、纳税人和扣缴义务人

1. 纳税义务人

（1）纳税义务人的一般规定

营业税的纳税人，是指在我国境内提供应税劳务、转让无形资产或销售不动产的单位和个人。

我国境内，是指税收行政管辖权的区域，具体情况如下：

① 提供或者接受应税劳务的单位或者个人在境内；

② 所转让的无形资产（不含土地使用权）的接受单位或者个人在境内；

③ 所转让或者出租土地使用权的土地境内；

④ 所销售或者出租的不动产在境内。

应税劳务，是指营业税应税劳务。而加工和修理修配劳务属于增值税的征税范围，不属于营业税的应税劳务；单位或个体工商户聘用的员工为本单位或雇主提供的劳务，也不属于营业税的应税劳务。

提供应税劳务、转让无形资产或者销售不动产，是指有偿提供应税劳务、有偿转让无形资产、有偿销售不动产的行为。有偿是指通过提供、转让或销售行为取得货币、货物或其他经济利益。

单位是指企业、行政单位、事业单位、军事单位和社会团体等。个人是指个体工商户以及其他有经营行为的中国公民和外国公民。

（2）纳税义务人的特殊规定

① 中央铁路运营业务的纳税人为中国铁路总公司；合资铁路运营业务的纳税人为合资铁路公司；地方铁路运营业务的纳税人为地方铁路管理机构；基建临管线运营业务的纳税人为基建临管线管理机构。

② 企业租赁或承包给他人经营的，以承租人或承包人为纳税人。承租人或承包人是指有独立的经营权，在财务上独立核算，并定期向出租者或发包者上缴租金或承包费的承租人或承包人。

③ 建筑安装业务实行分包的，分包为纳税人。

④ 金融保险业的纳税人包括：银行，包括人民银行、商业银行、政策性银行；信用合作社；证券公司；金融租赁公司、证券基金管理公司、财务公司、信托投资公司、证券投资基金；保险公司；其他经中国人民银行、中国证监会、中国保监会批准成立的且经营金融保险业务的机构等。

2. 扣缴义务人

营业税的扣缴义务人具体包括五种情形。

（1）委托金融机构发放贷款的，其应纳税款以受托发放贷款的金融机构为扣缴义务人。金融机构接受其他单位或个人的委托，为其办理委托贷款业务时，如果将委托方的资金转给经办机构，由经办机构将资金贷给使用单位或个人，由最终将贷款发放给使用单位或个人并取得贷款利息的经办机构代扣委托方应纳的营业税。

（2）建筑安装业务实行分包的，其应纳税款以总承包人为扣缴义务人。建筑安工程实行总承包、分包方式的，其总承包人为扣缴义务人；纳税人提供建筑业应税劳务，符合以下情形之一的，无论工程是否实行分包，税务机关可以建设单位和个人作为营业税的扣缴义务人：纳税人从事跨地区（包括省、市、县，下同）工程提供建筑业应税劳务的、纳税人在劳务发生地没有办理税务登记或临时税务登记的。

（3）境外单位或者个人在境内发生应税行为而在境内未设有机构的，其应纳税款以境内代理人为扣缴义务人；没有代理人的，以受让方或者购买方为扣缴义务人。

（4）个人转让除土地使用权以外的无形资产，其应纳税款以受让者为扣缴义务人。

（5）财政部规定的其他扣缴义务人。

二、营业税的征收范围

营业税的征税范围，包括在我国境内提供应税劳务、转让无形资产和销售不动产三种经营行为。

1. 提供应税劳务

（1）交通运输业

交通运输业，是指使用运输工具或人力、畜力将货物或旅客送达目的地，使其空间位置得到转移的劳务活动。其征收范围包括陆路运输、水路运输、航空运输、管道运输和装卸搬运五大类。

凡与运营业务有关的各项劳务活动，均属于本税目的征收范围。包括通用航空业务，航空地面服务，打捞，理货，港务局提供的引航、系解缆、停泊、移泊等劳务，以及引水员交通费、过闸费、货物港务费等。

（2）建筑业

建筑业，是指建筑安装工程作业，其征收范围包括：建筑、安装、修缮、装饰和其他工程作业等项内容。

① 建筑，是指新建、改建、扩建各种建筑物、构建物的工程作业，包括与其相关的各种设备或支柱、操作平台的安装，装设工程作业以及各种窑炉和金属结构工程作业在内。但自建自用建筑物，其自建行为不是建筑业税目的征收范围。出租或投资入股的自建建筑物，也不是建筑业的征税范围。

② 安装，是指生产设备、动力设备、起重设备、运输设备、传动设备、医疗实验设备以及其他各种设备的装配、安置工程作业，包括与设备相连的工作台、梯子、栏杆的

装设工程作业和被安装设备的绝缘、防腐、保温、油漆等各种作业在内。

③ 修缮，是指对建筑物、构筑物进行修补、加固、养护、改善，使其恢复原来的使用价值或延长其使用期限的工程作业在内。

④ 装饰，是指对建筑物、构筑物进行修饰，使之美观或具有特定用途的工程作业。

⑤ 其他工程作业，是指上述工程以外的各种工程作业，如代办电信工程、水利工程、道路修建、疏浚、钻井（打井）、拆除建筑物或构筑物、平整土地、搭脚手架、爆破等工程作业。

(3) 金融保险业

金融保险业，是指经营金融、保险的业务，其征税范围包括金融、保险。

① 金融，是指经营货币资金融通活动的业务，包括贷款、融资租赁、金融商品转让、金融经纪业和其他金融业务。

② 保险，是指通过契约形式集中起来的资金，用以补偿被保险人的经济利益的业务。按保险的范围，可以分为财产保险，人身保险、保证保险和责任保险等。

③ 对我国境内外资金融机构从事离岸银行业务，属于在我国境内提供应税劳务的，征收营业税。

(4) 邮电通信业

邮电通信业，是指专门办理信息传递的业务，其征税范围包括邮政、电信。

① 邮政，是指传递实物信息的业务，包括传递函件或包件（含快递业务）、邮汇、报刊发行、邮务物品销售、邮政储蓄及其他邮政业务。

② 电信，是指用各种电传设备传输电信号而传递信息的业务，包括电报、电传、电话、电话机安装、电信物品销售及其他电信业务。

(5) 文化体育业

文化体育业，是指经营文化和体育活动的业务，其征税范围包括文化、体育。

① 文化业，是指经营文化活动的业务，包括表演、播映、展览、培训、讲座、图书（资料）借阅、经营游览场所等。

② 体育业，是指举办各种体育比赛和为体育比赛或体育活动提供场所的业务。

(6) 娱乐业

娱乐业是指为娱乐活动提供场所和服务的业务，包括经营歌厅、舞厅、卡拉OK歌舞厅、音乐茶座、台球、高尔夫球、保龄球场、游艺场等娱乐场所，以及娱乐场所为顾客进行娱乐活动提供服务的业务。娱乐场所为顾客提供的饮食服务及其他各种服务也按照娱乐业征税。

(7) 服务业

服务业，是指利用工具、场所、信息或技能为社会提供服务的业务活动，主要包括以下几方面内容。

① 代理业，是指代委托人办理委托事项的业务，包括代购代销货物、代办进出口、介绍服务、其他代理业务。

② 旅店业，是指提供住宿服务的业务，包括旅社、宾馆、招待所、客店、饭店等提供住宿以及与住宿相关的服务业务。

③ 饮食业，是指同时提供饮食和饮食场所为顾客提供饮食消费服务的业务，包括餐厅、餐馆、冷饮、热饮、风味小吃、承办筵席和一般饮食业务。

④ 旅游业，是指为旅游者安排食宿、交通工具和提供导游服务的业务。

⑤ 仓储业，是指利用仓库、场地代客户储放保管货物的业务。

⑥ 广告业，是指利用各种媒介，例如图书、报刊、广播、电视、路牌、电影等，介绍商品、经营服务、文体节目或通告、声明事项所做的宣传提供劳务服务的业务。

⑦ 租赁业，是指在约定时间内将场地、房屋、物品、设备或设施租给承租人使用的业务（不包括融资租赁业务）。

⑧ 其他服务业，指除上述列举业务以外的服务业务。例如沐浴、理发、印染、照相、美术、裱画、打字、誊写、设计、制图、化验、复印、录像、录音、勘探、测绘、计算、测试、打包、咨询等。

2. 转让无形资产

转让无形资产，是指转让无形资产的所有权或使用权的行为，包括转让土地使用权、商标权、专利权、著作权、非专利技术、商誉等。

自 2003 年 1 月 1 日起，以无形资产投资入股，参与接受投资方的利润分配、共同承担风险的行为，不征收营业税。在投资后转让其股权的，也不征收营业税。

3. 销售不动产

销售不动产，是指有偿转让不动产所有权的行为，包括销售建筑物或构筑物、销售其他土地附着物。在销售不动产时连同不动产所占土地的使用权一并转让的行为，比照销售不动产征收营业税。

单位（或个人）将不动产无偿赠送他人，视同销售不动产征收营业税。个人无偿赠与不动产、土地使用权，属于下列情形之一的，暂免征收营业税：一是离婚财产分割；二是无偿赠与配偶、父母、子女、祖父母、外祖父母、孙子女、外孙子女、兄弟姐妹；三是无偿赠与对其承担直接抚养或者赡养义务的抚养人或赡养人；四是房屋产权所有人死亡，依法取得房屋产权的法定继承人、遗嘱继承人或者受遗赠人。

自 2003 年 1 月 1 日起，以不动产投资入股，参与接受投资方的利润分配、共同承担风险的行为，不征收营业税。在投资后转让其股权的，也不征收营业税。

4. 视同发生应税行为

纳税人有下列情形之一的，视同发生应税行为。

（1）单位或者个人将不动产或者土地使用权无偿赠送其他单位或者个人。

（2）单位或者个人自己新建（以下简称自建）建筑物后销售，其所发生的自建行为。

（3）财政部、国家税务总局规定的其他情形。

三、营业税的税目和税率

1. 营业税的税目

营业税的税目是征收范围的具体化。我国营业税税目是按行业、类别分别设计的，共 9 个税目，即交通运输业、建筑业、金融保险业、邮电通信业、文化体育业、娱乐业、服务业、转让无形资产、销售不动产。

2. 营业税税率

营业税按照行业、类别实行差别比例税率，具体规定体现在以下几个方面。
（1）交通运输业、建筑业、邮电通信业、文化体育业税率为 3%。
（2）金融保险业、服务业、转让无形资产、销售不动产税率为 5%。
（3）娱乐业执行 5%～20%的幅度税率，具体适用的税率，由各省、自治区、直辖市人民政府根据当地实际情况在税法规定的幅度范围内决定。

营业税税目、税率的调整，由国务院决定。现行营业税税目及税率表见表 6-1。

表 6-1　营业税税目及税率

税　目	税　率
一、交通运输业	3%
二、建筑业	3%
三、金融保险业	5%
四、邮电通信业	3%
五、文化体育业	3%
六、娱乐业	5%～20%
七、服务业	5%
八、转让无形资产	5%
九、销售不动产	5%

任务三　营业税应纳税额的计算

一、营业税的计税依据

营业税的计税依据为纳税人提供应税劳务、转让无形资产或者销售不动产所取得的营业额（转让额、销售额）。

1. 营业税计税依据的一般规定

营业税的计税依据是营业额。

营业额，是指纳税人提供应税劳务、转让无形资产或者销售不动产向对方收取的全部价款和价外费用。

价外费用包括收取的手续费、补贴、基金、集资费、返还利润、奖励费、违约金、滞纳金、延期付款利息、赔偿金、代收款项、代垫款项、罚息及其他各种性质的价外收费，但不包括同时符合以下条件代为收取的政府性基金或者行政事业性收费。

① 由国务院或者财政部批准设立的政府性基金，由国务院或者省级人民政府及其财政、价格主管部门批准设立的行政事业性收费。

② 收取时开具省级以上财政部门印制的财政票据。

③ 所收款项全额上缴财政。

纳税人取得的营业额以人民币计算。纳税人以人民币以外的货币结算营业额的，应当按外汇市场价格折合为人民币计算，其折合率可以选择营业额发生的当天或者当月1日的人民币汇率中间价。一经选定，1年内不得变更。

2. 营业税计税依据的特殊规定

（1）交通运输业

① 运输企业自中国境内载运旅客或者货物出境，在境外改由其他运输企业承运旅客或货物的，以全程运费减去付给该承运企业的运费后的余额为营业额。

② 运输企业从事联运业务，以实际取得的营业额为计税依据。

③ 中国国际航空股份有限公司（以下简称国航）与中国国际货运航空有限公司（以下简称货航）开展客运飞机腹舱联运业务时，国航以收到的腹舱收入为营业额；货航以其收到的货运收入扣除支付给国航的腹舱收入的余额为营业额，营业额扣除凭证为国航开具的"航空货运单"。

（2）建筑业

① 建筑业的总承包人将工程分包给他人的，以全部工程款减去付给分包人的价款后的余额为营业额。

② 从事建筑、修缮、装饰工程作业，无论怎样结算，营业额均包括工程所用原材料、动力及其他物资的价款。从事安装工程作业的，凡所安装的设备价值计入安装工程产值的，其营业额应包括设备价款（不含装饰劳务）。

③ 自建行为和单位将不动产无偿赠送他人，由主管税务机关按规定顺序核定营业额。自建行为是指纳税人自己建造房屋的行为。纳税人自建自用的房屋不纳税；如纳税人将自建的房屋对外销售，其自建行为应按照建筑业缴纳营业税，再按照销售不动产征收营业税。

（3）金融保险业

① 融资租赁业务以其收取的全部价款和价外费用减去出租方承担的出租货物的实际成本后的余额为营业额。

② 金融商品转让业务，以卖出价减去买入价后的余额为营业额。

③ 一般贷款业务的营业额为贷款利息收入额。

④ 金融经纪业务和其他金融业务，以其收取的全部手续费为营业额。

⑤ 保险业务的营业额为经营保险业务向被保险人收取的全部保险费。

⑥ 保险业开展无赔偿奖励业务的,以向投保人实际收取的保费为营业额。

⑦ 金融机构以外币结算的,按收到外汇收入的当季季末国家公布的外汇牌价折算成人民币;保险企业则按当月月末国家公布的外汇牌价折算。

(4) 邮电通信业

邮电通信业的计税依据,包括邮政业务及电信物品销售及其他电信业务等所取得的营业收入额。

(5) 文化体育业

单位或个人进行演出,以全部票价收入或包场收入减去付给有关单位、经纪人的费用之后的余额为营业额。

(6) 娱乐业

娱乐业的营业额是指经营娱乐业向顾客收取的各项费用,包括门票收费、台位费、点歌费、烟酒、饮料、茶水、鲜花、小吃费及其他收费。

(7) 服务业

① 代理业以纳税人实际收取的报酬为营业额。

② 广告代理业的营业额,为广告代理商收取的全部价款和价外费用减去付给广告发布商的广告发布费后的余额。

③ 电脑福利彩票投注点代销福利彩票取得的任何形式的手续费收入,应照章征收营业税。

④ 旅游企业组织旅游团到境外旅游,在境外改由其他旅游企业接团的,以全程旅游费减去付给接团企业费用后的余额为营业额;旅游企业组团在境内旅游,以收取的旅游费减去替旅游者支付的住宿费、餐费、交通费、门票费和其他代付费用后的余额为营业额。

⑤ 饮食业以饮食收入作为营业额,但在顾客就餐时进行自娱自乐形式的歌舞活动提供的服务,按娱乐业征税。

(8) 单位或个人销售或转让其购置的不动产或受让的土地使用权,以全部收入减去不动产或土地使用权的购置或受让原价后的余额为营业额

(9) 其他特殊规定

对于纳税人提供应税劳务、转让无形资产、销售不动产价格明显偏低又无正当理由的,税务机关有权按下列顺序核定其营业额。

① 按纳税人最近时期提供的同类应税劳务或销售的同类不动产的平均价格核定。

② 按其他纳税人最近时期提供的同类应税劳务或销售的同类不动产的平均价格核定。

③ 按计税价格核定:

计税价格＝营业成本或工程成本×(1＋成本利润率)÷(1－营业税税率)

其中,成本利润率由省、自治区、直辖市人民政府所属税务机关确定。

纳税人自建建筑物后出售、单位将不动产无偿赠送他人的也按上述办法核定。

二、营业税应纳税额的计算

1. 应纳税额的一般计算公式

营业税税款的计算比较简单。纳税人提供应税劳务、转让无形资产或者销售不动产,按照营业额和规定的适用税率相乘,即可得出应纳税额,其计算公式为:

$$应纳税额=营业额×营业税税率$$

2. 营业税应纳税额的计算举例

【例6-1】 某运输公司2013年8月取得客运收入30 000元,取得货运收入53 000元,包括2%的装卸费用,并从中支付给其他运输企业联运业务3 000元。计算该公司当月应纳的营业税税额。

解析:

应纳营业税税额=(30 000+53 000-3 000)×3%=2 400(元)。

【例6-2】 某歌舞厅2013年7月的门票收入为70 000元,点歌费收入50 000元,台位费收入30 000元,烟酒和饮料销售收入为50 000元,其适用税率为20%。计算该歌舞厅当月应纳的营业税税额。

解析:

应纳营业税税额=(70 000+50 000+30 000+50 000)×20%=40 000(元)。

【例6-3】 某房地产开发公司将其购入的土地使用权转让,收取价款450万元,该土地使用权2年前取得时曾支付价款300万元。计算该房地产公司应纳营业税税额。

解析:

应纳营业税税额=(450-300)×5%=7.5(万元)。

【例6-4】 某公司自建一栋楼房作为职工宿舍使用,工程造价1 000万元。建成后,由于职工入住后,仍有30%房屋闲置,决定将闲置部分对外出售,售价400万元,并已取得销售收入入账。该企业的成本利润率为20%。计算该公司应纳营业税税额(结果保留2位小数)。

解析:

组成计税价格=1 000×(1+20%)×30%÷(1-3%)≈371.13(万元);

建筑业应纳税额=371.13×3%≈11.13(万元);

销售不动产应纳税额=400×5%=20(万元);

当月该公司应纳营业税税额≈11.13+20≈31.13(万元)。

在此应注意:个人自建房屋自用和对外销售,均免交营业税。

【例6-5】 某建筑公司承包一项装修工程,由发包方提供原材料500万元,建筑公司提供劳务,收取装修费300万元。工程已经完工。计算建筑公司应纳营业税税额。

解析:

应纳营业税税额=(500+300)×3%=24(万元)。

3. 几种经营行为应纳税额计算的说明

（1）兼营不同税目的应税行为

纳税人兼营不同税目应税行为的，应当分别核算不同税目的营业额，然后按各自的适用税率计算应纳税额；未分别核算的，从高适用税率计算应纳税额。

（2）混合销售行为

从事货物的生产、批发或零售的企业、企业性单位及个体工商户的混合销售行为，视为销售货物，销售额合并征收增值税，不征收营业税；其他单位和个人的混合销售行为，视为提供应税劳务，销售额合并征收营业税。

下列混合销售行为，应当分别核算应税劳务的营业额和货物的销售额，其应税劳务的营业额缴纳营业税，货物销售额不缴纳营业税；未分别核算的，由主管税务机关核定其应税劳务的营业额：

① 提供建筑业劳务的同时销售自产货物的行为；

② 财政部、国家税务总局规定的其他情形。

（3）兼营应税劳务和货物或者非应税劳务

纳税人同时经营应交增值税的劳务、货物以及应交营业税的劳务的，应分别核算应交增值税的销售额和应交营业税营业额。未分别核算的，由主管税务机关核定其应税行为营业额。

任务四　营业税的申报与缴纳

一、营业税的税收优惠

1. 起征点

对于经营营业税应税项目的个人，营业税规定了起征点。营业额达到或超过起征点即照章全额计算纳税，营业额低于起征点则免予征收营业税。起征点标准如下：

（1）按期纳税的起征点为月营业额 1 000～5 000 元；

（2）按次纳税的起征点为每次（日）营业额 100 元。

各省、自治区、直辖市人民政府所属地方税务机关，可以在规定的幅度内，根据当地实际情况，确定本地区适用的起征点，并报国家税务总局备案。

根据《关于修改〈中华人民共和国营业税暂行条例实施细则〉的决定》（2011 年财政部令第 65 号），决定对《中华人民共和国营业税暂行条例实施细则》的部分条款予以修改，自 2011 年 11 月 1 日起施行。历年来营业税起征点调整一览表如表 6-2 所示。

纳税人兼营免征、减征营业税的项目，应当单独核算免税、减税项目的营业额。如果纳税人不单独核算其免税、减税项目的营业额的，税务机关将不予办理免税、减税。

营业税的其他免税、减税项目由国务院规定。

表 6-2 营业税起征点调整一览表

单位：元

项　目	1994年1月1日	2003年1月1日	2009年1月1日	2011年11月1日
按期纳税的	200~800	1 000~5 000	1 000~5 000	5 000~20 000
按次纳税的	50	100	100	300~500

2. 免税项目

根据营业税的相关规定，免税项目包括以下几个方面。

（1）托儿所、幼儿园、养老院、残疾人福利机构提供的育养服务，婚姻介绍，殡葬服务。

（2）残疾人员个人提供的劳务。

（3）医院、诊所和其他医疗机构提供的医疗服务。

（4）学校和其他教育机构提供的教育劳务，学生勤工俭学提供的劳务。学校和其他教育机构是指普通学校，以及经地、市级以上人民政府或者同级政府的教育行政部门批准成立、国家承认其学员学历的各类学校。

（5）农业机耕、排灌、病虫害防治、植物保护、农牧业保险以及相关的技术培训业务，家畜、牲畜、水生动物的配种和疾病防治。

（6）纪念馆、博物馆、文化馆、展览馆、美术馆、书画院、图书馆、文物保护单位举办文化活动门票收入，宗教场所举办文化、宗教活动的门票收入。

（7）境内保险机构为出口货物提供的保险产品。

二、营业税的纳税义务发生时间和纳税期限

1. 纳税义务发生时间

营业税的纳税义务发生时间，为纳税人收讫营业收入款项或者取得索取营业收入款项凭证的当天。对某些具体项目进一步规定体现在以下几个方面。

（1）转让土地使用权或销售不动产，采用预收款方式的，其纳税义务发生时间为收到预收款的当天。

（2）单位或者个人自己新建建筑物后销售，其自建行为的纳税义务发生时间为其销售自建建筑物并收讫营业款或者取得索取营业款凭据的当天。

（3）单位将不动产无偿赠与他人的，其纳税义务发生时间为不动产所有权转移的当天。

（4）会员费、席位费和资格保证金，纳税义务发生时间为会员组织收讫会员费、席位费、资格保证金和其他类似费用款项或者取得这些款项凭据的当天。

（5）扣缴税款义务发生时间为扣缴义务人代纳税人收讫营业收入款项或者取得索取营业收入款项凭据的当天。

（6）建筑业纳税义务发生时间分为以下几种情况。

① 纳税人提供建筑业应税劳务，施工单位与发包单位签订书面合同，如合同明确规定付款（包括提供原材料、动力和其他物资，不含预收工程价款）日期的，按合同规定的付款日期为纳税义务发生时间；合同未明确付款（同上）日期的，其纳税义务发

生时间为纳税人收讫营业收入款项或者取得索取营业收入款项凭据的当天。

② 纳税人提供建筑业应税劳务，施工单位与发包单位未签订书面合同的，其纳税义务发生时间为纳税人收讫营业收入款项或者取得索取营业收入款项凭据的当天。

③ 纳税人自建建筑物，其建筑业应税劳务的纳税义务发生时间为纳税人销售自建建筑物并收讫营业收入款项或取得索取营业收入款项凭据的当天。

④ 纳税人将自建建筑物对外赠与，其建筑业应税劳务的纳税义务发生时间为该建筑物产权转移的当天。

2. 纳税期限

营业税的纳税期限，分别为 5 日、10 日、15 日、1 个月或者 1 个季度。具体纳税期限由主管税务机关根据纳税人应纳税额的大小分别核定，不能按照固定期限纳税的，可以按次纳税。

纳税人以 5 日、10 日、15 日为 1 个纳税期的，自期满之日起 5 日内预缴税款，于次月 1 日起 15 日内申报纳税并结清上月税款。

纳税人以 1 个月或者 1 个季度为 1 个纳税期的，自期满之日起 15 日内申报纳税。

银行、财务公司、信托投资公司、信用社、外国企业常驻代表机构的纳税期限为一个季度，自纳税期满之日起 15 日内申报纳税。其他纳税人从事金融业务的，应按月纳税。

保险业的纳税期限为 1 个月。

扣缴义务人的解缴税款期限，比照上述规定执行。

三、营业税的纳税地点

营业税的纳税地点，原则上在纳税人经营行为发生地缴纳应纳税款。

（1）纳税人提供应税劳务，应当向应税劳务发生地的主管税务机关申报纳税。

（2）纳税人从事运输业务的，应当向其机构所在地主管税务机关申报纳税。

（3）纳税人转让土地使用权，应当向土地所在地主管税务机关申报纳税。纳税人转让其他无形资产的，应当向其机构所在地的主管税务机关纳税。

（4）单位和个人出租土地使用权、不动产的营业税纳税地点为土地、不动产所在地；单位和个人出租物品、设备等动产的营业税纳税地点为出租单位机构所在地或个人居住地。

（5）纳税人提供的应税劳务发生在外县（市）的，应向应税劳务发生地的主管税务机关申报纳税；如未向应税劳务发生地申报纳税的，由其机构所在地或者居住地主管税务机关补征税款。

（6）纳税人销售不动产，应当向不动产所在地主管税务机关申报纳税。

（7）纳税人承包的工程跨省、自治区、直辖市的，向其机构所在地主管税务机关申报纳税。

（8）各航空公司所属分公司，无论是否单独计算盈亏，均应作为纳税人，向分公司所在地主管税务机关缴纳营业税。

（9）纳税人在本省、自治区、直辖市范围内发生应税行为，其纳税地点需要调整的，由省、自治区、直辖市人民政府所属税务机关确定。

（10）扣缴义务人应当向其机构所在地的主管税务机关申报缴纳其扣缴的营业税税款。但建筑安装工程业务的总承包人扣缴分包或者转包的非跨省、自治区、直辖市工程的营业税税款，应当向分包或转包工程的劳务发生地主管税务机关解缴。

（11）在我国境内的单位提供的设计、工程监理、调试和咨询等应税劳务的，其营业税纳税地点为单位机构所在地。

（12）在我国境内的单位通过网络为其他单位和个人提供培训、信息、远程调试、检测等业务的，其营业税纳税地点为单位机构所在地。

（13）在我国境内的电信单位提供电信业务的营业税纳税地点为电信单位机构所在地。

四、营业税纳税申报表的填制

1. 营业税纳税申报的基本要求

（1）在规定的期限内申报纳税。

（2）纳税人采用自核自缴方式纳税。

（3）报送资料包括营业税纳税申报表、企业财务会计报表（资产负债表、损益表、现金流量表）或主管税务机关要求的其他资料。

纳税人应按有关规定及时办理纳税申报，并如实填写营业税纳税申报表（见表6-3）。

表6-3 营业税纳税申报表

填表日期：　年　月　日

纳税人识别号：　　　　　　　　　　　　　　　　　　　　　　　　金额单位：元

税目	经营项目	营业额					税率	本期			
		全部收入	不征税项目	减除项目	减免税项目	应税营业额		应纳税额	减免税额	已纳税额	应补（退）税额
1	2	3	4	5	6	7=3-4-5-6	8	9=7×8	10=6×8	11	12=9-11
合计											

如纳税人填报，由纳税人填写以下各栏		如委托代理人填报，由代理人填写以下各栏		备注
会计主管（签章）	纳税人（公章）	代理人名称	代理人（公章）	
		地址		
		经办人（签章）	电话	

以下由税务机关填写：

　　收到申报表日期　　　　　　　　　　接收人

2. 营业税纳税申报表填写说明

（1）本表适用于营业税纳税义务人填报。
（2）"全部收入"指纳税人的全部收入。
（3）"不征税项目"指税法规定的不属于营业税征税范围的营业额。
（4）"减除项目"指税法规定允许从营业收入中扣除的项目的营业额。
（5）"减免税项目"指税法规定的减免税项目的营业额。
（6）本表一式三份，纳税人、区（分）局、计征局各一份。

3. 营业税纳税申报表的格式（见表6-3）

任务五 "营改增"[①]基本内容认知

一、"营改增"应税服务的范围

应税服务，是指陆路运输服务、水路运输服务、航空运输服务、管道运输服务、研发和技术服务、信息技术服务、文化创意服务、物流辅助服务、有形动产租赁服务、鉴证咨询服务、广播影视服务。2014年1月1日起，增加铁路运输服务和邮政服务。

1. 交通运输业

交通运输业，是指使用运输工具将货物或者旅客送达目的地，使其空间位置得到转移的业务活动，包括：
（1）陆路运输服务；（2）水路运输服务；（3）航空运输服务；（4）管道运输服务。

2. 邮政服务业

邮政，是指传递实物信息的业务，包括：
（1）邮政普遍服务；（2）邮政特殊服务；（3）其他邮政服务。

3. 部分现代服务业

部分现代服务业，是指围绕制造业、文化产业、现代物流产业等提供技术性、知识性服务的业务活动，包括以下几种。

（1）研发和技术服务

研发和技术服务，包括研发服务、技术转让服务、技术咨询服务、合同能源管理服务、工程勘察勘探服务。

（2）信息技术服务

信息技术服务，是指利用计算机、通信网络等技术对信息进行生产、收集、处理、加工、存储、运输、检索和利用，并提供信息服务的业务活动。信息技术服务包括软件

---

① "营改增"是营业税改征增值税的简称。

服务、电路设计及测试服务、信息系统服务和业务流程管理服务。

（3）文化创意服务

文化创意服务，包括设计服务、商标和著作权转让服务、知识产权服务、广告服务和会议展览服务。

（4）物流辅助服务

物流辅助服务，包括航空服务、港口码头服务、货运客运场站服务、打捞救助服务、货物运输代理服务、代理报关服务、仓储服务和装卸搬运服务。

（5）有形动产租赁服务

有形动产租赁服务，包括有形动产融资租赁和有形动产经营性租赁。

（6）鉴证咨询服务

鉴证咨询服务，包括认证服务、鉴证服务和咨询服务。代理记账按照"咨询服务"征收增值税。

（7）广播影视服务

广播影视服务，包括广播影视节目（作品）的制作服务、发行服务和播映（含放映）服务。

4. "营改增"试点纳税人的特殊规定

根据财税〔2013〕106号文件附件2规定，航空运输企业提供的下列业务不按一般运输业征税，具体规定如下：

（1）航空运输企业提供的旅客利用里程积分兑换的航空运输服务，不征收增值税。

（2）航空运输企业根据国家指令无偿提供的航空运输服务，属于财税〔2013〕106号文件有关规定的以公益活动为目的的服务，不征收增值税。

（3）航空运输企业的应征增值税销售额不包括代收的机场建设费和代售其他航空运输企业客票而代收转付的价款。

（4）航空运输企业已售票但未提供航空运输服务取得的逾期票证收入，不属于增值税应税收入，不征收增值税。

二、"营改增"项目纳税人的规定

1. 纳税人的一般规定

在我国境内（以下简称境内）提供交通运输业和部分现代服务业服务（以下简称应税服务）的单位和个人，为增值税纳税人。纳税人提供应税服务，应当按照本办法缴纳增值税，不再缴纳营业税。

单位，是指企业、行政单位、事业单位、军事单位、社会团体及其他单位。

个人，是指个体工商户和其他个人。

2. 一般纳税人和小规模纳税人的划分

纳税人分为一般纳税人和小规模纳税人。

应税服务的年应征增值税销售额（以下简称应税服务年销售额）超过财政部和国家税务总局规定标准的纳税人为一般纳税人，未超过规定标准的纳税人为小规模纳税人。

应税服务年销售额超过规定标准的其他个人不属于一般纳税人；不经常提供应税服务的非企业性单位、企业和个体工商户可选择按照小规模纳税人纳税。

小规模纳税人会计核算健全，能够提供准确税务资料的，可以向主管税务机关申请一般纳税人资格认定，成为一般纳税人。

除国家税务总局另有规定外，一经认定为一般纳税人后，不得转为小规模纳税人。

3. 一般纳税人资格认定标准

根据财税〔2013〕106号文件第3条规定，应税服务年销售额标准由财政部和国家税务总局根据试点情况对应税服务年销售额标准进行调整。

4. 其他规定

我国境外（以下简称境外）的单位或者个人在境内提供应税服务，在境内未设有经营机构的，以其代理人为增值税扣缴义务人；在境内没有代理人的，以接受方为增值税扣缴义务人。

两个或者两个以上的纳税人，经财政部和国家税务总局批准可以视为一个纳税人合并纳税。具体办法由财政部和国家税务总局另行制定。

三、"营改增"项目的适用税率和征收率

根据财税〔2013〕37号文件规定，"营改增"项目适用税率标准如下。

1. "营改增"项目适用的税率

（1）提供有形动产租赁服务，税率为17%。

（2）提供交通运输业服务，税率为11%。其中，邮政业提供的快递服务，就其交通运输部分适用11%税率，就其收派服务适用6%税率。

（3）提供现代服务业服务（有形动产租赁服务除外），税率为6%。

（4）财政部和国家税务总局规定的应税服务，税率为零。

2. "营改增"项目适用的征收率

"营改增"项目的小规模纳税人适用征收率3%。

3. "营改增"试点纳税人适用税率的特殊规定

（1）混业经营

试点纳税人兼有不同税率或者征收率的销售货物、提供加工修理修配劳务或者应税服务的，应当分别核算适用不同税率或征收率的销售额，未分别核算销售额的，按照以下方法适用税率或征收率。

① 兼有不同税率的销售货物、提供加工修理修配劳务或者应税服务的，从高适用税率。

② 兼有不同征收率的销售货物、提供加工修理修配劳务或者应税服务的，从高适用征收率。

③ 兼有不同税率和征收率的销售货物、提供加工修理修配劳务或者应税服务的，从高适用税率。

（2）油气田企业

油气田企业提供的应税服务，适用财税〔2013〕37号文件规定的增值税税率，不再适用《财政部国家税务总局关于印发〈油气田企业增值税管理办法〉的通知》（财税）〔2009〕8号）规定的增值税税率。

四、应纳税额的计算

1. 计税方法的一般性规定

增值税的计税方法，包括一般计税方法和简易计税方法。

（1）一般纳税人提供应税服务适用一般计税方法计税

一般纳税人提供财政部和国家税务总局规定的特定应税服务，可以选择适用简易计税方法计税，但一经选择，36个月内不得变更。

（2）小规模纳税人提供应税服务适用简易计税方法计税

（3）境外单位或者个人在境内提供应税服务，在境内未设有经营机构的，扣缴义务人按照下列公式计算应扣缴税额：

$$应扣缴税额＝接受方支付的价款÷（1＋税率）×税率$$

2. 计税依据的确定

（1）计税依据的一般规定

一般应税行为的计税依据为应税行为的销售额。销售额，是指纳税人提供应税服务取得的全部价款和价外费用。价外费用，是指价外收取的各种性质的价外收费，但不包括代为收取的政府性基金或者行政事业性收费。

（2）计税依据的特殊规定

经中国人民银行、商务部、银监会批准从事融资租赁业务的试点纳税人提供有形动产融资租赁服务，以取得的全部价款和价外费用（包括残值）扣除由出租方承担的有形动产的贷款利息（包括外汇借款和人民币借款利息）、关税、进口环节消费税、安装费、保险费的余额为销售额。

试点纳税人从全部价款和价外费用中扣除价款，应当取得符合法律、行政法规和国家税务总局有关规定的有效凭证。否则，不得扣除。

上述凭证是指支付给境内单位或者个人的款项，以发票为合法有效凭证；缴纳的税款，以完税凭证为合法有效凭证；支付给境外单位或者个人的款项，以该单位或者个人的签收单据为合法有效凭证，税务机关对签收单据有疑议的，可以要求其提供境外公证机构的确认证明；国家税务总局规定的其他凭证。

试点纳税人取得的2013年8月1日（含）以后开具的运输费用结算单据（铁路运

输为 2014 年 1 月 1 日以后开具的费用结算单据），不得作为增值税扣税凭证。

3. 计税方法的特殊规定

（1）试点纳税人中的一般纳税人提供的公共交通运输服务，可以选择按照简易计税方法计算缴纳增值税。公共交通运输服务，包括轮客渡、公交客运、轨道交通（含地铁、城市轻轨）、出租车、长途客运、班车。其中，班车是指按固定路线、固定时间运营并在固定站点停靠的运送旅客的陆路运输。

（2）试点纳税人中的一般纳税人，以该地区试点实施之日前购进或者自制的有形动产为标的物提供的经营租赁服务，试点期间可以选择适用简易计税方法计算缴纳增值税。

（3）试点纳税人中的一般纳税人兼有销售货物、提供加工修理修配劳务的，凡未规定可以选择按照简易计税方法计算缴纳增值税的，其全部销售额应一并按照一般计税方法计算缴纳增值税。

五、"营改增"应税项目的其他规定

1. 试点前发生的业务

（1）试点纳税人在本地区试点实施之日前签订的尚未执行完毕的租赁合同，在合同到期日之前继续按照现行营业税政策规定缴纳营业税。

（2）试点纳税人提供应税服务，按照国家有关营业税政策规定差额征收营业税的，因取得的全部价款和价外费用不足以抵减允许扣除项目金额，截至本地区试点实施之日尚未扣除的部分，不得在计算试点纳税人本地区试点实施之日后的销售额时予以抵减，应当向原主管地税机关申请退还营业税。

试点纳税人按照有关规定继续缴纳营业税的有形动产租赁服务，不适用本规定。

（3）试点纳税人提供应税服务在本地区试点实施之日前已缴纳营业税，本地区试点实施之日（含）后因发生退款减除营业额的，应当向主管税务机关申请退还已缴纳的营业税。

（4）试点纳税人本地区试点实施之日前提供的应税服务，因税收检查等原因需要补缴税款的，应按照现行营业税政策规定补缴营业税。

2. 销售使用过的固定资产

按照财税[2013]37 号文件和本规定认定的一般纳税人，销售自己使用过的本地区试点实施之日（含）以后购进或自制的固定资产，按照适用税率征收增值税；销售自己使用过的本地区试点实施之日以前购进或者自制的固定资产，按照 4%征收率减半征收增值税。

使用过的固定资产，是指纳税人根据财务会计制度已经计提折旧的固定资产。

3. 扣缴增值税适用税率

境内的代理人和接受方为境外单位和个人扣缴增值税的，按照适用税率扣缴增值税。

六、原增值税纳税人有关政策

原增值税纳税人有关政策,是指按照《中华人民共和国增值税暂行条例》(以下简称《增值税暂行条例》)缴纳增值税的纳税人。

1. 进项税额

(1)原增值税一般纳税人接受试点纳税人提供的应税服务,取得的增值税专用发票上注明的增值税额为进项税额,准予从销项税额中抵扣。

(2)原增值税一般纳税人自用的应征消费税的摩托车、汽车、游艇,其进项税额准予从销项税额中抵扣。

(3)原增值税一般纳税人接受境外单位或者个人提供的应税服务,按照规定应当扣缴增值税的,准予从销项税额中抵扣的进项税额为从税务机关或者代理人取得的解缴税款的中华人民共和国税收缴款凭证(以下简称税收缴款凭证)上注明的增值税额。

上述纳税人凭税收缴款凭证抵扣进项税额的,应当具备书面合同、付款证明和境外单位的对账单或者发票。否则,进项税额不得从销项税额中抵扣。

(4)原增值税一般纳税人购进货物或者接受加工修理修配劳务,用于《应税服务范围注释》所列项目的,不属于《增值税暂行条例》第10条所称的用于非增值税应税项目,其进项税额准予从销项税额中抵扣。

(5)原增值税一般纳税人接受试点纳税人提供的应税服务,下列项目的进项税额不得从销项税额中抵扣:

① 用于简易计税方法计税项目、非增值税应税项目、免征增值税项目、集体福利或者个人消费,其中涉及的专利技术、非专利技术、商誉、商标、著作权、有形动产租赁,仅指专用于上述项目的专利技术、非专利技术、商誉、商标、著作权、有形动产租赁。上述非增值税应税项目,是指《增值税暂行条例》第10条所称的非增值税应税项目,但不包括《应税服务范围注释》所列项目;

② 接受的旅客运输服务;

③ 与非正常损失的购进货物相关的交通运输业服务;

④ 与非正常损失的在产品、产成品所耗用购进货物相关的交通运输业服务。

(6)原增值税一般纳税人取得的2013年8月1日(含)以后开具的运输费用结算单据(铁路运输为2014年1月1日以后开具的费用结算单据),不得作为增值税扣税凭证。

原增值税一般纳税人取得的试点小规模纳税人由税务机关代开的增值税专用发票,按增值税专用发票注明的税额抵扣进项税额。

2. 一般纳税人认定

原增值税一般纳税人兼有应税服务,按照财税〔2013〕106号文件及有关规定应当申请认定一般纳税人的,不需要重新办理一般纳税人认定手续。

3. 增值税期末留抵税额

原增值税一般纳税人兼有应税服务的,截止到本地区试点实施之日前的增值税期末留抵税额,不得从应税服务的销项税额中抵扣。

七、营业税改征增值税试点过渡政策的规定

1. 下列项目免征增值税

(1) 个人转让著作权。
(2) 残疾人个人提供应税服务。
(3) 航空公司提供飞机播洒农药服务。
(4) 试点纳税人提供技术转让、技术开发和与之相关的技术咨询、技术服务。
(5) 符合条件的节能服务公司实施合同能源管理项目中提供的应税服务。
(6) 自本地区试点实施之日起至 2013 年 12 月 31 日,注册在中国服务外包示范城市的试点纳税人从事离岸服务外包业务中提供的应税服务。
(7) 台湾航运公司从事海峡两岸海上直航业务在大陆取得的运输收入。
(8) 台湾航空公司从事海峡两岸空中直航业务在大陆取得的运输收入。
(9) 美国 ABS 船级社在非营利宗旨不变、中国船级社在美国享受同等免税待遇的前提下,在中国境内提供的船检服务。
(10) 2013 年 12 月 31 日之前,广播电影电视行政主管部门(包括中央、省、地市及县级)按照各自职能权限批准从事电影制片、发行、放映的电影集团公司(含成员企业)、电影制片厂及其他电影企业转让电影版权、发行电影以及在农村放映电影。
(11) 随军家属就业。
① 为安置随军家属就业而新开办的企业,自领取税务登记证之日起,其提供的应税服务 3 年内免征增值税。
② 从事个体经营的随军家属,自领取税务登记证之日起,其提供的应税服务 3 年内免征增值税。
(12) 军队转业干部就业。
① 从事个体经营的军队转业干部,经主管税务机关批准,自领取税务登记证之日起,其提供的应税服务 3 年内免征增值税。
② 为安置自主择业的军队转业干部就业而新开办的企业,凡安置自主择业的军队转业干部占企业总人数 60%(含)以上的,经主管税务机关批准,自领取税务登记证之日起,其提供的应税服务 3 年内免征增值税。
(13) 城镇退役士兵就业。
① 为安置自谋职业的城镇退役士兵就业而新办的服务型企业当年新安置自谋职业的城镇退役士兵达到职工总数 30%以上,并与其签订 1 年以上期限劳动合同的,经县级以上民政部门认定、税务机关审核,其提供的应税服务(除广告服务外)3 年内免征增值税。

② 自谋职业的城镇退役士兵从事个体经营的，自领取税务登记证之日起，其提供的应税服务（除广告服务外）3 年内免征增值税。

（14）失业人员就业。

① 持《就业失业登记证》（注明"自主创业税收政策"或附着《高校毕业生自主创业证》）人员从事个体经营的，在 3 年内按照每户每年 8 000 元为限额依次扣减其当年实际应缴纳的增值税、城市维护建设税、教育费附加和个人所得税。

② 服务型企业（除广告服务外）在新增加的岗位中，当年新招用持《就业失业登记证》（注明"企业吸纳税收政策"）人员，与其签订 1 年以上期限劳动合同并依法缴纳社会保险费的，在 3 年内按照实际招用人数予以定额依次扣减增值税、城市维护建设税、教育费附加和企业所得税优惠。定额标准为每人每年 4 000 元，可上下浮动 20%，由试点地区省级人民政府根据本地区实际情况在此幅度内确定具体定额标准，并报财政部和国家税务总局备案。

按照上述标准计算的税收扣减额应当在企业当年实际应缴纳的增值税、城市维护建设税、教育费附加和企业所得税税额中扣减，当年扣减不足的，不得结转下年使用。

① 享受上述优惠政策的人员按照相关规定申领"就业失业登记证""高校毕业生自主创业证"等凭证。

② 上述税收优惠政策的审批期限为 2011 年 1 月 1 日至 2013 年 12 月 31 日，以试点纳税人到税务机关办理减免税手续之日起作为优惠政策起始时间。税收优惠政策在 2013 年 12 月 31 日未执行到期的，可继续享受至 3 年期满为止。

（15）中国邮政集团公司及其所属邮政企业提供的邮政普遍服务和邮政特殊服务。

自 2014 年 1 月 1 日至 2015 年 12 月 31 日，中国邮政集团公司及其所属邮政企业为中国邮政速递物流股份有限公司及其子公司（含各级分支机构）代办速递、物流、国际包裹、快递包裹以及礼仪业务等速递物流类业务取得的代理收入，以及为金融机构代办金融保险业务取得的代理收入。

青藏铁路公司提供铁路运输服务。

2. 实行增值税即征即退

下列项目实行增值税即征即退。

（1）注册在洋山保税港区和东疆保税港区内的试点纳税人，提供的国内货物运输服务、仓储服务和装卸搬运服务。

（2）安置残疾人的单位，实行由税务机关按照单位实际安置残疾人的人数，限额即征即退增值税的办法。

（3）试点纳税人中的一般纳税人提供管道运输服务，对其增值税实际税负超过 3%的部分实行增值税即征即退政策。

（4）经人民银行、银监会、商务部批准经营融资租赁业务的试点纳税人中的一般纳税人，提供有形动产融资租赁服务，对其增值税实际税负超过 3%的部分实行增值税即征即退政策。

上述规定中所称增值税实际税负，是指纳税人当期提供应税服务实际缴纳的增值税税额占纳税人当期提供应税服务取得的全部价款和价外费用的比例。

本地区试点实施之日前,如果试点纳税人已经按照有关政策规定享受了营业税税收优惠,在剩余税收优惠政策期限内,按照本规定享受有关增值税优惠。

八、应税服务适用增值税零税率和免税政策的规定

1. 提供国际运输服务、向境外单位提供的研发服务和设计服务适用零税率

境内的单位和个人提供的国际运输服务、向境外单位提供的研发服务和设计服务,适用增值税零税率。

(1) 国际运输服务的含义包括:在境内载运旅客或者货物出境;在境外载运旅客或者货物入境;在境外载运旅客或者货物。

(2) 境内的单位和个人适用增值税零税率,以水路运输方式提供国际运输服务的,应当取得《国际船舶运输经营许可证》;以陆路运输方式提供国际运输服务的,应当取得《道路运输经营许可证》和《国际汽车运输行车许可证》,且《道路运输经营许可证》的经营范围应当包括"国际运输";以航空运输方式提供国际运输服务的,应当取得《公共航空运输企业经营许可证》且其经营范围应当包括"国际航空客货邮运输业务"。

(3) 向境外单位提供的设计服务,不包括对境内不动产提供的设计服务。

2. 香港、澳门、台湾运输服务适用零税率

境内的单位和个人提供的往返香港、澳门、台湾的交通运输服务以及在香港、澳门、台湾提供的交通运输服务(以下简称港澳台运输服务),适用增值税零税率。

境内的单位和个人适用增值税零税率,以陆路运输方式提供至香港、澳门的交通运输服务的,应当取得《道路运输经营许可证》并具有持《道路运输证》的直通港澳运输车辆;以水路运输方式提供至台湾的交通运输服务的,应当取得《台湾海峡两岸间水路运输许可证》并具有持《台湾海峡两岸间船舶营运证》的船舶;以水路运输方式提供至香港、澳门的交通运输服务的,应当具有获得港澳线路运营许可的船舶;以航空运输方式提供上述交通运输服务的,应当取得《公共航空运输企业经营许可证》且其经营范围应当包括"国际、国内(含港澳)航空客货邮运输业务"。

3. 境内的单位和个人提供期租、程租和湿租服务的税率规定

境内的单位和个人提供期租、程租和湿租服务,如果租赁的交通运输工具用于国际运输服务和港澳台运输服务,不适用增值税零税率,由承租方按规定申请适用零税率。

4. 免抵退办法适用税率的规定

境内的单位和个人提供适用零税率的应税服务,如果属于适用增值税一般计税方法的,实行免抵退税办法,退税率为其按照财税〔2013〕37号文件第12条第一至三项规定适用的增值税税率;如果属于适用简易计税方法的,实行免征增值税办法。外贸企业兼营适用零税率应税服务的,统一实行免退税办法。

境内的单位和个人提供适用零税率应税服务的，可以放弃适用零税率，选择免税或按规定缴纳增值税。放弃适用零税率后，36个月内不得再申请适用零税率。

境内的单位和个人提供适用零税率的应税服务，按月向主管退税的税务机关申报办理增值税免抵退税或免税手续。具体管理办法由国家税务总局商财政部另行制定。

5. 境内的单位和个人提供免征增值税的应税服务项目

境内的单位和个人提供的下列应税服务免征增值税，但财政部和国家税务总局规定适用零税率的除外。

（1）工程、矿产资源在境外的工程勘察勘探服务。
（2）会议展览地点在境外的会议展览服务。
（3）存储地点在境外的仓储服务。
（4）标的物在境外使用的有形动产租赁服务。
（5）在境外提供的广播影视节目(作品)的发行、播映服务。
（6）符合"国际运输服务"含义的第一项规定但不符合第二项规定条件的国际运输服务。
（7）符合"香港、澳门、台湾运输服务"第1款规定但不符合第2款规定条件的港澳台运输服务。
（8）向境外单位提供的下列应税服务。

① 技术转让服务、技术咨询服务、合同能源管理服务、软件服务、电路设计及测试服务、信息系统服务、业务流程管理服务、商标著作权转让服务、知识产权服务、物流辅助服务（仓储服务除外）、认证服务、鉴证服务、咨询服务、广播影视节目（作品）制作服务、期租服务、程租服务、湿租服务。但不包括：合同标的物在境内的合同能源管理服务，对境内货物或不动产的认证服务、鉴证服务和咨询服务。

② 广告投放地在境外的广告服务。

复习、思考与练习

1. 名词解释：营业税、营业额和转贷业务。
2. 简述营业税的概念及特征。
3. 营业税的纳税人、征税范围、税目和税率是如何规定的？
4. 简述营业税的免税项目、纳税时间和纳税地点。
5. 营业税的扣缴义务人是如何确定的？
6. 某科研单位2014年1月取得技术咨询收入500 000元，技术转让收入300 000元；技术服务收入20 000元，中介代理收入40 000元。计算该科研单位应纳增值税税额。
7. 某娱乐中心取得门票收入30万元，点歌费收入20万元，台位费收入40万元，销售烟酒饮料收入60万元，台球室取得营业收入10万元，保龄球馆区的营业收入10万元。计算该娱乐中心应纳营业税税额。

综 合 实 训

1. 业务资料

阳光建筑公司 2012 年 2 月发生以下业务：

（1）该公司自建普通住宅两幢，建筑安装成本为 2 000 万元，该公司将其中一幢对外销售，取得销售收入 1 600 万元，另一幢自用；

（2）销售现房取得销售收入 4 000 万元；预售房屋取得预收款 2 000 万元；

（3）将一栋楼抵押给银行使用以取得借款，当月抵减应付银行利息 30 万元；

（4）以房屋投资入股某企业，房屋成本 600 万元，现将其股权转让，取得收入 1 000 万元；

（5）承包的一项装修工程，由发包方提供装修材料 400 万元，收取装修费 400 万元，工程本月完工，工程款在本月结算；

（6）该公司下属一非独立核算的运输队，本月取得运输收入 50 万元。（注：该公司成本利润率为 10%）

2. 要求

（1）计算该公司 2 月应纳营业税税额。

（2）填制营业税纳税申报表。

项目七　城市维护建设税和教育费附加实务

任务一　城市维护建设税实务

城市维护建设税（以下简称城建税），是对在我国境内缴纳增值税、消费税、营业税（以下简称三税）的单位和个人，就其实际缴纳的三税税额为计税依据而征收的一种税。

城建税作为一种附加税，具有征收范围广、税款专款专用、政策性强等特点，具有受益税的性质。

我国现行城建税的基本规范，是国务院于1985年2月8日发布，并于同年1月1日起实施的《中华人民共和国城市维护建设税暂行条例》。

城建税的开征，有利于调动地方政府加强城市维护建设的积极性，扩大和稳定城市维护建设资金的来源，在促进城市开发和改造，改善城镇企业和居民的生产、生活环境等方面有着重大意义。

一、纳税人、征税对象和征税范围

1. 纳税人

城建税的纳税义务人，是指负有缴纳三税义务的单位和个人，包括国有企业、集体企业、私营企业、股份制企业、其他企业和行政单位、事业单位、军事单位、社会团体、其他单位，以及个体工商户和其他个人。

自2010年12月1日起，对外商投资企业、外国企业及外籍个人（以下简称外资企业）征收城建税。对外资企业2010年12月1日之前发生纳税义务的三税，不征收城建税。

2. 征税对象

城建税的征税对象是纳税人实际交纳的增值税、消费税和营业税的税额。

3. 征税范围

城建税的征税范围只包括城市、县城、建制镇和工矿区。目前，农村地区不缴纳城建税。

二、计税依据和税率

1. 计税依据

城建税的计税依据,是指纳税人实际缴纳的三税税额。在此应注意以下几个问题。

(1) 计税依据中不包括非税款项。如纳税人违反三税有关税法而加收的滞纳金和罚款,是税务机关对纳税人违法行为的经济制裁,不是三税的征税,不作为城建税的计税依据;但纳税人在被查补三税或被处以罚款时,应同时对其偷漏的城建税进行补税和接受罚款。

(2) 对进口产品由海关代征的增值税、消费税,不作为城建税的计税依据,不征收城建税。

(3) 城建税以三税税额为计税依据并同时征收,如果要免征或者减征三税,也就要同时免征或者减征城建税。但对出口产品退还增值税、消费税的,不退还已缴纳的城建税。

2. 税率

城建税实行地区差别比例税率,即按纳税人所在地的不同,适用不同档次的比例税率,具体规定为。

(1) 纳税人所在地为城市市区的,税率为7%。
(2) 纳税人所在地为县城、建制镇的,税率为5%。
(3) 纳税人所在地不在市区、县城或者建制镇的,税率为1%。

城建税的适用税率,应当按纳税人所在地的规定税率执行。但是,对下列两种情况,可按缴纳三税所在地的规定税率就地缴纳城建税。

(1) 由受托方代征代扣三税的单位和个人,其代征代扣的城建税按受托方所在地适用税率计算征收。

(2) 流动经营等无固定纳税地点的单位和个人,在经营地缴纳三税的,其城建税的缴纳按经营地适用税率计算征收。

三、应纳城建税税额的计算

1. 应纳城建税税额的计算公式

城建税纳税人的应纳税额,按照纳税人实际缴纳的三税税额和规定的税率计算,其计算公式是:

应纳城建税税额=(实际缴纳的增值税+消费税+营业税税额)×适用税率

2. 应纳城建税税额计算举例

【例7-1】 某卷烟生产企业地处市区。该企业2013年10月缴纳增值税25万元,缴纳消费税47万元,补交上年度增值税和消费税共计20万元,滞纳金3万元,罚款10万元。计算该企业应纳城建税税额。

解析:

应纳城建税税额=(25+47+20)×7%=6.44(万元)。

四、征纳管理

1. 税收优惠

由于城建税具附加税性质,所以原则上不单独减免,当主税发生减免时,城建税也就相应发生了减免。城建税的主要减免项目包括以下几个方面。

(1) 城建税按减免后实际缴纳的三税税额计征,即随三税的减免而减免。

(2) 对于因减免而需进行三税退库的,城建税也可以同时退库。但对于出口货物而实行增值税、消费税退库的,不退还已缴纳的城建税。

(3) 对个别缴纳城建税确有困难的企业和个人,由市县人民政府审批,酌情给予减免税照顾。

2. 纳税环节

城建税的纳税环节,是指城建税法规定的纳税人应当缴纳城建税税款的具体环节。城建税的纳税环节与纳税人缴纳三税的环节一致,即纳税人只要发生三税的纳税义务,就要在同样的环节,分别计算缴纳城建税。

3. 纳税期限

由于城建税是由纳税人在缴纳三税的同时缴纳,所以其纳税期限分别与三税的纳税期限一致。

4. 纳税地点

纳税人缴纳三税的地点即是该纳税人缴纳城建税的地点。

任务二 教育费附加实务

教育费附加是为了增加教育经费,发展地方教育,对缴纳三税的单位和个人,就其实际缴纳的三税税额为依据征收的一种专项收入。它具有附加税(费)的性质。

现行的教育费附加政策,是国务院于 1986 年 4 月 28 日发布,同年 7 月 1 日起施行的《征收教育费附加的暂行规定》,以及 2005 年 10 月 1 日施行的《国务院关于修改〈征收教育费附加的暂行规定〉的决定》。

教育费附加的开征,补充了地方财政收入,扩大了地方教育经费的资金来源,对于提高全民兴教意识、规范教育收费标准、扭转乱收费、乱摊派的社会风气具有一定的推动作用。

一、缴费人和征收范围

1. 缴费人

缴纳三税的单位和个人,除按照《国务院关于筹措农村学校办学经费的通知》缴纳农村教育费附加的单位外,都是教育费附加的纳税人。但海关对进口产品征收的增值税、消费税,不征教育费附加。

自 2010 年 12 月 1 日起,对外商投资企业、外国企业及外籍个人(以下简称外资企业)征收教育费附加。对外资企业 2010 年 12 月 1 日之前发生纳税义务的三税,不征收教育费附加。

2. 征收范围

教育费附加的征税范围只包括城市、县城、建制镇和工矿区。目前,农村地区不缴纳教育费附加。

二、计征依据和附加率

1. 计征依据

教育费附加的计征依据与城建税相同,以纳税人实际缴纳的三税税额为计税依据。

2. 附加率

目前,全国的教育费附加率一般为 3%。关于附加率的调整,由国务院根据具体情况委托财政部、国家税务总局进行调整。

三、应缴费额的计算

1. 应缴费额的计算公式

教育费附加的应缴费额大小是由纳税人实际缴纳的三税税额决定的,其计算公式是:

应缴费额=(实际缴纳的增值税+消费税+营业税税额)×附加率

2. 应缴费额计算举例

【例 7-2】 某卷烟生产企业地处市区。该企业 2013 年 10 月缴纳增值税 25 万元,缴纳消费税 47 万元,补交上年度增值税和消费税共计 20 万元,滞纳金 3 万元,罚款 10 万元。计算该企业应纳教育费附加。

解析:

应纳教育费税额=(25+47+20)×3%×50%=1.38(万元)。

四、征纳管理

1. 征收优惠

教育费附加的主要减免项目如下。

(1)对由于减免三税而发生退税的,同时退还教育费附加,但对出口货物退还增值税、消费税的,不再退还已征收的教育费附加。

（2）对从事生产卷烟和经营烟叶产品的单位，减半征收教育费附加。

（3）对机关服务中心为机关内部提供的后勤服务所取得的收入，在2005年年底以前，暂免征收教育费附加。

2. 征收环节和缴纳地点

教育费附加的征收环节和缴纳地点，原则上与三税的规定一致。

铁路系统缴纳的教育费附加，由铁道部在汇总缴纳营业税的同时缴纳。

人民银行、各专业银行和保险公司，应缴纳的教育费附加，均由取得业务收入的核算单位在当地缴纳。各银行总行、保险总公司向税务总局缴纳。

3. 征收管理

教育费附加由税务机关负责征收，各级银行要为同级教育部门设立教育费附加专户。

地方征收的教育费附加，按专项资金管理，留归当地教育部门统筹安排使用，提出分配方案，征得同级财政部门同意后，用于改善中小学教学设备和办学条件，不得用于发放职工奖金。各省、自治区、直辖市可根据各地征收教育费附加的实际情况，适当提取一部分数额，用于地区之间的调剂、平衡。

复习、思考与练习

1. 名词解释：城市维护建设税和教育费附加。
2. 简述城市维护建设税的基本内容。
3. 教育费附加的征收依据和附加率是如何规定的？

综　合　实　训

1. 业务资料

某轿车厂属于增值税一般纳税人，生产单一型号尾气排放量为2 000毫升的中档小轿车。本月主要业务如下：

（1）销售轿车85辆，每辆不含税单价为12万元，货款已收；

（2）本厂行政部门领用轿车3辆，每辆按7万元的成本结转；

（3）购进轿车零配件一批，取得增值税专用发票注明支付货款470万元，进项税额79.9万元，货已入库，款未付；

（4）本厂在销售轿车和采购轿车零配件过程中，各签订购销合同一份。

2. 要求

根据以上资料，计算该企业本月应缴纳的增值税、消费税、城市维护建设税税额，以及应缴纳的教育费附加。（消费税税率为5%）

项目八　其他销售税实务

任务一　资源税实务

资源税是对在我国境内开采应税矿产品或者生产盐的单位和个人，就其生产和开发条件的差异而形成的级差收入征收的一种税。它具有征税范围的有限性，征收方法的多样性，纳税环节的单一性等特点。

我国现行资源税的基本法律依据，是 1993 年 12 月 25 日中华人民共和国国务院令第 139 号发布，根据 2011 年 9 月 30 日《国务院关于修改〈中华人民共和国资源税暂行条例〉的决定》修订的《中华人民共和国资源税暂行条例》和财政部、国家税务总局修订的、自 2011 年 11 月 1 日起施行的《中华人民共和国资源税暂行条例实施细则》。

资源税的开征，有利于合理调节资源的级差收入，促进企业公平竞争；有利于加强国有资源的管理、开发和使用，为国家积累建设资金。

一、纳税人、征税对象和征税范围

1. 纳税人

资源税的纳税人，是指在中华人民共和国领域及管辖海域开采本条例规定的矿产品或者生产盐（以下简称开采或者生产应税产品）的单位和个人。这里所称单位，是指国有企业、集体企业、私营企业、股份制企业、其他企业和行政单位、事业单位、军事单位、社会团体及其他单位，也包括外商投资企业和外国企业；所称个人，是指个体工商户及其他个人。

中外合作开采石油、天然气的企业，按照现行规定只征收矿区使用费，暂不征收资源税，不是资源税的纳税人。

扣缴义务人，是指独立矿山、联合企业及其他收购未税矿产品的单位。

2. 征税对象和征税范围

从理论上讲，为了更好地保护、开发和使用资源，资源税的征税对象应当包括一切开发和利用的国有资源。但考虑我国征收资源税还缺乏必要的经验，目前仅以税法上列举的、在我国境内开采的矿产资源和盐资源作为征税对象。具体范围包括以下几个方面。

（1）原油，是指开采的天然原油，不包括人造石油。

（2）天然气，是指专门开采或与原油同时开采的天然气，暂不包括煤矿生产的天然气。

(3) 煤炭,是指原煤,不包括洗煤、选煤及其他煤炭制品。

(4) 其他非金属矿原矿,是指原油、天然气、煤炭和井矿盐以外的非金属矿原矿。

(5) 黑色金属矿原矿,是指开采后自用、销售的,用于冶炼或作为主产品先入选精矿,制造人工矿,再最终入炉冶炼的黑色金属矿原矿,如铁、锰等。

(6) 有色金属矿原矿,是指黑色金属矿原矿以外的其他有色金属矿原矿。

(7) 盐,包括固体盐和液体盐。固体盐,是指海盐原盐、湖盐原盐和井矿盐;液体盐是指卤水,即氯化钠含量达到一定浓度的溶液,是用于生产碱和其他产品的原料。

二、税目和单位税额

资源税根据"普遍征收,级差调节"的原则,实行幅度定额税率和比例税率,具体的税目、税率情况见表 8-1。

表8-1 资源税税目及税率表

税 目		税 率
一、原油		销售额的 5%～10%
二、天然气		销售额的 5%～10%
三、煤炭	焦煤	每吨 8～20 元
	其他煤炭	每吨 0.3～5 元
四、其他非金属矿原矿	普通非金属矿原矿	每吨或者每立方米 0.5～20 元
	贵重非金属矿原矿	每千克或者每克拉 0.5～20 元
五、黑色金属矿原矿		每吨 2～30 元
六、有色金属矿原矿	稀土矿	每吨 0.4～60 元
	其他有色金属矿原矿	每吨 0.4～30 元
七、盐	固体盐	每吨 10～60 元
	液体盐	每吨 2～10 元

纳税人具体适用的税率,在《资源税税目及税率表》规定的税率幅度内,根据纳税人所开采或者生产应税产品的资源品位、开采条件等情况,由财政部商国务院有关部门确定。财政部未列举名称且未确定具体适用税率的其他非金属矿原矿和有色金属矿原矿,由省、自治区、直辖市人民政府根据实际情况确定,报财政部和国家税务总局备案。

三、计税依据和应纳税额的计算

资源税采取从价定率和从量定额相结合的征收办法,其计税依据一般为应税产品的销售额或者销售数量。

资源税的应纳税额,按照从价定率或者从量定额的办法,分别以应税产品的销售额乘以纳税人具体适用的比例税率或者以应税产品的销售数量乘以纳税人具体适用的定额税率计算。

1. 从价定率征收方法下应纳税额的计算

根据应税产品的销售额和适用的比例税率，具体计算公式为：

应纳税额＝销售额×适用税率

（1）销售额的一般规定。销售额为纳税人销售应税产品向购买方收取的全部价款和价外费用，但不包括收取的增值税销项税额。

价外费用，包括价外向购买方收取的手续费、补贴、基金、集资费、返还利润、奖励费、违约金、滞纳金、延期付款利息、赔偿金、代收款项、代垫款项、包装费、包装物租金、储备费、优质费、运输装卸费以及其他各种性质的价外收费，但下列项目不包括在内。

① 同时符合以下条件的代垫运输费用：承运部门的运输费用发票开具给购买方的；纳税人将该项发票转交给购买方的。

② 同时符合以下条件代为收取的政府性基金或者行政事业性收费：由国务院或者财政部批准设立的政府性基金，由国务院或者省级人民政府及其财政、价格主管部门批准设立的行政事业性收费；收取时开具省级以上财政部门印制的财政票据；所收款项全额上缴财政。

（2）核定销售额的基本方法。纳税人申报的应税产品销售额明显偏低并且无正当理由的、有视同销售应税产品行为而无销售额的，除财政部、国家税务总局另有规定外，按下列顺序确定销售额。

① 按纳税人最近时期同类产品的平均销售价格确定。

② 按其他纳税人最近时期同类产品的平均销售价格确定。

③ 按组成计税价格确定。组成计税价格为：

组成计税价格＝成本×（1＋成本利润率）÷（1－税率）

公式中的成本，是指应税产品的实际生产成本，公式中的成本利润率由省、自治区、直辖市税务机关确定。

【例 8-1】 华北某油田 2012 年 3 月销售原油取得不含税收入 1000 万元，其适用的税率为 5%，计算该油田本月应纳资源税税额。

解析：

应纳资源税税额＝10 000 000×5%＝500 000（元）。

2. 从量定额征收方法下应纳税额的计算

根据应税产品的课税数量和规定的单位税额，可以计算应纳税额，具体计算公式为：

应纳税额＝课税数量×单位税额

代扣代缴税额＝收购未税矿产品的数量×适用的单位税额

（1）确定资源税课税数量的基本办法

① 纳税人开采或者生产应税产品销售的，以销售数量为课税数量。

② 纳税人开采或者生产应税产品自用的，自用于连续生产应税产品的，不缴纳资源税；自用于其他方面的，视同销售，以自用数量为课税数量，缴纳资源税。

（2）特殊情况课税数量的确定

① 纳税人不能准确提供应税产品销售数量或移送使用数量的，以应税产品的产量或主管税务机关确定的折算比换算成的数量为课税数量。

② 对于连续加工前无法正确计算原煤移送使用量的煤炭，可按加工产品的综合回收率，将加工产品实际销量和自用量折算成原煤数量，以此作为课税数量。

③ 金属和非金属矿产品原矿，因无法准确掌握纳税人移送使用原矿数量的，可将其精矿按选矿比折算成原矿数量，以此作为课税数量。

④ 纳税人以自产的液体盐加工固体盐，按固体盐税额征税，以加工的固体盐数量为课税数量。纳税人以外购的液体盐加工成固体盐，其加工固体盐所耗用液体盐的已纳税额准予抵扣。

【例8-2】某铁矿山1月份销售铁矿石2万吨，另外自用入选铁精矿的铁矿石原矿4万吨，按规定该矿属于入选露天矿（重点矿山），资源等级是4等，适用15元/吨的单位税额。计算该铁矿本月应纳资源税税额。

解析：

按规定，铁矿石应按单位税额的15元/吨征收。

应纳资源税税额 = (20 000 + 40 000) × 15
             = 900 000（元）。

【例8-3】某铜矿山12月销售铜矿石原矿30 000吨，移送入选精矿4 000吨，选矿比为20%，该矿山铜矿属于5等，按规定适用1.2元/吨的单位税额。计算该矿山本月应纳资源税税额。

解析：

（1）外销铜矿石原矿的应纳资源税税额：

应纳资源税税额 = 30 000 × 1.2
             = 36 000（元）。

（2）因无法准确掌握入选精矿石的原矿数量，按选矿比计算的应纳资源税税额：

应纳资源税税额 = 4 000 ÷ 20% × 1.2
             = 24 000（元）。

（3）合计应纳资源税税额：

应纳资源税税额 = 36 000 + 24 000 = 60 000（元）。

纳税人开采或者生产不同税目应税产品的，应当分别核算不同税目应税产品的销售额或者销售数量；未分别核算或者不能准确提供不同税目应税产品的销售额或者销售数量的，从高适用税率。

四、征纳管理

1. 税收优惠

根据现行的资源税法规定，主要的减免内容包括以下几个方面。

（1）开采原油过程中用于加热、修井的原油免税。

（2）纳税人开采或者生产应税产品过程中，因意外事故或者自然灾害等原因遭受重大损失的，由省、自治区、直辖市人民政府酌情决定减税或者免税。

（3）国务院规定的其他减税、免税项目。

自 2007 年 2 月 1 日起，北方海盐资源税暂减按 15 元/吨征收；南方海盐、湖盐、井矿盐资源税暂减按 10 元/吨；液体盐资源税暂减按 2 元/吨。

对地面抽采煤层气（煤矿瓦斯）暂不征收资源税。

自 2010 年 6 月 1 日起，纳税人在新疆开采的原油、天然气，自用于连续生产原油、天然气的，不缴纳资源税；自用于其他方面的，视同销售，计算缴纳资源税。有下列情形之一的，免征或者减征资源税：油田范围内运输稠油过程中用于加热的原油、天然气，免征资源税；稠油、高凝油和高含硫天然气资源税减征 40%；三次采油资源税减征 30%。

2. 纳税义务发生时间

（1）销售应税产品的纳税义务发生时间

纳税人销售资源税的应税产品，其纳税义务发生时间，为收讫销售款或者取得索取销售款凭据的当天。具体不同结算方式下的纳税义务发生时间，与增值税纳税义务发生时间大体相同。

（2）特殊应税产品的纳税义务发生时间

纳税人自产自用应税产品的纳税义务发生时间，为移送使用应税产品的当天。扣缴义务人代扣代缴税款的纳税义务发生时间，为支付货款的当天。

3. 纳税期限

资源税的纳税期限分为 1 日、3 日、5 日、10 日、15 日或者 1 个月，由主管税务机关根据实际情况具体核定。不能按固定期限计算纳税的，可以按次计算纳税。

纳税人以 1 个月为一期纳税的，自期满之日起 10 日内申报纳税；以 1 日、3 日、5 日、10 日或者 15 日为一期纳税的，自期满之日起 5 日内预缴税款，于次月 1 日起 10 日内申报纳税并结清上月税款。

4. 纳税地点

资源税实行就场（或就地）征收方式。

（1）资源税的纳税人，应当向应税产品的开采或者生产所在地主管税务机关缴纳税款。

（2）纳税人在本省、自治区、直辖市范围内开采或者生产应税产品，其纳税地点需要调整的，由所在地省、自治区、直辖市税务机关决定。

（3）纳税人应纳的资源税属于跨省开采，其下属生产单位与核算单位不在同一省、自治区、直辖市的，对其开采的矿产品一律在开采地纳税，其应纳税款由独立核算、自负盈亏的单位，按照开采地的实际销售量（或者自用量）及适用的单位税额计算划拨。

（4）扣缴义务人代扣代缴的资源税，也应当向收购地主管税务机关缴纳。

任务二 土地增值税实务

土地增值税,是对转让国有土地使用权、地上建筑物及其附着物,并取得收入的单位和个人,就其转让房地产所取得的增值额征收的一种税。

我国现行土地增值税的基本法律依据,是国务院于 1993 年 12 月 13 日颁布,1994 年 1 月 1 日起施行的《中华人民共和国土地增值税暂行条例》和 1995 年 1 月财政部制定的《中华人民共和国土地增值税暂行条例实施细则》。

土地增值税的开征,有利于增强国家对房地产开发行业的调控力度,抑制土地炒买炒卖、获取暴利的投机行为,规范房地产市场,增加地方财政收入。

一、纳税人、征税对象和征税范围

1. 纳税人

土地增值税的纳税义务人,是指转让国有土地使用权、地上的建筑物及其附着物(以下简称转让房地产)并取得收入的单位和个人。这里所称单位,包括各类企事业单位、国家机关和社会团体及其他组织;所称个人,包括个体工商户。

概括来说,不分法人与自然人、不分经济性质、不分内资与外资、不分部门,只要有偿转让房地产,都是土地增值税的纳税人。

2. 征税对象和征税范围

土地增值税的征税对象,是指转让房地产并取得的收入。

纳税人无论是单独转让国有土地使用权,还是房屋产权与国有土地使用权一并转让,只要取得收入,均属于土地增值税的征税范围。

(1)转让国有土地使用权

这里所称国有土地,是指按国家法律规定属于国家所有的土地。国有土地使用权的转让是指土地使用者通过国有土地使用权出让等形式取得土地使用权后,将土地使用权再转让的行为。在此,需要注意两个问题。

① 该征税范围不包括集体所有土地。农村和城市郊区的土地除法律规定属于国家所有的以外,均属于集体所有。根据国家有关规定,农村集体所有的土地,不得自行转让。对于违法将集体土地转让给其他单位和个人的情况,应在有关部门处理、补办土地征用或出让手续变为国家所有之后,再纳入土地增值税的征税范围。

② 该征税范围不包括国有土地使用权的出让。国有土地使用权出让是指国家以土地所有者的身份,将土地使用权在一定年限内让与土地使用者,并由土地使用者向国家支付土地使用权出让金的行为。这种行为属于由政府垄断的土地一级市场,是国家以土地所有者的身份,凭借对土地的所有权向土地使用者收取土地的租金,出让的目的是实行国有土地的有偿使用制度,合理开发、利用、经营土地。

（2）国有土地使用权连同地上建筑物及其附着物一并转让

这里所称地上建筑物，是指建于土地上的一切建筑物，包括地上地下的各种附属设施。所称附着物，是指附着于地上的不能移动或一经移动即遭损坏的物品。在此，应注意两个问题。

① 该征税范围不包括未转让土地使用权、房屋产权的行为。是否发生房地产权属的变更，是确定是否纳入征税范围的一个标准。凡土地使用权、房产权未转让的（如房地产的出租），不征收土地增值税。

② 该征税范围不包括房地产的权属虽转让，但未取得收入的行为。如房地产的继承、赠与等行为，尽管房地产的权属发生了变更，但权属人并没有取得收入，因此也不征收土地增值税。

二、税率

土地增值税采用四级超率累进税率，如表 8-2 所示。

表 8-2　土地增值税税率表

级　数	增值额与扣除项目金额的比例①	税率/（%）	速算扣除系数/（%）
1	未超过 50%（含）的部分	30	0
2	超过 50%，未超过 100%（含）的部分	40	5
3	超过 100%，未超过 200%（含）的部分	50	15
4	超过 200% 以上的部分	60	35

① 表中每级"增值额未超过扣除项目金额"的比例，均包括本比例数。

三、计税依据

土地增值税以土地增值额为计税依据，是纳税人转让房地产所取得的收入减除规定的扣除项目金额后的余额，即：

增值额＝转让房地产所取得的收入－准予扣除项目金额

1. 转让房地产取得的收入

纳税人转让房地产取得的应税收入，应包括转让房地产的全部价款及有关的经济收益，具体包括货币收入、实物收入和其他收入。

（1）货币收入

货币收入，是指纳税人转让房地产而取得的现金、银行存款、支票、银行本票、汇票等各种信用票据和国库券、金融债券、企业债券、股票等有价证券。货币收入一般较易确定。

（2）实物收入

实物收入，是指纳税人转让房地产而取得的各种实物形态的收入。例如，钢材、水泥等建材，房屋、土地等不动产。实物收入的价值不太容易确定，一般要对这些实物形态的财产进行评估,折合成货币收入。

(3) 其他收入

其他收入,是指纳税人转让房地产而取得的无形资产收入或具有财产价值的权利。如专利权、商标权、著作权、专有技术使用权、土地使用权、商誉等。这种类型的收入比较少见,其价值需要进行专门的评估。

2. 准予扣除项目

根据税法规定,准予从转让房地产所取得收入额中减除的项目包括以下几个方面。

(1) 取得土地使用权所支付的金额

取得土地使用权所支付的金额,是指纳税人为取得土地使用权所支付的地价款和按国家统一规定缴纳的有关费用。

① 纳税人取得土地使用权所支付的地价款。如果是以协议、拍卖等出让方式取得土地使用权,则地价款为纳税人所支付的土地出让金;如果是以行政划拨方式取得土地使用权,则地价款为按照国家有关规定补交的土地出让金;如果是以转让方式取得土地使用权,则地价款为向原土地使用权人实际支付的地价款。

② 纳税人在取得土地使用权时按国家统一规定交纳的有关登记、过户手续费等有关费用。

(2) 房地产开发成本

房地产开发成本,是指纳税人房地产开发项目实际发生的成本,包括土地征用费、拆迁补偿费、前期工程费、建筑安装工程费、基础设施费、公共配套设施费和开发间接费用。房地产开发企业销售已装修的房屋,其装修费用可以计入房地产开发成本。

(3) 房地产开发费用

房地产开发费用,是指与房地产开发项目有关的营业费用(即销售费用)、管理费用和财务费用。

营业费用、管理费用和财务费用作为期间费用,直接计入当期损益,不按成本核算对象进行分摊。因此,作为土地增值税扣除项目的房地产开发费用,不按纳税人房地产开发项目实际发生的费用进行扣除,而按税法规定的标准进行扣除。

① 财务费用中的利息支出,凡是纳税人能够按转让房地产项目计算分摊,并能提供金融机构的贷款证明的,其允许扣除的房地产开发费用为:

利息支出+(取得土地使用权所支付的金额+房地产开发成本)×5%以内的扣除比例

其中,利息支出允许按实际发生额扣除,但最高不能超过按商业银行同类同期贷款利率计算的金额,利息的上浮幅度按国家的有关规定执行,超过上浮幅度的部分不允许扣除。对于超过贷款期限的利息部分和加罚的利息也不允许扣除。

② 纳税人不能按转让房地产项目计算分摊利息支出或不能提供金融机构贷款证明的,其允许扣除的房地产开发费用为:

(取得土地使用权所支付的金额+房地产开发成本)×10%以内的扣除比例

(4) 旧房及建筑物的评估价格

旧房及建筑物的评估价格,是指在转让已使用的房屋及建筑物时,由政府批准设立的房地产评估机构评定的重置成本价乘以成新度折扣率后的价格。评估价格须经当地税务机关确认。

（5）与转让房地产有关的税金

与转让房地产有关的税金，是指在转让房地产时缴纳的营业税、城市维护建设税、印花税。因转让房地产而缴纳的教育费附加，也可视同税金予以扣除。

房地产开发企业在转让房地产时缴纳的印花税因为已经列入管理费用之中，故在此不允许重复扣除。其他纳税人缴纳的印花税（按产权转移书据所载金额的 0.05%贴花）允许在此项目中扣除。

（6）财政部规定的其他扣除项目

从事房地产开发的纳税人，可按取得土地使用权所支付的金额和房地产开发成本两项金额之和，加计 20%的扣除。

3. 评估价格的确定

房地产评估价格，是指由政府批准设立的房地产评估机构根据相同地段、同类房地产进行综合评定的价格。这种价格须经当地税务机关确认。

根据税法规定，纳税人有下列情形之一的，应按照房地产评估价格计算征收土地增值税。

（1）出售旧房及建筑物的。

（2）隐瞒、虚报房地产成交价格的。

（3）提供扣除项目金额不实的。

（4）转让房地产的价格明显低于房地产评估价格，又无正当理由的。

四、应纳税额的计算

土地增值税按照纳税人转让房地产所取得的增值额和规定的税率计算征收，其计算公式为：

应纳税额＝增值额×适用税率－扣除项目金额×速算扣除率（系数）

【例 8-4】 某房地产开发公司转让房地产所取得的收入为 1 000 万元，其扣除项目金额为 200 万元。计算该公司应纳土地增值税税额。

解析：

（1）增值额＝1 000－200＝800（万元）；

（2）增值额与扣除项目金额的比率＝800÷200×100%＝400%；

（3）确定增值税税率：因为增值额与扣除项目金额的比率超过 200%，所以适用 60%的税率，速算扣除率为 35%；

（4）计算土地增值税税额：

① 按照分级超率累进税率计算

增值率 50%以内部分，应纳增值税税额＝200×50%×30%＝30（万元）。

增值率 50%～100%的部分，应纳增值税税额＝200×（100%－50%）×40%
＝40（万元）。

增值率100%～200%的部分，应纳增值税税额＝200×（200%－100%）×50%
$$=100（万元）。$$
增值率200%以上部分，应纳税额＝（800－200×200%）×60%＝240（万元）。
应纳增值税税额合计＝30＋40＋100＋240＝410（万元）。
② 按照简易方法计算
应纳增值税税额＝800×60%－200×35%＝410（万元）。
由此看出，两种计算方法的结果一样，但第二种方法比第一种方法要简便许多。

【例8-5】 2013年8月20日，某房地产开发公司转让商品楼一幢，共取得转让收入8 000万元，公司按税法规定缴纳了有关税金和费用。已知该公司为取得土地使用权而支付的地价款和按国家统一规定缴纳的有关费用为700万元，投入的房地产开发成本为2 300万元；房地产开发费用中的利息支出为150万元（能够按转让房地产项目计算分摊并提供金融机构证明）。计算该公司应纳土地增值税税额。

解析：
（1）确定转让房地产的收入为8 000万元。
（2）确定转让房地产的扣除项目金额：
取得土地使用权所支付的金额＝700万元；
房地产开发成本＝2 300万元；
房地产开发费用＝150＋(700＋2 300)×5%＝300（万元）；
与转让房地产有关的税金＝8 000×5%×(1＋7%＋3%)＝440（万元）；
从事房地产有关的加计费用＝(700＋2 300)×20%＝600（万元）；
转让房地产的扣除项目金额合计＝700＋2 300＋300＋440＋600＝4 340（万元）。
（3）转让房地产的增值额＝8 000－4 340＝3 660（万元）。
（4）增值额与扣除项目金额的比率＝3 660÷4 340≈84.33%。
（5）应纳土地增值税税额＝3 660×40%－4 340×5%＝1 247（万元）。

五、征纳管理

1. 税收优惠

土地增值税的减免优惠项目主要包括以下三个方面。

（1）纳税人建造普通标准住宅出售，增值额未超过扣除项目金额20%的，免税土地增值税。

这里所称普通标准住宅，是指按所在地一般民用住宅标准建造的居住住宅。高级公寓、别墅、度假村等不属于普通标准住宅。纳税人建造普通标准住宅出售，增值额未超过扣除项目金额20%的，免征土地增值税；增值额超过扣除项目金额20%的，应就其全部增值额按规定计税。

对于纳税人既建普通标准住宅又搞其他房地产开发的，应分别核算增值额。不分别核算增值额或不能准确核算增值额的，其建造的普通标准住宅不能适用这一免税规定。

(2) 因国家建设需要依法征用、收回的房地产，免征土地增值税。

因国家建设需要依法征用、收回的房地产，是指因城市实施规划、国家建设的需要而被政府批准征用的房产可收回的土地使用权。因城市实施规划、国家建设的需要而搬迁，由纳税人自行转让原房地产的，比照有关规定免征土地增值税。

(3) 对个人转让房地产的减免税优惠。

个人因工作调动或改善居住条件而转让原自用住房，经向税务机关申报核准，凡居住满5年或5年以上的，免予征收土地增值税；居住满3年未满5年的，减半征收土地增值税；未满3年的，按规定计征土地增值税。

2. 纳税期限

土地增值税的纳税人应在转让房地产合同签订后的7日内，到房地产所在地主管税务机关办理纳税申报，并向税务机关提交房屋及建筑物产权、土地使用权证书，土地转让、房产买卖合同、房地产评估报告及其他与转让房地产有关的资料。纳税人因经常发生房地产转让而难以在每次转让后申报的，经税务机关审核同意后，可以定期进行纳税申报，具体期限由税务机关根据情况确定。

3. 纳税地点

土地增值税的纳税人应向房地产所在地主管税务机关办理纳税申报。这里所称房地产所在地，是指房地产的坐落地。纳税人转让的房地产坐落地在两个或两个以上地区的，应按房地产所在地分别申报纳税。

复习、思考与练习

1. 名词解释：资源税和土地增值税。
2. 资源税的纳税人、征税对象和征税范围是如何规定的？
3. 资源税的税目包括哪些内容？
4. 土地增值税的纳税人和征税范围是什么？
5. 土地增值税的税率是怎样规定的？
6. 一家开采铁矿石的矿山2月份共生产销售铁矿石原矿2万吨。在开采铁矿石的过程中还开采销售了伴生矿锰矿石2 000吨，铬矿石1 000吨。同时假设这座矿山在另一采矿点还开采并销售了瓷土3 000吨。这家矿山开采的矿石全部用于对外销售，已知该矿山铁矿石原矿的税额为16元/吨，锰矿石、铬矿石和瓷土原矿的单位税额分别是2元/吨、3元/吨和3元/吨。计算该矿山在分别核算或未分别核算情况下应纳的资源税额。

(1) 该矿山正常情况下2月应纳的资源税额。

(2) 假设该矿山未按要求分别核算铁矿石及其两种伴生矿的课税数量，只知道它们的总量为2.3万吨，另知其瓷土矿的销量为0.3万吨，按照资源税从高适用税额的规定，那么该矿山2月应纳的资源税额。

综 合 实 训

1. 业务资料

某国有独资公司在改制过程中于 2013 年 8 月转让新建的三幢办公楼中的一幢,取得销售收入 7 800 万元,公司即按税法规定缴纳了有关税金。已知该公司为取得该办公楼占地的土地使用权而支付的地价款和按国家统一规定交纳的有关费用为 1 800 万元;投入的该楼开发成本为 2 400 万元;建造三幢办公楼的借款利息支出共计 400 万元(不能按转让项目计算分摊利息支出,也不能提供金融机构证明)。已知该公司所在省人民政府规定的房地产开发费用的计算扣除比例为 10%。

2. 要求

(1)计算该公司转让办公楼应缴纳的营业税、印花税、城市维护建设税、教育费附加以及土地增值税税额。

(2)填制土地增值税纳税申报表(表略)。

项目九　成本类的税法实务

任务一　耕地占用税实务

耕地占用税是对在我国境内占用耕地建房或从事其他非农业建设的单位和个人，就其实际占用的耕地面积征收的一种税。它具有一次性、特定性、限制性和开发性等特点。

我国现行耕地占用税的基本法规，是国务院于2007年12月1日发布，自2008年1月1日施行的《中华人民共和国耕地占用税暂行条例》。

耕地占用税的开征，有利于加强土地管理，保护农业用地，实现土地资源合理使用。

一、纳税人、征税对象和征税范围

1. 纳税人

凡在我国境内占用耕地建房或从事其他非农业建设的单位和个人，都是耕地占用税的纳税义务人，包括一切企业、事业单位、机关、部队、学校以及城市和农村的居民。

2. 征税对象和征税范围

耕地占用税的征税对象是建房或从事其他非农业建设所占用的耕地。

税法中所称耕地，是指用于种植农作物的土地。

占用林地、牧草地、农田水利用地、养殖水面以及渔业水域滩涂等其他农用地建房或者从事非农业建设的，比照税法相关规定征收耕地占用税。

建设直接为农业生产服务的生产设施占用前款规定的农用地的，不征收耕地占用税。

二、计税依据和税率

1. 计税依据

耕地占用税以纳税人实际占用的耕地面积（平方米）为计税依据。

由于在计量耕地时一般用亩作为计量单位，所以，应明确计量单位的换算关系：

$$1\text{ 市亩} = 666.67 \text{ 平方米}$$

2. 税率

耕地占用税采用定额税率，即幅度差别税额。以县级行政区域为单位，按人均占有耕地面积将税额分为四个档次（如表9-1所示）。

表 9-1 耕地占用税税率表

级 别	人均耕地标准（以县级行政区域为单位）	税额幅度	计税单位
1	人均耕地不超过 1 亩的地区	10～50 元	每平方米
2	人均耕地超过 1 亩但不超过 2 亩的地区	8～40 元	每平方米
3	人均耕地超过 2 亩但不超过 3 亩的地区	6～30 元	每平方米
4	人均耕地超过 3 亩的地区	5～25 元	每平方米

国务院财政、税务主管部门根据人均耕地面积和经济发展情况确定各省、自治区、直辖市的平均税额。各地适用税额，由省、自治区、直辖市人民政府在税法规定的税额幅度内，根据本地区情况核定。各省、自治区、直辖市人民政府核定的适用税额的平均水平，不得低于国务院财政、税务主管部门规定的平均税额。

经济特区、经济技术开发区和经济发达且人均耕地特别少的地区，适用税额可以适当提高，但是提高的部分最高不得超过省级政府规定的当地适用税额的 50%。

三、应纳税额的计算

耕地占用税应纳税额的计算公式为：

$$应纳税额 = 实际占用耕地面积（平方米）\times 单位税额$$

【例 9-1】 某国有企业经有关部门批准，在市郊区占用耕地 48 000 平方米，其中用于厂房建设 42 000 平方米，其余土地用于建造职工医院、幼儿园等。试计算该企业应纳耕地占用税税额（该地区适用税额为每平方米 4 元）。

解析：
（1）厂房用地应纳税额 = 42 000 × 4 = 168 000（元）；
（2）职工医院、幼儿园等免税。

四、征纳管理

1. 税收减免优惠

（1）税法规定，下列情形免征耕地占用税。
① 军事设施占用耕地。
② 学校、幼儿园、养老院、医院占用耕地。
（2）铁路线路、公路线路、飞机场跑道、停机坪、港口、航道占用耕地，减按每平方米 2 元的税额征收耕地占用税。

根据实际需要，国务院财政、税务主管部门商国务院有关部门并报国务院批准后，可以对前款规定的情形免征或者减征耕地占用税。

（3）农村居民占用耕地新建住宅，按照当地适用税额减半征收耕地占用税。

（4）农村烈士家属、残疾军人、鳏寡孤独以及革命老根据地、少数民族聚居区和边远贫困山区生活困难的农村居民，在规定用地标准以内新建住宅缴纳耕地占用税确有困难的，经所在地乡（镇）人民政府审核，报经县级人民政府批准后，可以免征或者减征耕地占用税。

2. 纳税环节和纳税期限

在各级人民政府批准需用地的单位和个人征（占）用土地之后，土地管理部门发放土地使用（占用）通知书之前，经土地管理部门批准占用耕地之日起30日内，纳税人应在土地所在地的地方税务机关缴纳耕地占用税。

任务二　契税实务

契税是在房屋不动产所有权或土地使用权发生转移变动时，向权属承受人征收的一种税。它具有以下特点：在转让环节征收；按次课征；由受让方缴纳。

我国现行契税的基本规范，是国务院于1997年7月7日颁布，同年10月1日起施行的《中华人民共和国契税暂行条例》。

契税的征收，有利于加强对土地、房屋权属转移的管理，调节纳税人的收入分配，增加财政收入。

一、纳税人、征税对象和征税范围

1. 纳税人

契税的纳税人，是我国境内承受转移土地、房屋权属的单位和个人。

这里所称的单位，是指企事业单位、国家机关、军事单位和社会团体以及其他组织；所称的个人，是指个体经营者及其他个人。

2. 征税对象和征税范围

契税以发生土地使用权和房屋所有权权属转移的土地和房屋为征税对象，具体征税范围包括以下六个方面。

（1）国有土地使用权出让

国有土地使用权出让，是指土地使用者向国家交付土地使用权出让费用，国家将国有土地使用权在一定年限内让予土地使用者的行为。

（2）土地使用权转让

土地使用权转让，是指土地使用者以出售、赠与、交换或者其他方式，将土地使用权转移给其他单位和个人的行为。土地使用权转让不包括农村集体土地承包经营权的转移。

（3）房屋买卖

房屋买卖，是指房屋所有者将其房屋出售，由承受者交付货币、实物、无形资产或者其他经济利益的行为。

以下几种特殊情况应同买卖房屋。

① 以房产抵债或以实物交换房屋。经当地政府和有关部门批准，以房抵债和实物交换房屋，均视同房屋买卖，应由产权承受人，按房屋现值缴纳契税。

② 以房产作投资或作股权转让，（以自有房产作股投资本人独资经营的企业除外）。

这种交易业务属房屋产权转移，应根据国家房地产管理的有关规定，办理房屋产权交易和产权变更登记手续，视同房屋买卖，由产权承受方按契税税率计算缴纳契税。

以自有房产作股投入本人独资经营企业，免纳契税。因为以自有的房地产投入本人独资经营的企业，产权所有人和使用权使用人未发生变化，不需办理房产变更手续，也不办理契税手续。

③ 买房拆料或翻建新房。

例如，甲某购买乙某房产，不论其目的是取得该房产的建筑材料或是翻建新房，实际构成房屋买卖。甲某应首先办理房屋产权变更手续，并按买价缴纳契税。

（4）房屋赠与

房屋赠与，受赠者应照章缴纳契税。

（5）房屋交换

房屋交换，是指房屋所有者之间相互交换房屋的行为。在交换过程中双方交换价值相等的，免纳契税。价值不等的，按超出部分由支付差价方缴纳契税：一是以土地、房屋权属作价投资、入股；二是以土地、房屋权属抵债；三是以获奖方式承受土地、房屋权属；四是以预购方式或者预付集资建房款方式承受土地、房屋权属。

（6）以获奖方式取得房屋产权的

以获奖方式取得房屋产权的，应照章缴纳契税。

二、计税依据和税率

1. 计税依据

契税的计税依据，是指土地使用权、房屋所有权发生转移，权属承受人应支付的价格。征收契税，一般是以成交价格或市场价格作为计税依据。具体分为以下几种情况。

（1）国有土地使用权出让、土地使用权出售、房屋买卖，以成交价格为计税依据。

（2）土地使用权赠与、房屋赠与，由征收机关参照土地使用权出售、房屋买卖的市场价格核定。

（3）土地使用权交换、房屋交换，为所交换的土地使用权、房屋的价格的差额。

（4）成交价格明显低于市场价格并且无正当理由的，或者所交换土地使用权、房屋的价格的差额明显不合理并且无正当理由的，由征收机关参照市场价格核定。

2. 税率

契税采用比例税率，一般为3%～5%。

契税的适用税率，由省、自治区、直辖市人民政府在规定的幅度内按照本地区的实际情况确定，并报财政部和国家税务总局备案。

三、应纳税额的计算

契税的应纳税额,按照规定的税率和计税依据计算征收,应纳税额的计算公式为:

$$应纳税额＝计税依据×税率$$

【例9-2】 A居民以一套住房换取B居民一套住房,A支付给B换房差价款120 000元,试计算此次住房交换中应缴纳的契税,适用税率为4%。

解析:

此项住房交换中A是房屋产权的承受人,应为契税的纳税人。

$$A应缴纳契税＝120\,000×4\%＝4\,800（元）。$$

四、征纳管理

1. 纳税义务发生时间

契税的纳税义务发生时间,为纳税人签订土地、房屋权属转移合同的当天,或者纳税人取得其他具有土地、房屋权属转移合同性质凭证的当天。

2. 纳税申报

纳税人应当自纳税义务发生之日起10日内,向土地、房屋所在地的契税征收机关办理纳税申报,并在契税征收机关规定期限内纳税。

3. 纳税地点

契税向土地、房屋所在地的征收机关缴纳。

4. 征收管理

纳税人办理纳税事宜后,征收机关应向纳税人开具契税完税凭证。纳税人持契税完税凭证和其他规定的文件材料,依法向房地产管理部门办理土地、房屋的权属变更登记手续。房地产管理部门应向契税征收机关提供有关资料,并协助契税征收机关依法征收契税。

任务三 车辆购置税实务

车辆购置税是对在我国境内购置车辆的单位和个人,就其购置车辆支付的价款征收的一种税。

我国现行车辆购置税的基本规范,是国务院于2000年10月22日发布,自2001年1月1日起施行的《中华人民共和国车辆购置税暂行条例》。

车辆购置税作为中央税,由国家税务局征收,收入缴入中央国库。车辆购置税的收入主要用于我国公路建设,投资计划由交通部提出、国家发改委审批下达,按照"保证重点和向西部地区倾斜"的原则统筹安排。

一、纳税人和征税范围

在中华人民共和国境内购置应税车辆的单位和个人,为车辆购置税的纳税人。这里所称购置,包括购买、进口、自产、受赠、获奖或者其他方式取得并自用应税车辆的行为。

车辆购置税的征收范围包括汽车、摩托车、电车、挂车、农用运输车。

二、计税依据和税率

1. 计税依据

车辆购置税以应税车辆为课税对象,实行从价定率、价外征收的方法计算应纳税额,应税车辆的价格(即计税价格)就成为车辆购置税的计税依据,应根据不同情况分别确定。

(1)纳税人购买自用的应税车辆的计税价格,为纳税人购买应税车辆而支付给销售者的全部价款和价外费用,不包括增值税款。

(2)纳税人进口自用的应税车辆的计税价格计算公式为:

$$计税价格=关税完税价格+关税+消费税$$

(3)纳税人自产、受赠、获奖或者以其他方式取得并自用的应税车辆的计税价格,由主管税务机关参照规定的最低计税价格核定。

(4)国家税务总局参照应税车辆市场平均交易价格,规定不同类型应税车辆的最低计税价格。纳税人购买自用或者进口自用应税车辆,申报的计税价格低于同类型应税车辆的最低计税价格,又无正当理由的,按照最低计税价格征收车辆购置税。

2. 税率

车辆购置税按 10% 的比例税率计算征收。

三、应纳税额的计算

车辆购置税为从价税,实行从价定率的办法计算应纳税额。应纳税额的计算公式为:

$$应纳税额=计税价格\times 税率$$

【例 9-3】 某运输公司系新建股份制企业,2013 年 5 月开业之初,购进货车 5 辆,共计支付车辆购置费 170 万元;购进客车 14 辆,共计支付车辆购置费 560 万元;购进公司领导乘坐的小轿车 2 辆,共计 38 万元。计算该运输公司当月应纳车辆购置税税额。

解析:

应纳车辆购置税税额=(170+560+38)×10%=76.8(万元)。

四、征纳管理

1. 税收减免

车辆购置税的主要减税和免税项目包括以下几种。

(1)外国驻华使馆、领事馆和国际组织驻华机构及其外交人员自用的车辆免税。

（2）中国人民解放军和中国人民武装警察部队列入军队武器装备订货计划的车辆免税。

（3）设有固定装置的非运输车辆免税。

（4）国务院规定予以免税或减税的其他情形。

2. 纳税期限

纳税人购买自用应税车辆的，应当自购买之日起 60 日内申报纳税；进口自用应税车辆的，应当自取得之日起 60 日内申报纳税。车辆购置税税款应当一次缴清。

3. 纳税地点

纳税人购置应税车辆，应当向车辆登记注册地的主管税务机关申报纳税；购置不需要办理车辆登记注册手续的应税车辆，应当向纳税人所在地的主管税务机关申报纳税。车辆购置税实行一次征收制度。购置已经征收过车辆购置税的车辆，不再征收车辆购置税。

任务四 烟叶税实务

烟叶税是对在我国境内收购烟叶的单位，就其收购烟叶的收购金额征收的一种税。

我国现行烟叶税的基本规范，是国务院 2006 年 5 月 18 日发布并施行的《中华人民共和国烟叶税暂行条例》。

烟叶税的开征，有利于国家对烟草行业的宏观调控，调整国家的农业政策、产业政策和消费政策，做好与消费税税收政策的衔接，填补了农林特产农业税取消之后，国家税收对烟叶市场进行调控的空白。

一、纳税人、征税对象和征税范围

1. 纳税人

烟叶税的纳税义务人，是指在我国境内收购烟叶的单位。

这里所称收购烟叶的单位，是指依照《中华人民共和国烟草专卖法》（以下简称《烟草专卖法》）的规定有权收购烟叶的烟草公司或者受其委托收购烟叶的单位。

依照《烟草专卖法》查处没收的违法收购的烟叶，由收购罚没烟叶的单位按照购买金额计算缴纳烟叶税。

2. 征税对象和征税范围

烟叶税的征税对象是收购烟叶的单位所收购的烟叶，包括晾晒烟叶和烤烟叶。其中晾晒烟叶，包括列入名晾晒烟名录的晾晒烟叶和未列入名晾晒烟名录的其他晾晒烟叶。

二、计税依据和税率

1. 计税依据

烟叶税的计税依据是纳税人收购烟叶的收购金额。

收购金额，是指纳税人支付给烟叶销售者的烟叶收购价款和价外补贴。

按照简化手续、方便征收的原则，对价外补贴统一暂按烟叶收购价款的10%计入收购金额征税。收购金额计算公式如下：

$$收购金额 = 收购价款 \times (1 + 10\%)$$

2. 税率

烟叶税实行比例税率，税率为20%。烟叶税税率的调整，由国务院决定。

三、应纳税额的计算

1. 应纳税额的计算公式

烟叶税的应纳税额按照纳税人收购烟叶的收购金额和税法规定的税率计算。应纳税额的计算公式为：

$$应纳税额 = 烟叶收购金额 \times 税率$$

应纳税额以人民币计算。

2. 应纳税额计算举例

【例9-4】 某烟草公司2013年10月收购晾晒烟叶3.5吨，每吨6 500元；收购烤烟2.5吨，每吨7 500元。计算该烟草公司应纳烟叶税税额。

解析：

（1）计税金额 = $(3.5 \times 6\,500 + 2.5 \times 7\,500) \times (1 + 10\%) = 45\,650$（元）；

（2）应纳烟叶税税额 = $45\,650 \times 20\% = 9\,130$（元）。

四、征收管理

1. 纳税期限

烟叶税的纳税义务发生时间为纳税人收购烟叶的当天。收购烟叶的当天，是指纳税人向烟叶销售者付讫收购烟叶款项或者开具收购烟叶凭据的当天。

纳税人应当自纳税义务发生之日起30日内申报纳税。具体纳税期限由主管税务机关核定。

2. 纳税地点

纳税人收购烟叶，应当向烟叶收购地的主管税务机关申报纳税。烟叶收购地的主管税务机关,是指烟叶收购地的县级地方税务局或者其所指定的税务分局、所。

3. 征收管理

烟叶税由地方税务机关征收。

地方税务机关要摸清烟叶生产、收购情况,了解纳税人的经营管理特点和财务核算制度,做好税源分析和监管工作。

原烟叶农业特产税由财政部门征收的地方,地方税务机关应主动与财政部门衔接,了解掌握烟叶税税源等有关情况,财政部门应予积极配合支持。

各级地方税务局要严格依照《税收征收管理法》及其他有关规定,加强征收管理,完善纳税申报制度(纳税申报表式样由各地自定),全面规范烟叶税征收管理工作。

复习、思考与练习

1. 名词解释:耕地占用税、契税、烟叶税和车辆购置税。
2. 耕地占用税的纳税人、征税对象、征税范围以及单位税额是如何规定的?
3. 简述车辆购置税的基本内容。

综 合 实 训

1. 业务资料

某轿车厂属于增值税一般纳税人,生产单一型号尾气排放量为 2 500 毫升的中档小轿车。本月主要业务如下:

(1) 销售轿车 42 辆,每辆不含税单价为 14 万元,货款已收;

(2) 本厂行政部门领用轿车 2 辆,每辆按 8 万元的成本结转;

(3) 购进轿车零配件一批,取得增值税专用发票注明支付货款 470 万元,进项税额 79.9 万元,货已入库,款未付;

(4) 本厂在销售轿车和采购轿车零配件过程中,各签订购销合同一份。

2. 要求

根据以上资料,计算该企业本月应缴纳的增值税、消费税、车辆购置税、城市维护建设税税额,以及应交纳教育费附加。

项目十　期间费用类的税法实务

任务一　房产税实务

房产税是对在我国境内拥有房屋产权的单位和个人,以房产为征税对象,以房产计税余值或房产租金收入为计税依据征收的一种税。房产税具有以下特点:征收对象是不动产;征税范围限于城镇的经营性房屋;区别房屋的经营使用方式规定征税办法。

我国现行房产税的基本规范,是国务院于1986年9月15日颁布,同年10月1日起施行的《中华人民共和国房产税暂行条例》。

对房产征税的目的是运用税收杠杆,加强对房产的管理,提高房产使用效率,控制固定资产投资规模和配合国家房产政策的调整,合理调节房产所有人和经营人的收入。此外,房产税税源稳定,易于控制管理,是地方财政收入的重要来源之一。

一、纳税人、征税对象和征税范围

1. 纳税人

房产税以在征税范围内的房屋产权所有人为纳税人。

(1) 产权属于国家所有的,以经营管理的单位为纳税人;产权属集体和个人所有的,由集体单位和个人为纳税人。

(2) 产权出典的,以承典人为纳税人。产权出典是指产权所有人(出典人)将房屋、生产资料等产权在一定期限内典当给他人(承典人)使用而取得资金的一种融资业务产权。

(3) 产权所有人、承典人不在房产所在地的,或者产权未确定及租典纠纷未解决的,以房产代管人或者使用人为纳税人。

(4) 纳税单位和个人无租使用房产管理部门、免税单位及纳税单位的房产,应由使用人代为缴纳房产税。

综上所述,房产税的纳税人包括产权所有人、经营管理单位、承典人、房产代管人或者使用人。

2. 征税对象

房产税是以坐落在特定地域范围内的房产为征税对象。所谓房产,是以房屋形态表现的财产。房屋是指有屋面和围护结构(有墙或两边有柱),能够遮风避雨,可供人们在其中生产、工作、学习、娱乐、居住或储藏物资的场所。房产包括附属的设备,但不包括围墙、水塔、室外游泳池等独立于房屋之外的建筑物。

3. 征税范围

房产税的征税范围为城市、县城、建制镇和工矿区。

（1）城市，是指经国务院批准设立的市，征税范围包括市区、郊区和市辖县县城，不包括农村。

（2）县城，是指未设立建制镇的县人民政府所在地。

（3）建制镇，是指经省、自治区、直辖市人民政府批准设立的建制镇，其征税范围为镇人民政府所在地，不包括所辖的行政村。

（4）工矿区，是指工商业比较发达，人口比较集中，符合国务院规定的建制镇标准，但尚未设立镇建制的大中型工矿企业所在地。

房产税的征税范围不包括农村，这主要是为了减轻农民的负担。因为农村的房屋，除农副业生产用房外，大部分是农民居住用房。对农村房屋不纳入房产税征税范围，有利于农业发展，繁荣农村经济，有利于社会稳定。

开征房产税的工矿区须经省、自治区、直辖市人民政府批准。

二、计税依据和税率

1. 计税依据

房产税对不同用途的应税房屋，根据不同的计税依据和税率，采用从价计征。计税办法分为按房产的计税余值计税和按租金收入计税两种。

（1）对自用的房屋，以房屋的计税余值作为计税依据

房屋计税余值，是指按照税法规定按房产原值一次减除10%～30%后的余值。扣除比例由房产所在地的省、自治区、直辖市人民政府确定。

房产原值，是指纳税人按照会计制度规定，在账簿"固定资产"科目中记载的房屋原价，包括与房屋不可分割的各种附属设备或一般不单独计算价值的配套设施。主要有：暖气、卫生、通风、照明、煤气等设备；各种管线，如蒸汽、压缩空气、石油、给水排水等管道及电力、电讯、电缆导线；电梯、升降机、过道、晒台等。属于房屋附属设备的水管、下水道、暖气管、煤气管等应从最近的探视井或三通管起，计算原值；电灯网、照明线从进线盒连接管起，计算原值。对纳税人未按照会计制度规定记载房产原值，应按规定调整房产原值；对房产原值明显不合理的，应重新予以评估；对没有房产原值，应由房屋所在地的税务机关参考同类房屋的价值核定。

（2）对于出租的房屋，以租金收入作为计税依据

房产的租金收入，是指房屋产权所有人出租房产使用权所得的报酬，包括货币、实物等收入。如果是以劳务或者其他形式为报酬抵付房租收入的，应根据当地同类房产的租金水平，确定一个标准租金额从租计征。如果纳税人对个人出租房屋的租金收入申报不实或申报数与同一地段同类房屋的租金收入相比明显不合理的，税务机关可以按照《中华人民共和国税收征收管理法》的有关规定，采取科学合理的办法核定其应纳税款。

（3）投资联营以及融资租赁房产的计税依据

对投资联营的房产，在计征房产税时应区别对待。以房产投资联营，投资者参与投资利润分红，共担风险的，按房产的余值作为计税依据缴纳房产税；对以房产投资，收取固定收入，不承担联营风险的，实际是以联营名义取得房产租金，应根据暂行条例的有关规定由出租方按租金收入计算缴纳房产税。

融资租赁房屋的情况，实际上是一种变相的分期付款购买固定资产的形式，所以在缴纳房产税时以房产余值计算征收。租赁期内房产税的纳税人由当地税务机关根据实际情况确定。

2. 税率

房产税采用比例税率，根据房产税的计税依据分为两种：
（1）依据房产余值计税的，税率为 1.2%；
（2）依据房产租金收入计税的，税率为 12%。

从 2001 年 1 月 1 日起，对个人按市场价格出租的居民住房，减按 4%征收。

三、应纳税额的计算

$$应纳税额＝房产税计税余值（租金收入）\times 适用税率$$
$$房产税计税余值＝房产原值\times（1-原值扣除率）$$

【例 10-1】 某企业 2008 年度自有房屋 16 栋，经营用房 12 栋，原值为 14 000 万元，当地规定的减除比例为 20%，适用税率为 1.2%；出租房 4 栋，4 栋的年租金共 160 万元。计算该企业应纳房产税税额。

解析：
自用房屋应缴纳的房产税税额＝14 000×(1－20%)×1.2%＝134.4（万元）；
出租房屋应缴纳的房产税税额＝160×12%＝19.2（万元）；
全年应缴纳的房产税税额＝134.4＋19.2＝153.6（万元）。

四、征纳管理

1. 税收优惠

目前，房产税的免税政策主要有以下六方面。

（1）国家机关、人民团体、军队自用的房产免税。这些单位的出租以及非自身业务使用的生产、营业用房，不属于免税范围。

（2）由国家财政部门拨付事业经费的单位自用的房产免税。这些单位所属的附属工厂、商店、招待所等，不属单位公务、业务的用房，不属于免税范围。为了鼓励事业单位经济自立，由国家财政部门拨付事业经费的单位，其经济来源实行自收自支后，从事业单位实行自收自支的年度起，免征房产税 3 年。事业单位自用的房产，是指这些单位本身的业务用房。

（3）宗教寺庙、公园、名胜古迹自用的房产免税。不包括宗教寺庙、公园、名胜古迹中附设的营业单位所使用的房产及出租的房产。

（4）个人所有非营业用的房产免税。不包括个人拥有的营业用房或出租的房产。

（5）经财政部批准免税的其他房产。

（6）纳税人确实有困难的，可由省、自治区、直辖市人民政府确定，定期减税或者免征房产税。

2. 纳税义务发生时间

（1）将原有房产用于生产经营的，从生产经营之月起，计征房产税。

（2）自建的房屋用于生产经营的，自建成之日的次月起，计征房产税。

（3）委托施工企业建设的房屋，从办理验收手续之日的次月起，计征房产税。对于在验收手续前已使用或出租、出借的，应从出租、出借的当月起按规定计征房产税。

（4）购置新建商品房，自房屋交付使用之次月起计征房产税。

（5）购置存量房，自办理房屋权属转移、变更登记手续，房地产权属登记机关签发房屋权属证书之次月起计征房产税。

（6）出租、出借房产，自交付出租、出借房产之次月起计征房产税。

（7）房地产开发企业自用、出租、出借本企业建造的商品房，自房屋使用或交付之次月起计征房产税。

3. 纳税期限

房产税实行按年计算，分期缴纳。纳税期限由省、自治区、直辖市人民政府规定。各地一般按季或半年预征。

4. 纳税申报

房产税的纳税申报，是房屋产权人或纳税人缴纳房产税必须履行的法定手续。纳税义务人应根据税法要求，将现有住房的坐落地点、结构、面积、原值、出租收入等情况，据实向当地税务机关办理纳税申报，并按规定纳税。如纳税人住址发生变更、产权发生转移，以及出现新建、改建、拆除房屋等情况，而引起房产原值发生变化或租金收入发生变化的，都需按规定及时向税务机关办理变更登记，以便税务机关及时掌握纳税人的房产变动情况。

5. 纳税地点

房产税在房产所在地缴纳。房产不在同一地方的纳税人，应按房产的坐落地点分别向房产所在地的税务机关缴纳。

任务二　城镇土地使用税实务

城镇土地使用税是对在我国境内的城镇占有和使用土地的单位和个人，就其实际占用的土地面积征收的一种税，以下简称土地使用税。

我国现行城镇土地使用税的基本法规，是国务院于 2006 年 12 月 30 日发布，自 2007 年 1 月 1 日起施行的《中华人民共和国城镇土地使用税暂行条例》（以下简称《土地使用税暂行条例》）。

城镇土地使用税的开征，有利于促进土地资源的合理开发和使用，促进企业加强经济核算、进行公平竞争，有利于理顺国家与土地使用者的关系，充实地方财源。

一、纳税人、征税对象和征税范围

1. 纳税人

凡在我国境内占有和使用土地（农用土地除外）的单位和个人，均为城镇土地使用税的纳税人。根据土地使用者的不同情况，分别确定如下。

（1）拥有土地使用权的单位和个人，以拥有人为纳税人。

（2）拥有土地使用权的纳税人不在土地所在地的，由代管人或实际使用人缴纳。

（3）土地使用权共有的，由共有各方分别缴纳。

（4）土地使用权未确定，或权属发生纠纷未解决的，由实际使用人缴纳。

上述内容中所称单位，包括国有企业、集体企业、私营企业、股份制企业、外商投资企业、外国企业以及其他企业和事业单位、社会团体、国家机关、军队以及其他单位；所称个人，包括个体工商户以及其他个人。

2. 征税对象和征税范围

城镇土地使用税的征税对象是纳税人占用的城镇土地。其征税范围包括在城市、县城、建制镇和工矿区内的国家所有和集体所有的土地。

城市、县城、建制镇和工矿区的确认标准如下。

（1）城市，是指国务院批准设立的市，包括市区和郊区。

（2）县城，是指县人民政府所在地。

（3）建制镇，是指经省、自治区、直辖市人民政府批准设立的建制镇。

（4）工矿区，是指工商业比较发达，人口比较集中，符合国务院规定的建制镇标准，但尚未设立建制镇的大中型工矿企业所在地。

二、计税依据和税率

1. 计税依据

土地使用税以纳税人实际占用的土地面积为计税依据，计量标准为平方米。具体确定办法如下。

（1）凡由省、自治区、直辖市人民政府确定的单位组织测定土地面积的，以测定的土地面积为计税依据。

（2）尚未组织测定，但纳税人持有政府部门核发的土地使用证或征地手续的，以证书或手续确认的土地面积为计税依据。

（3）尚未核发的土地使用证或征地手续的，应以纳税人据实申报的土地面积作为计税依据，待核发土地使用证后再作调整。

2. 税率

城镇土地使用税采用定额税率，即幅度差别税额，见表10-1。

表 10-1　城镇土地使用税税率表

土地所在地区	人口/人	幅度税额/元
大城市	50万以上	1.5～30
中等城市	20万～50万	1.2～24
小城市	20万以下	0.9～18
县城、建制镇、工矿区	—	0.6～12

各省、自治区、直辖市人民政府，应当在《土地使用税暂行条例》第4条规定的税额幅度内，根据市政建设状况、经济繁荣程度等条件，确定所辖地区的适用税额幅度。

各市、县人民政府应当根据实际情况，将本地区土地划分为若干等级，在省、自治区、直辖市人民政府确定的税额幅度内，制定相应的适用税额标准，报省、自治区、直辖市人民政府批准执行。

经省、自治区、直辖市人民政府批准，经济落后地区土地使用税的适用税额标准可以适当降低，但降低额不得超过《土地使用税暂行条例》第4条规定最低税额的30%。经济发达地区土地使用税的适用税额标准可以适当提高，但须报经财政部批准。

三、应纳税额的计算

1. 应纳税额的计算公式

（全年）应纳税额＝实际占用应税土地面积（平方米）×单位税额

2. 应纳税额举例

【例 10-2】　某股份制企业位于某中等城市，按地段划分适用单位税额为 12 元/平方米。该企业实际占用土地面积为 32 000 平方米，计算全年应纳土地使用税税额。

解析：

应纳土地使用税税额＝32 000×12＝384 000（元）。

四、征纳管理

1. 税收优惠

城镇土地使用税规定的免税项目包括以下七方面。
（1）国家机关、人民团体、军队自用的土地。
（2）由国家财政部门拨付事业经费的单位自用的土地。
（3）宗教寺庙、公园、名胜古迹自用的土地。
（4）市政街道、广场、绿化地带等公共用地。
（5）直接用于农、林、牧、渔业的生产用地。
（6）经批准开山填海整治的土地和改造的废弃土地，从使用的月份起免缴土地使用税5～10年。具体免税期限由各省、自治区、直辖市地方税务局在条例规定的期限内自行确定。
（7）由财政部另行规定免税的能源、交通、水利设施用地和其他用地。

2. 纳税期限

城镇土地使用税实行按年计算，分期缴纳的征收方法。具体纳税期限由各省、自治区、直辖市人民政府确定。各地一般结合当地情况，可分别确定按月、季或半年等不同的纳税期限。

3. 纳税地点

城镇土地使用税一般由土地所在地的地方税务机关负责征收。

纳税人使用的土地不属于同一省、自治区、直辖市管辖的，由纳税人分别向土地所在地税务机关缴纳；在同一省、自治区、直辖市管辖范围内，纳税人跨地区使用的土地，其纳税地点由各省、自治区、直辖市地方税务局确定。

纳税人新征用的土地，应于批准之日起30日内申报登记；属于纳税人住址变更、土地增减、使用权转移的，应于变更事项确定之日起30日内申报登记。

任务三　车船税实务

车船税是对在我国境内，向拥有车船所有权或管理权的单位和个人，按其所有或管理车船的种类或吨位征收的一种税。

车船税具有以下特点：兼有财产税和行为税的性质；拥有单项财产税的特点； 实行分类、分级（项）定额税率。

《中华人民共和国车船税法》（以下简称《车船税法》），由中华人民共和国第十一届全国人民代表大会常务委员会第十九次会议于2011年2月25日通过，《中华人民共和国车船税法实施条例》经2011年11月23日国务院第182次常务会议通过，自2012年1月1日起施行。

车船税的开征，可以缓解发展交通运输业资金短缺的矛盾，提高车船的利用效率，调节财富分配，体现社会公平。

一、纳税人、征税对象和征税范围

1. 纳税人

车船税的纳税人是在我国境内拥有《车船税法》所附《车船税税目税额表》所列车船所有权或管理权的单位和个人。一般情况下，拥有车船所有权与管理权的单位和个人是同一人，纳税人既是车船的所有人，又是车船的管理人。如果车船所有权或管理权不一致时，则应由双方商定确认；未商定确认的，以车船管理人为纳税人。

上述规定中所称单位，包括国有企业、集体企业、私营企业、股份制企业、外商投资企业、外国企业以及其他企业和事业单位、社会团体、国家机关、军队以及其他单位；所称个人，包括个体工商户以及其他个人。

2. 征税对象和征税范围

车船税的征税对象包括：
（1）依法应当在车船登记管理部门登记的机动车辆和船舶；
（2）依法不需要在车船登记管理部门登记的在单位内部场所行驶或者作业的机动车辆和船舶，具体范围包括以下十种。

① 乘用车，是指在设计和技术特性上主要用于载运乘客及随身行李，核定载客人数包括驾驶员在内不超过 9 人的汽车。

② 商用车，是指除乘用车外，在设计和技术特性上用于载运乘客、货物的汽车，划分为客车和货车。

③ 半挂牵引车，是指装备有特殊装置用于牵引半挂车的商用车。

④ 三轮汽车，是指最高设计车速不超过每小时 50 公里，具有 3 个车轮的货车。

⑤ 低速载货汽车，是指以柴油机为动力，最高设计车速不超过每小时 70 公里，具有四个车轮的货车。

⑥ 挂车，是指就其设计和技术特性需由汽车或者拖拉机牵引，才能正常使用的一种无动力的道路车辆。

⑦ 专用作业车，是指在其设计和技术特性上用于特殊工作的车辆。

⑧ 轮式专用机械车，是指有特殊结构和专门功能，装有橡胶车轮可以自行行驶，最高设计车速大于每小时 20 公里的轮式工程机械车。

⑨ 摩托车，是指无论采用何种驱动方式，最高设计车速大于每小时 50 公里，或者使用内燃机，其排量大于 50 毫升的两轮或者三轮车辆。

⑩ 船舶，是指各类机动、非机动船舶以及其他水上移动装置，但是船舶上装备的救生艇筏和长度小于 5 米的艇筏除外。其中，机动船舶是指用机器推进的船舶；拖船是指专门用于拖（推）动运输船舶的专业作业船舶；非机动驳船，是指在船舶登记管理部门登记为驳船的非机动船舶；游艇是指具备内置机械推进动力装置，长度在 90 米以下，主要用于游览观光、休闲娱乐、水上体育运动等活动，并应当具有船舶检验证书和适航

证书的船舶。

二、计税依据和税率

1. 计税依据

乘用车依排气量从小到大递增税额；客车按照核定载客人数 20 人以下和 20 人（含）以上两档划分，递增税额。

2. 税率（见表 10-2）

表 10-2　税目税额表

税　目	计税单位	年基准税额	备　注
乘用车（按发动机汽缸容量（排气量）分挡）1.0 升（含）以下的	每辆	60 元至 360 元	核定载客人数 9 人（含）以下
乘用车（按发动机汽缸容量（排气量）分挡）1.0 升以上至 1.6 升（含）	每辆	300 元至 540 元	核定载客人数 9 人（含）以下
乘用车（按发动机汽缸容量（排气量）分挡）1.6 升以上至 2.0 升（含）	每辆	360 元至 660 元	核定载客人数 9 人（含）以下
乘用车（按发动机汽缸容量（排气量）分挡）2.0 升以上至 2.5 升（含）	每辆	660 元至 1 200 元	核定载客人数 9 人（含）以下
乘用车（按发动机汽缸容量（排气量）分挡）2.5 升以上至 3.0 升（含）	每辆	1 200 元至 2 400 元	核定载客人数 9 人（含）以下
乘用车(按发动机汽缸容量（排气量）分挡）3.0 升以上至 4.0 升（含）	每辆	2 400 元至 3 600 元	核定载客人数 9 人（含）以下
乘用车（按发动机汽缸容量（排气量）分挡）4.0 升以上	每辆	3 600 元至 5 400 元	核定载客人数 9 人（含）以下
商用车客车	每辆	480 元至 1 440 元	核定载客人数 9 人以上，包括电车
商用车货车	整备质量	16 元/吨至 120 元/吨	包括半挂牵引车、三轮汽车和低速载货汽车等
挂车	整备质量	（货车税额的 50%）元/吨	
其他车辆专用作业车计税单位	整备质量	16 元/吨至 120 元/吨	不包括拖拉机
其他车辆轮式专用机械车	整备质量	16 元/吨至 120 元/吨	不包括拖拉机
摩托车	每辆	36 元/吨至 180 元/吨	
船舶　机动船舶	净吨位	3 元/吨至 6 元/吨	拖船、非机动驳船分别按照机动船舶税额的 50%计算
游艇	艇身长度	600 元/米至 2 000 元/米	

三、应纳税额的计算

1. 乘用车、摩托车和商用车客车应纳税额的计算公式

$$应纳税额 = 应税车辆数量 \times 单位税额$$

2. 商用车货车、挂车、其他车辆等应纳税额的计算公式

$$应纳税额 = 自重吨位数 \times 单位税额$$

3. 机动船舶应纳税额的计算公式

$$应纳税额 = 净吨位数 \times 单位税额$$

4. 游艇应纳税额的计算公式

$$应纳税额 = 艇身长度 \times 单位税额$$

【例10-3】 某公司自有货车8辆,每辆整备质量7吨,商用大客车2辆(均为12座)。请计算该公司应纳车船税(车船税年税额:商用车客车单位税额650元/辆,商用车货车单位税额100元/吨)。

解析:
商用大客车全年应纳车船税税额=2×650=1 300(元);
自有货车全年应纳车船税税额=7×8×100=5 600(元)。

四、征纳管理

1. 税收优惠

车船税的主要免税项目如下:
(1)捕捞、养殖渔船;
(2)军队、武装警察部队专用的车船;
(3)警用车船;
(4)依照法律规定应当予以免税的外国驻华使领馆、国际组织驻华代表机构及其有关人员的车船。

按照规定缴纳船舶吨税的机动船舶,自《车船税法》实施之日起5年内免征车船税。
依法不需要在车船登记管理部门登记的机场、港口、铁路站场内部行驶或者作业的车船,自《车船税法》实施之日起5年内免征车船税。

节约能源、使用新能源的车船可以免征或者减征车船税。免征或者减半征收车船税的车船的范围,由国务院财政、税务主管部门商国务院有关部门制定,报国务院批准。

对受地震、洪涝等严重自然灾害影响纳税困难以及其他特殊原因确需减免税的车船,可以在一定期限内减征或者免征车船税。具体减免期限和数额由省、自治区、直辖市人民政府确定,报国务院备案。

各省、自治区、直辖市人民政府可以根据当地实际情况,对城市、农村公共交通车

船给予定期减税、免税。

2. 纳税期限

车船税的纳税义务发生时间,为车船管理部门核发的车船登记证书或者行驶证书所记载日期的当月。购置的新车船,购置当年的应纳税额自纳税义务发生的当月起按月计算。应纳税额为年应纳税额除以12再乘以应纳税月份数。

车船税按年申报,分月计算,一次性缴纳。纳税年度为公历1月1日至12月31日。

3. 纳税申报

车船税的纳税人应根据税法要求,将现有车船的数量、种类、吨位和用途等情况,据实向当地税务机关办理纳税申报登记,经审核后办理纳税手续。

纳税人住址变更、使用的数量、吨位等方面发生变化时,应按规定及时向税务机关申报。

4. 纳税地点

车船税的纳税地点为车船的登记地或者车船税扣缴义务人所在地。依法不需要办理登记的车船,车船税的纳税地点为车船的所有人或者管理人所在地。

5. 车船税的扣缴与管理

车船的所有人或者管理人未缴纳车船税的,使用人应当代为缴纳车船税。

从事机动车交通事故责任强制保险业务的保险机构为机动车车船税的扣缴义务人,应当依法代收代缴车船税。机动车车船税扣缴义务人在代收车船税时,应当在机动车交通事故责任强制保险的保险单以及保费发票上注明已收税款的信息,作为代收税款凭证。

已完税或者依法减免税的车辆,纳税人应当向扣缴义务人提供登记地的主管税务机关出具的完税凭证或者减免税证明。

纳税人没有按照规定期限缴纳车船税的,扣缴义务人在代收代缴税款时,可以一并代收代缴欠缴税款的滞纳金。

扣缴义务人已代收代缴车船税的,纳税人不再向车辆登记地的主管税务机关申报缴纳车船税。

机动车车船税的扣缴义务人依法代收代缴车船税时,纳税人不得拒绝。没有扣缴义务人的,纳税人应当向主管税务机关自行申报缴纳车船税。

税务机关付给扣缴义务人代收代缴手续费的标准由国务院财政部门、税务主管部门制定。

各级车船管理部门应当在提供车船管理信息等方面,协助地方税务机关加强对车船税的征收管理。

任务四　印花税实务

印花税是对在我国境内从事经济活动和经济交往中，书立、领受、使用具有法律效力的凭证的单位和个人征收的一种税。印花税具有覆盖面广，税率低、税负轻，纳税人自行完税等特点。

我国现行印花税的基本规范，是国务院于1988年8月6日发布，自同年10月1日施行的《中华人民共和国印花税暂行条例》。2011年1月8日根据《国务院关于废止和修改部分行政法规定的决定》进行修订。

印花税的开征，有利于配合有关经济管理部门贯彻实施各项经济法规，促进各项经济行为的规范化、法制化；有利于税务部门了解其他各税种相关税源，加强监督管理，增加地方财政收入。

一、纳税人、征税对象和征税范围

1. 纳税人

印花税的纳税义务人，是在中国境内书立、领受、使用印花税法所列举的应税凭证，并应依法履行纳税义务的单位和个人。这里所说的单位和个人，包括国内各类企业、事业、机关、团体、部队以及中外合资企业、中外合作企业、外商独资企业、外国公司和其他经济组织及其在华机构等单位以及个体户、中国一般公民和在华外国公民。

印花税的纳税人，根据书立、领受、使用应税凭证的不同，具体分为六种。

（1）立合同人

立合同人，是指书立合同的当事人。所谓当事人，是指对凭证有直接权利义务关系的单位和个人，但不包括合同的担保人、证人、鉴定人。当事人的代理人有代理纳税的义务，它与纳税人负有同等的税收法律义务和责任。

（2）立据人

产权转移书据的纳税人是立据人。所谓立据人，是指书立产权转移书据的单位和个人。立据人少缴或未缴印花税的，由书据的持有人负责补交。

（3）立账簿人

营业账簿的纳税人是立账簿人。所谓立账簿人，是指设立并使用营业账簿的单位和个人。例如，某些单位因生产、经营活动的需要，健全会计制度，并设立了相关的营业账簿，那么该单位即成为印花税的纳税人。

（4）领受人

权利、许可证照的纳税人是领受人。所谓领受人，是指领取或接受并持有该项凭证的单位和个人。例如，某人成为体育明星后，经申请将自己的姓名作为商标，并依法取得国家有关管理机关颁发的注册证书，那么该人即成为印花税的纳税人。

（5）使用人

纳税人的凭证无论在国内，还是在国外书立、领受的，只要在国内使用，其凭证受我国的法律保护，该凭证的使用人即成为印花税的纳税人。

（6）各类电子应税凭证的签订人

即以电子形式签订的各类应税凭证的当事人。

值得注意的是，对应税凭证，凡由两方或两方以上当事人共同书立的，其当事人各方都是印花税的纳税人，各方应就其所持凭证的计税金额履行纳税义务。

2. 征税对象和征税范围

印花税以经济活动和经济交往中书立、领受、使用的商事合同或产权凭证为征税对象，其征税范围通过列举法在《中华人民共和国印花税暂行条例施行细则》中得到了明确，主要包括以下几种情形。

（1）各种商事合同及具有合同性质的凭证

这里所称的合同，是指纳税人在经济技术交往或交流中，根据《中华人民共和国经济合同法》、《中华人民共和国涉外经济合同法》和其他有关合同法规订立的合同；所称具有合同性质的凭证，是指具有合同效力的协议、协约、合同、单据、确认书及其他各种名称的凭证。

（2）产权转移书据

这里所称的产权转移书据，是指单位和个人因产权的买卖、继承、赠与、交换、分割等所立的书据。

（3）营业账簿

这里所称的营业账簿，是指单位或者个人记载生产经营活动的财务会计核算账簿。

（4）权利、许可证照

这里所称的权利、许可证照，是指由政府部门发给的证件、执照。

（5）经财政部确定征税的其他凭证

这里所称其他凭证，是指除各种商事合同及具有合同性质的凭证、产权转移书、营业账簿以及权利、许可证照以外的各种应税凭证。例如，由于我国目前没有开征证券交易税，因此在证券交易过程中发生的股权转让书据暂时列入印花税的征税范围。

二、税目和税率

1. 税目

印花税的税目，是指印花税法规中明确规定的应该纳税的具体项目，共有13个。

（1）购销合同。包括供应、预购、采购、购销结合及协作、调剂、补偿、贸易等合同。

此外，还包括出版单位与发行单位之间订立的图书、报纸、期刊和音像制品的应税凭证，例如订购单、订书单等。

（2）加工承揽合同。包括加工、定做、修缮、修理、印刷、广告、测绘、测试等合同。

（3）建设工程勘察设计合同。包括勘察、设计合同。

（4）建筑安装工程承包合同。包括建筑、安装工程承包合同。承包合同又分为总承包合同、分包合同和转包合同。

（5）财产租赁合同。包括租赁房屋、船舶、飞机、机动车辆、机械、器具、设备等合同，也包括企业、个人出租门店、柜台等签订的合同。

（6）货物运输合同。包括民用航空、铁路运输、海上运输、公路运输和联运合同，以及作为合同使用的单据。

（7）仓储保管合同。包括仓储、保管合同，以及作为合同使用的仓单、栈单等。

（8）借款合同。银行及其他金融组织与借款人（不包括银行同业拆借）所签订的合同，以及只填开借据并作为合同使用、取得银行借款的借据。银行及其他金融机构经营的融资租赁业务，是一种以融物方式达到融资目的的业务，实际上是分期偿还的固定资金借款，因此融资租赁合同也属于借款合同。

（9）财产保险合同。包括企业财产保险合同、机动车辆保险合同、货物保险合同、家庭财产保险合同和农牧业保险合同五大类。"家庭财产两全保险"属于家庭财产保险性质，其合同在财产保险合同之列，应照章纳税。

（10）技术合同。包括技术开发、转让、咨询、服务等合同，以及作为合同使用的单据。

（11）产权转移书据。包括财产所有权、版权、商标专用权、专利权、专有技术使用权等转移书据。

（12）营业账簿。营业账簿按其反映内容不同，可分为记载资金的账簿和其他账簿。记载资金的账簿，是指反映生产经营单位资本金数额增减变化的账簿。其他账簿，是指除上述账簿以外的有关其他生产经营活动内容的账簿，包括日记账簿和各明细分类账簿。

（13）权利、许可证照。包括政府部门发给的房屋产权证、工商营业执照、商标注册证、专利证、土地使用证。

2. 税率

印花税采用比例税率和定额税率两种形式。

（1）比例税率

① 借款合同适用 0.005% 的税率。

② 购销合同、建筑安装工程承包合同、技术合同适用 0.03% 的税率。

③ 加工承揽合同、建筑工程勘察设计合同、货物运输合同、产权转移书据、营业账簿税目中记载资金的账簿适用 0.05% 的税率。

④ 财产租赁合同、仓储保管合同、财产保险合同适用 0.1% 的税率。

⑤ 产权转移书据中的股权转让书据适用 0.1% 的税率。

（2）定额税率

权利、许可证照和营业账簿税目中的其他账簿，采用定额税率，均为按件贴花，每件 5 元。

三、计税依据和应纳税额的计算

1. 计税依据的确定

印花税的计税依据为各种应税凭证上所记载的计税金额。

(1) 购销合同的计税依据为购销金额。

(2) 加工承揽合同的计税依据为加工或承揽收入,即合同中规定的受托方的加工费收入和提供的辅助材料金额之和。

(3) 建筑工程勘察设计合同的计税依据为收取的费用。

(4) 建筑安装工程承包合同的计税依据为承包金额。

(5) 财产租赁合同的计税依据为租赁金额。

(6) 货物运输合同的计税依据为运输费用,但不包括装卸费用。

(7) 仓储保管合同的计税依据为仓储保管费用。

(8) 借款合同的计税依据为借款金额。

(9) 财产保险合同的计税依据为保险费收入。

(10) 技术合同的计税依据为合同所载金额。

(11) 产权转移书据的计税依据为书据所载金额。

(12) 营业账簿中记载资金的账簿计税依据为"实收资本"与"资本公积"两项的合计金额,其他账簿的计税依据为应税凭证件数。

(13) 权利、许可证照的计税依据为应税凭证件数。

2. 应纳税额的计算

应纳税额的计算公式为:

$$应纳税额 = 应税凭证计税金额 \times 适用税率$$

或

$$应纳税额 = 应税凭证件数 \times 单位税额$$

【例 10-4】 甲服装厂为增值税一般纳税人,2013 年 5 月发生以下经济业务:

(1) 购进原材料一批,签订购货合同一份,购货金额为 50 万元;

(2) 销售产品一批,签订销售合同一份,金额为 70 万元;

(3) 订立借款合同一份,所载金额为 90 万元。

试计算该企业本月应纳印花税税额。

解析:

(1) 订立购销合同应纳税额 = 500 000 × 0.03% + 700 000 × 0.03% = 360 (元);

(2) 订立借款合同应纳税额 = 900 000 × 0.005% = 45 (元);

(3) 该企业本月印花税税额 = 360 + 45 = 405 (元)。

3. 应纳税额计算过程中应注意的事项

(1) 应税凭证以金额、收入、费用作为计税依据的,应当全额计税,不得作任何扣除。

（2）同一凭证，有两个或两个以上经济事项而使用不同税目、税率，如分别记载金额的，应分别计算应纳税额，相加后按合计税额贴花；如未分别记载金额的，按税率较高的计税贴花。

（3）按金额比例贴花的应税凭证，未标明金额的，应按照凭证所载数量及国家牌价计算金额；没有国家牌价的，按市场价格计算金额，然后按规定税率计算应纳税额。

（4）应税凭证所载金额为外国货币的，应按照凭证书立当日国家外汇管理局公布的外汇牌价折合成人民币，然后计算应纳税额。

（5）应纳税额不足1角的免缴印花税；1角以上的，其税额尾数不满5分的不计，满5分的按1角计算。

（6）有些合同，在签订时无法确定计税金额，可在签订时先按定额5元贴花，以后结算时再按实际金额计税，补贴印花。

（7）应税合同在签订时纳税义务即已产生，不论合同是否兑现或是否按期兑现，均应计算应纳税额并贴花。

（8）对有经营收入的事业单位，凡属由国家财政拨付事业经费，实行差额预算管理的单位，其记载经营业务的账簿，按其他账簿定额贴花，不记载经营业务的账簿不贴花；凡属经费来源实行自收自支的单位，对记载资金的账簿和其他账簿分别计算纳税。

（9）以货易货进行商品交易签订的合同，应按合同所载的购销合计金额计税贴花。

（10）施工单位将自己承包的建设项目分包给其他施工单位所签订的分包合同或者转包合同，应按照分包或转包合同所载的金额计税贴花。

（11）因购买、继承、赠与所书立的股权转让书据，按书立时证券市场当日实际成交价格计算的金额，由出让方按0.1%的税率缴纳印花税。

（12）印花税票为有价证券，其票面金额以人民币为单位，分为1角、2角、5角、1元、2元、5元、10元、50元、100元九种。

四、征纳管理

1. 税收优惠

印花税的主要免税项目有八种。

（1）对已缴纳印花税的凭证的副本或者抄本免税。如果副本或抄本视同正本使用，则应另行贴花。

（2）对财产所有人将财产赠给政府、社会福利单位、学校所立的书据免税。其中，社会福利单位是指抚养孤老伤残的社会福利单位。

（3）对国家指定的收购部门与村民委员会、农民个人书立的农副产品收购合同免税。

（4）对无息、贴息贷款合同免税。

（5）对外国政府或者国际金融组织向我国政府及国家金融机构提供优惠贷款所书立的合同免税。

（6）对房地产管理部门与个人签订的用于生活居住的租赁合同，暂免贴花。

（7）对农牧业保险合同免税。

（8）对特殊货运凭证免税。这类凭证包括军事物资运输凭证、抢险救灾物资运输凭证和新建铁路的工程临管线运输凭证等。

2. 缴纳方法

根据税额大小、贴花次数以及税收征收管理的需要，印花税采用自行贴花、汇贴或汇缴、委托代征等方法。

（1）自行贴花办法

自行贴花办法即"三自"纳税方法。该方法一般适用于应税凭证较少或者贴花次数较少的纳税人。纳税人书立、领受或者使用应税凭证的同时，根据应纳税凭证的性质和适用的税目、税率，自行计算应纳税额，自行购买印花税票，自行一次贴足印花税票并加以注销或划销，纳税义务即行完毕。

（2）汇贴或汇缴办法

汇贴或汇缴办法一般适用于应纳税额较大或者贴花次数频繁的纳税人。一份凭证应纳税额超过500元的，应向当地税务机关申请填写缴款书或者完税凭证，将其中一联粘贴在凭证上或者由税务机关在凭证上加注完税标记代替贴花。

同一种类应税凭证需频繁贴花的，应向税务机关申请按期汇总缴纳印花税。获准汇总缴纳印花税的纳税人，应持有税务机关发给的汇缴许可证。汇总缴纳的限期限额由当地税务机关确定，但最长期限不得超过1个月。

（3）委托代征办法

税务机关为了加强税源控制管理，可以委托某些发放或者办理应税凭证的单位（如代办运输、联运的单位）代为扣缴印花税款。税务机关应与代征单位签订代征委托书。发放或者办理应税凭证的单位，是指发放权利、许可证照的单位和办理凭证、公证及其他有关事项的单位。

纳税人不论采用哪种纳税方法，均应对纳税凭证妥善保存。凡国家已明确规定保存期限的按规定期限办理；其余凭证均应在履行纳税义务完毕后保存1年。

3. 违章处理

印花税实行轻税重罚政策。对纳税人不按规定履行纳税义务，区分情况，给予如下处罚。

（1）纳税人在应税凭证上未贴或少贴印花税票的，税务机关除责令其补贴印花税票外，可处以应补贴印花税票金额3～5倍的罚款。

（2）纳税人不按规定注销或画销已贴用的印花税票的，税务机关可处以未注销或未画销印花税票金额的1～3倍的罚款。

（3）纳税人把已贴用的印花税票揭下重用的，税务机关可处以重用印花税票金额的5倍或者2 000元以上10 000元以下的罚款。

（4）对伪造印花税票的，由税务机关提请司法机关依法追究刑事责任。

复习、思考与练习

1. 名词解释：房产税、土地使用税、车船税和印花税。
2. 房产税的纳税人是谁？房产税的征税范围是如何规定的？
3. 土地使用税的纳税人、征税对象、征税范围以及单位税额是如何规定的？
4. 车船税的征税范围是如何规定的？
5. 印花税的纳税人是如何规定的？税目包括哪些内容？税率主要采取哪几种形式？

综合实训

1. 甲企业2013年4月1日将一栋房产以年租金120万元出租给乙公司，2014年3月31日，经甲、乙协商，甲企业以1 400万元的价格出售给乙公司，且同日双方签署了产权转移合同。请计算甲企业2013年及2014年按从租计征应缴纳的房产税以及乙公司2011年应缴纳的契税。（假定契税的税率为4%）
2. 某国有企业位于东南沿海大城市，按地段划分适用单位税额为25元/平方米。该企业实际占用土地面积为58 000平方米。计算该企业全年应纳土地使用税税额。

项目十一　企业所得税实务

任务一　企业所得税基本理论认知

一、企业所得税的概念

企业所得税,是对我国境内的企业和其他取得收入的组织,就其来源于中国境内的所得,以及发生在中国境外但与其所设机构、场所有实际联系的所得征收的一种税。企业所得税是国家参与企业利润分配并调节其收益水平的一个关键性税种,体现了国家与企业的分配关系。

现行企业所得税的征税依据,是 2007 年 3 月 16 日第十届全国人民代表大会通过,自 2008 年 1 月 1 日起施行的《中华人民共和国企业所得税法》(以下简称《企业所得税法》)和 2007 年 11 月 28 日国务院第 197 次常务会议通过,自 2008 年 1 月 1 日起施行的《中华人民共和国企业所得税法实施条例》(以下简称《企业所得税法实施条例》)。

二、企业所得税的特点

(1) 实行综合课征制。在所得税的征收管理中,世界各国通常采用的方法有两种:一是综合课征制;二是分类课征制。综合课征制,是指在征税过程中,对纳税人的各项不同来源所得的总额征税的一种制度。分类课征制,是指在征税过程中,对纳税人的各项所得,区分不同的来源,课以不同的所得税。我国在企业所得税征收管理中,采用的是综合课征制,即不论是生产经营所得,还是利息所得、股息所得、租金所得等,都按统一的比例税率计税。

(2) 计税依据为年应纳税所得额,计算比较复杂。企业所得税的计税依据,是按照税法规定计算的,即纳税人的收入总额扣除各项成本、费用、税金、损失等支出后的净收益额,它既不等于企业实现的会计利润额,也不等于企业的增值额。企业所得税以净收益额为计税依据,其年应纳税所得额的计算必然涉及一定时期成本、费用的归集与分摊。同时,政府往往将所得税作为调节国民收入分配、执行社会经济政策的重要工具,从而规定某些收入所得不计入应纳税所得额,某些支出不得在应纳所得税前扣减。因此,应纳税所得额的计算程序相当复杂。

(3) 体现区别对待、量能负担的原则。企业所得税以纳税人的生产经营所得和其他所得为计税依据,体现了量能负担的原则,即所得多、负担能力大的,多缴税;所得少、负担能力小的,少缴税;无所得、没有负担能力的,不缴税。这样,将所得税税收负担和纳税人所得多少联系起来计征税款,能够公平税负。

(4) 实行按年计征、分期预缴的征收管理办法。通过利润所得来综合反映企业的经营成果，通常是按年度计算衡量的。所以，作为企业所得税计税依据的应纳税所得额通常也是按年计算，与会计年度及核算期限一致。因此，企业所得税实行分月或分季预缴，年终汇算清缴的办法，有利于征收管理。

三、企业所得税的改革

2007 年以前，我国实行的企业所得税按内资、外资企业分别立法。外资企业适用 1991 年第七届全国人民代表大会第四次会议通过的《中华人民共和国外商投资企业和外国企业所得税法》（以下简称《外资税法》），内资企业适用 1993 年国务院发布的《中华人民共和国企业所得税暂行条例》（以下简称《内资税法》）。自 20 世纪 70 年代末实行改革开放以来，为吸引外资、发展经济，对外资企业采取了有别于内资企业的税收政策，实践证明这样做是必要的，对改革开放、吸引外资、促进经济发展发挥了重要作用。截至 2006 年年底，全国累计批准外资企业 59.4 万户，实际使用外资 6 919 亿美元。2006 年外资企业缴纳各类税款 7 950 亿元，占全国税收总量的 21.12%。

当前，我国经济社会情况发生了很大变化，社会主义市场经济体制初步建立。加入世贸组织后，国内市场对外资进一步开放，内资企业也逐渐融入世界经济体系之中，面临越来越大的竞争压力，继续采取内资、外资企业不同的税收政策，必将使内资企业处于不平等竞争地位，影响统一、规范、公平竞争的市场环境的建立。

原内资、外资企业所得税制度在执行中也暴露出一些问题，已经不适应新的形势要求。

（1）原《内资税法》《外资税法》差异较大，造成企业之间税负不平、苦乐不均。原税法在税收优惠、税前扣除等政策上，存在对外资企业偏松、内资企业偏紧的问题，根据全国企业所得税税源调查资料测算，内资企业平均实际税负为 25%左右，外资企业平均实际税负为 15%左右，内资企业高出外资企业近 10%，企业要求统一税收待遇、公平竞争的呼声较高。

（2）原企业所得税优惠政策存在较大漏洞，扭曲了企业经营行为，造成国家税款的流失。比如，一些内资企业采取将资金转到境外再投资境内的"返程投资"方式，享受外资企业所得税优惠等。

（3）原《内资税法》《外资税法》实施 10 多年来，我国经济社会情况发生了很大变化，需要针对新情况及时完善和修订。以部门规范性文件发布的许多重要税收政策，也需要及时补充到法律中。

为有效解决企业所得税制度存在的上述问题，有必要尽快统一内资、外资企业所得税。2008 年 1 月 1 日起施行的企业所得税法结束了内资、外资企业适用不同税法的历史，实现了五个"统一"：统一了有关纳税人的规定，统一并适当降低了企业所得税税率，统一并规范了税前扣除办法和标准，统一税收优惠政策，统一并规范了税收征管要求。企业所得税的"两法合并"改革，有利于促进我国经济结构优化和产业升级，有利于为各类企业创造一个公平竞争的税收法制环境，是适应我国社会主义市场经济发展新阶段的一项制度创新。

任务二 熟悉企业所得税的基本构成要素

一、纳税义务人

在我国境内的企业和其他取得收入的组织（以下统称企业），是企业所得税的纳税人，应当依照《企业所得税法》的规定缴纳企业所得税。

大多数国家对个人以外的组织或者实体课税，是以法人作为标准确定纳税人的，实行法人税制是企业所得税制改革的方向。因此，新企业所得税法取消了原内资税法中有关以"独立经济核算"为标准确定纳税人的规定，建立了"法人所得税制"，规定只有法人才是企业所得税的纳税人。因此，个人独资企业、合伙企业不适用《企业所得税法》。同时，新企业所得税按照国际上的通行做法，依照地域管辖权和居民管辖权的双重标准，确立了规范的"居民企业"和"非居民企业"的概念。

1. 居民企业

居民企业，是指依照中国法律、法规在中国境内成立，或者依照外国（地区）法律成立且实际管理机构在中国境内的企业。

所称实际管理机构，是指对企业的生产经营、人员、账务、财产等实施实质性全面管理和控制的机构。

居民企业承担全面纳税义务，其取得的中国境内、境外所得均须向我国政府纳税。

2. 非居民企业

非居民企业，是指依照外国（地区）法律、法规成立且实际管理机构不在中国境内，但在中国境内设立机构、场所的，或者在中国境内未设立机构、场所，但有来源于中国境内所得的企业。

所称机构、场所，是指在中国境内从事生产经营活动的机构、场所，包括：

（1）管理机构、营业机构、办事机构；
（2）工厂、农场、开采自然资源的场所；
（3）提供劳务的场所；
（4）从事建筑、安装、装配、修理、勘探等工程作业的场所；
（5）其他从事生产经营活动的机构、场所。

非居民企业委托营业代理人在中国境内从事生产经营活动的，包括委托单位或者个人经常代其签订合同，或者储存、交付货物等，该营业代理人视为非居民企业在中国境内设立的机构、场所。

非居民企业承担有限纳税义务，只就其从中国境内取得的所得向我国政府纳税。

二、征税对象

企业所得税的征税对象是纳税人取得的各项应税所得。

1. 居民企业的征税对象

居民企业应就其来源于中国境内、境外的所得作为征税对象。这里的"所得",包括销售货物所得、提供劳务所得、转让财产所得、股息红利等权益性投资所得、利息所得、租金所得、特许权使用费所得、接受捐赠所得和其他所得。

2. 非居民企业的征税对象

非居民企业在中国境内设立机构、场所的,应当就其所设机构、场所取得的来源于中国境内的所得,以及发生在中国境外但与其所设机构、场所有实际联系的所得,缴纳企业所得税。非居民企业在中国境内未设立机构、场所的,或者虽设立机构、场所,但取得的所得与其所设机构、场所没有实际联系的,应当就其来源于中国境内的所得缴纳企业所得税。

上述所称实际联系,是指非居民企业在中国境内设立的机构、场所拥有的据以取得所得的股权、债权,以及拥有、管理、控制据以取得所得的财产。

3. 征税对象的确定原则

确定一项所得是否属于企业所得税的征税对象,应当遵循以下原则。

(1) 必须是有合法来源的所得。即企业的所得必须是国家法律允许并保护的。对企业从事非法行为取得的所得,不构成征税对象。

(2) 应纳税所得是扣除成本费用以后的净收益。企业的任何一项所得,都必然要有相应的耗费和支出,只有从企业所得中扣除为这些所得而发生的成本费用支出后的余额,才是企业所得税的应税所得。

(3) 应纳税所得必须是实物和货币所得。各种荣誉性、知识性及体能、心理上的收益,都不是应纳税所得。

(4) 应纳税所得包括来源于中国境内、境外的所得。按照居民税收管辖权原则,中国的内资企业是居民纳税人,负有无限的纳税义务,应就其来源于境内、境外的全部所得缴纳企业所得税。但为了避免重复征税,对本国企业在境外已纳的所得税款可以抵扣。

三、税率

企业所得税实行比例税率。

1. 居民企业所得税税率

居民企业所得税法定税率为25%。

2. 非居民企业所得税税率

非居民企业所得税税率分为以下两种情况。

(1) 在中国境内设立机构、场所的,其所设机构、场所取得的来源于中国境内的所得,以及发生在中国境外但与其所设机构、场所有实际联系的所得,税率为25%。

(2) 在中国境内未设立机构、场所的,或者虽设立机构、场所但取得的所得与其所设机构、场所没有实际联系的,应当就其来源于中国境内的所得缴纳企业所得税,适用税率为 20%，但实际征税时适用 10%的税率。

我国现行的企业所得税基本税率设定为 25%，相比世界各国而言还是比较低的。据有关资料介绍，全世界近 160 个实行企业所得税的国家（地区）平均税率为 28.6%，我国周边 18 个国家（地区）的平均税率为 26.7%。现行税率的确定，既考虑了我国的财政承受能力，又考虑了企业负担水平。

另外还设有以下两档优惠税率（详见优惠政策）。

（1）符合条件的小型微利企业，减按 20%的税率征收。

（2）重点扶持的高新技术企业以及设在西部地区的鼓励类产业企业减按 15%税率征收。

任务三 企业所得税应纳税所得额的确定

由于企业所得税的计算取决于两个要素：应纳税所得额和税率。因此，在明确了税率的基础上，还应该确定应纳税所得额，应纳税所得额是企业所得税的计税依据。

一、应纳税所得额

1. 应纳税所得额的概念

按照企业所得税法的规定，应纳税所得额是企业每一纳税年度的收入总额，减除不征税收入、免税收入、各项扣除以及允许弥补的以前年度亏损后的余额。

2. 应纳税所得额的计算方法

（1）直接计算法

在直接计算法下，居民企业每一纳税年度的收入总额，减除不征税收入、免税收入、各项扣除以及允许弥补的以前年度亏损后的余额，为应纳税所得额。该种方法是企业所得税法所规定的，也称为法定计算法。其计算公式为：

$$\text{应纳税所得额} = \text{收入总额} - \text{不征税收入} - \text{免税收入} - \text{各项扣除} - \text{允许弥补的以前年度亏损}$$

（2）间接计算法

在税收实务中，纳税人按税法规定计算的应纳税所得额与依据财务会计制度计算的利润所得额（会计利润），往往是不一致的。当企业财务、会计处理办法与有关税收法规相抵触时，应当依照国家有关税收的规定计算纳税，即采用间接计算法，就是在企业的会计利润总额的基础上加或减按照税法规定调整的项目金额后，即为应纳税所得额。这种方法是企业纳税过程中在所得税纳税申报表中使用的，也称为纳税申报法。其计算公式为：

$$\text{应纳税所得额} = \text{利润总额} \pm \text{税收调整项目金额}$$

目前，从我国企业所得税纳税申报表的设计来看，我国采用的是间接计算法。

二、收入总额

1. 收入总额的内容

收入总额，是指企业以货币形式和非货币形式从各种来源取得的收入，其中，货币形式的收入是指企业取得的现金以及将以固定或可确定金额的货币收取的收入，具体包括现金（库存现金、银行存款和其他货币资金）、应收账款、应收票据、准备持有至到期日的债券投资以及债务的豁免等；非货币收入是指企业取得的以货币形式以外的收入，包括存货、固定资产、生物资产、无形资产、股权投资、不准备持有至到期的债券投资、劳务以及有关权益等。企业以非货币形式取得的收入，应当按照公允价值确定收入额。所称公允价值，是指按照市场价格确定的价值。根据税法规定，收入的具体内容如下。

（1）销售货物收入

销售货物收入，是指包括销售库存商品、产品、在产品、原材料、包装物、低值易耗品、半成品及其他货物取得的收入。

（2）提供劳务收入

提供劳务收入，是指包括企业提供建筑安装、交通运输、金融保险、仓储、邮政、电信、饮食、旅店、旅游、娱乐、广告、教育、技术、文化、卫生、体育、法律、会计、咨询、代理和其他劳务服务活动取得的收入。

（3）转让财产收入

转让财产收入，是指包括企业有偿转让固定资产、无形资产、股权、股票、债券、债权及其他有价证券、财产而取得的收入。

（4）股息、红利等权益性投资收益

股息、红利等权益性投资收益，是指包括企业因对外进行权益性投资而从被投资方取得的股息、红利和其他利润分配收入。

（5）利息收入

利息收入，是指企业将资金提供他人使用但不构成权益性投资，或者因他人占用本企业资金取得的收入，包括存款利息、贷款利息、债券利息、欠款利息等收入。

（6）租金收入

租金收入，是指纳税人出租固定资产、包装物以及其他财产而取得的租金收入。

（7）特许权使用费收入

特许权使用费收入，是指纳税人提供或转让专利权、非专利技术、商标权、著作权以及其他特许权的使用而取得的收入。

（8）接受捐赠收入

接受捐赠收入，包括企业接受捐赠的货币和非货币资产的收入，应全额计入收入总额。

（9）其他收入

其他收入，是指除上述各项收入外的一切收入，包括企业资产溢余收入、逾期未退包装物押金收入、确实无法偿付的应付款项、已作坏账损失处理后又收回的应收款项、债务重组收入、补贴收入、违约金收入、汇兑收益等。

2. 收入的确认条件

（1）一般商品销售收入的确认

企业销售商品同时满足下列条件的，应确认收入的实现。

① 商品销售合同已经签订，企业已将商品所有权相关的主要风险和报酬转移给购货方。

② 企业对已售出的商品既没有保留通常与所有权相联系的继续管理权，也没有实施有效控制。

③ 收入的金额能够可靠地计量。

④ 已发生或将发生的销售方的成本能够可靠地核算。

（2）特殊商品销售收入的确认

① 采用售后回购方式销售商品的，销售的商品按售价确认收入，回购的商品作为购进商品处理。有证据表明不符合销售收入确认条件的，如以销售商品方式进行融资，收到的款项应确认为负债，回购价格大于原售价的，差额应在回购期间确认为利息费用。

② 销售商品以旧换新的，销售商品应当按照销售商品收入确认条件确认收入，回收的商品作为购进商品处理。

③ 企业为促进商品销售而在商品价格上给予的价格扣除属于商业折扣，商品销售涉及商业折扣的，应当按照扣除商业折扣后的金额确定销售商品收入金额。

债权人为鼓励债务人在规定的期限内付款而向债务人提供的债务扣除属于现金折扣，销售商品涉及现金折扣的，应按扣除现金折扣前的金额确定销售商品收入金额，现金折扣在实际发生时作为财务费用扣除。

企业因售出商品的质量不合格等原因而在售价上给的减让属于销售折让；企业因售出商品质量、品种不符合要求等原因而发生的退货属于销售退回。企业已经确认销售收入的售出商品发生销售折让和销售退回，应当在发生当期冲减当期销售商品收入。

企业以买一赠一等方式组合销售本企业商品的，不属于捐赠，应将总的销售金额按各项商品的公允价值的比例来分摊确认各项的销售收入。

（3）劳务收入的确认条件

企业在各个纳税期末，提供劳务交易的结果能够可靠估计的，应采用完工进度（完工百分比）法确认提供劳务收入。

提供劳务交易的结果能够可靠估计，是指同时满足下列条件。

① 收入的金额能够可靠地计量。

② 交易的完工进度能够可靠地确定。

③ 交易中已发生和将发生的成本能够可靠地核算。

企业提供劳务完工进度的确定，可选用下列方法。

① 已完工作的测量。

② 已提供劳务占劳务总量的比例。
③ 发生成本占总成本的比例。

企业应按照从接受劳务方已收或应收的合同或协议价款确定劳务收入总额，根据纳税期末提供劳务收入总额乘以完工进度扣除以前纳税年度累计已确认提供劳务收入后的金额，确认为当期劳务收入；同时，按照提供劳务估计总成本乘以完工进度扣除以前纳税期间累计已确认劳务成本后的金额，结转为当期劳务成本。

3. 收入时间的确定

（1）商品销售收入时间的确定

符合上款收入确认条件，采取下列商品销售方式的，应按以下规定确认收入实现时间。
① 销售商品采用托收承付方式的，在办妥托收手续时确认收入。
② 销售商品采取预收款方式的，在发出商品时确认收入。
③ 销售商品需要安装和检验的，在购买方接受商品以及安装和检验完毕时确认收入。如果安装程序比较简单，可在发出商品时确认收入。
④ 销售商品采用支付手续费方式委托代销的，在收到代销清单时确认收入。

（2）劳务收入时间的确认

下列提供劳务满足收入确认条件的，应按规定确认收入。
① 安装费。应根据安装完工进度确认收入。安装工作是商品销售附带条件的，安装费在确认商品销售实现时确认收入。
② 宣传媒介的收费。应在相关的广告或商业行为出现于公众面前时确认收入。广告的制作费，应根据制作广告的完工进度确认收入。
③ 软件费。为特定客户开发软件的收费，应根据开发的完工进度确认收入。
④ 服务费。包含在商品售价内可区分的服务费，在提供服务的期间分期确认收入。
⑤ 艺术表演、招待宴会和其他特殊活动的收费。在相关活动发生时确认收入。收费涉及几项活动的，预收的款项应合理分配给每项活动，分别确认收入。
⑥ 会员费。申请入会或加入会员，只允许取得会籍，所有其他服务或商品都要另行收费的，在取得该会员费时确认收入。申请入会或加入会员后，会员在会员期内不再付费就可得到各种服务或商品，或者以低于非会员的价格销售商品或提供服务的，该会员费应在整个受益期内分期确认收入。
⑦ 特许权费。属于提供设备和其他有形资产的特许权费，在交付资产或转移资产所有权时确认收入；属于提供初始及后续服务的特许权费，在提供服务时确认收入。
⑧ 劳务费。长期为客户提供重复的劳务收取的劳务费，在相关劳务活动发生时确认收入。

三、不征税收入和免税收入

1. 不征税收入

（1）财政拨款，是指各级人民政府对纳入预算管理的事业单位、社会团体等组织拨付的财政资金,但国务院和国务院财政、税务主管部门另有规定的除外。

(2) 依法收取并纳入财政管理的行政事业性收费、政府性基金。

行政事业性收费,是指依照法律法规等有关规定,按照国务院规定程序批准,在实施社会公共管理,以及在向公民、法人或者其他组织提供特定公共服务过程中,向特定对象收取并纳入财政管理的费用。

政府性基金,是指企业依照法律、行政法规等有关规定,代政府收取的具有专项用途的财政资金。

(3) 国务院规定的其他不征税收入,是指企业取得的,由国务院财政、税务主管部门规定专项用途并经国务院批准的财政性资金。

2. 免税收入

(1) 国债利息收入,是指企业持有国务院财政部门发行的国债取得的利息收入。

(2) 符合条件的居民企业之间的股息、红利收入,是指居民企业直接投资于其他居民企业取得的投资收益,但不包括连续持有居民企业公开发行并上市流通的股票不足12个月取得的投资收益。

(3) 在中国境内设立机构、场所的非居民企业从居民企业取得与该机构、场所有实际联系的股息、红利收入,但不包括连续持有居民企业公开发行并上市流通的股票不足12个月取得的投资收益。

(4) 符合条件的非营利组织的收入。

四、准予扣除的项目

准予扣除的项目,是指在计算应纳税所得额时,允许扣除的与纳税人取得收入相关的正常合理的成本、费用、税金和损失。

1. 税前扣除的原则

企业申报的扣除项目和金额要真实、合法。所谓真实,是指能证明有关支出确属已经实际发生;合法是指符合国家税法的规定,若其他法规规定与税法不一致,应以税法法规的规定为标准。除税收法规另有规定外,税前扣除一般应遵循以下原则。

(1) 权责发生制原则。是指企业费用应在发生的所属期扣除,而不是在实际支付时确认扣除。

(2) 配比原则。是指企业发生的费用应当与收入相配比扣除。除特殊规定外,企业发生的费用不得提前或滞后扣除。

(3) 相关性原则。企业可扣除的费用从性质和根源上必须与取得应税收入直接相关。

(4) 确定性原则。即企业可扣除的费用无论何时支付,其金额必须是确定的。

(5) 合理性原则。即企业可扣除的费用必须是符合生产经营活动常规,应当计入当期损益或者有关资产的成本的必要和正常的支出。

2. 准予扣除项目的基本内容

（1）成本

这里的成本，是指纳税人为销售商品（产品、材料、下脚料、废料、废旧物资等）、提供劳务、转让固定资产、无形资产的成本。外购存货的实际成本包括购货价格、购货费用和税金，计入存货成本的税金是指购买、自制或委托加工存货发生的消费税、关税、资源税和不能从销项税额中抵扣的增值税进项税额。自制存货的成本包括制造费用和间接费用。

（2）费用

这里的费用，是指纳税人为生产、经营商品和提供劳务等所发生的可扣除的销售费用、管理费用和财务费用。

① 销售费用，是指应由纳税人负担的为销售商品或主要经营行为而发生的费用，如广告费、运输费、装卸费、包装费、展览费、保险费、供销手续费、经营性租赁费以及销售部门发生的差旅费、工资、福利费等费用。

② 管理费用，是指纳税人的行政管理部门为管理组织经营活动提供各项支援性服务而发生的费用。例如，由纳税人统一负担的总部经费、技术研究开发费、劳动保护费、业务招待费、工会经费、职工教育经费、消防费、排污费、绿化费以及印花税等相关税金等。

③ 财务费用，是指纳税人筹集经营性资金而发生的费用，包括利息净支出、汇兑净损失、金融机构手续费以及其他非资本化支出等。

（3）税金

这里的税金，是指企业发生的除企业所得税和允许抵扣的增值税以外的各项税金及附加。企业缴纳的房产税、车船税、土地使用税、印花税等，已经计入管理费用中扣除的，不再作营业税金单独扣除。缴纳的增值税属于价外税，故不在扣除之列。

（4）损失

这里的"损失"，是指企业在生产经营活动中发生的固定资产和存货的盘亏、毁损、报废损失，转让财产损失，呆账损失，坏账损失，自然灾害等不可抗力因素造成的损失以及其他损失。企业发生的损失，减除责任人赔偿和保险赔款后的余额，依照国务院财政、税务主管部门的规定扣除。企业已经作为损失处理的资产，在以后纳税年度又全部收回或者部分收回时，应当计入当期收入。

（5）其他支出

这里的其他支出，是指纳税人在生产、经营过程中发生的所得税前准予扣除的有关、合理的支出。

3. 扣除项目应注意的问题

在实际中，计算应纳税所得额时应注意以下问题。

（1）企业发生的支出应当区分收益性支出和资本性支出。收益性支出在发生当期直接扣除；资本性支出应当分期扣除或者计入有关资产成本，不得在发生当期直接扣除。

（2）企业的不征税收入用于支出所形成的费用或者财产，不得扣除或者计算对应的折旧、摊销扣除。

（3）除企业所得税法和实施条例另有规定外，企业实际发生的成本、费用、税金、损失和其他支出，不得重复扣除。

4. 部分扣除项目的具体范围和标准

根据有关规定，下列项目允许按照规定的范围和标准扣除。

（1）借款利息支出

企业为购置、建造固定资产、无形资产和经过12个月以上的建造才能达到预定可销售状态的存货发生借款的，在有关资产购置、建造期间发生的合理的借款费用，应当作为资本性支出计入有关资产的成本，分期扣除或者摊销；有关资产交付使用后发生的借款利息，可在发生当期扣除。

企业在生产经营活动中发生的下列利息支出，准予扣除。

① 非金融企业向金融企业借款的利息支出、金融企业的各项存款利息支出和同业拆借利息支出、企业经批准发行债券的利息支出。

② 非金融企业向非金融企业借款的利息支出，不超过按照金融企业同期同类贷款利率计算的数额以内的部分。

【例11-1】 2013年，华欧集团从银行借入经营资金100万元，年利率为6.93%；从山江集团借入280万元，年利率为10%。如果该企业2013年利润总额为500万元。

要求：计算该集团当年的应纳税所得额。

解析：

不得扣除的利息支出＝280×（10%－6.93%）＝8.596（万元）；

应纳税所得额＝500＋8.596＝508.596（万元）。

企业通过发行债券、取得贷款、吸收保户储金等方式融资而发生的合理的费用支出，符合资本化条件的，应计入相关资产成本；不符合资本化条件的，应作为财务费用，准予在企业所得税前据实扣除。

（2）工资、薪金支出

企业发生的合理的工资薪金支出，准予扣除。

工资薪金支出，是指企业每一纳税年度支付给在本企业任职或者受雇的员工的所有现金或者非现金形式的劳动报酬，包括基本工资、奖金、津贴、补贴、年终加薪、加班工资，以及与任职或者受雇有关的其他支出。

对工资支出合理性的判断，主要包括两个方面：一是雇员实际提供了服务；二是报酬总额在数量上是合理的。实际操作中主要考虑雇员的职责、过去的报酬情况，以及雇员的业务量和复杂程度等相关因素。同时，还要考虑当地同行业职工平均工资水平。例如，当地同行业平均工资水平为2 000元，如果本企业职工平均工资为2 400元，就说明实发工资额不太合理，需进行相应的评估。

纳税人不作为工资、薪金支出列支的范围如下。

① 雇员向纳税人投资而分得的股息性所得。

② 根据国家或省级政府的规定为雇员支付的社会保障性缴款。
③ 从已提取职工福利基金中支付的各项福利支出（包括职工生活困难补助、探亲路费等）。
④ 各项劳动保护支出。
⑤ 雇员调动工作的旅费和安家费。
⑥ 雇员离退休、退职待遇的各项支出。
⑦ 独生子女补贴。
⑧ 纳税人负担的住房公积金。
⑨ 国家税务总局认定的其他不属于工资薪金支出的项目。

企业因雇用季节工、临时工、实习生、返聘离退休人员以及接受外部劳务派遣用工所实际发生的费用，应区分为工资薪金支出和职工福利费支出，并按《企业所得税法》规定在企业所得税前扣除。其中属于工资薪金支出的，准予计入企业工资薪金总额的基数，作为计算其他各项相关费用扣除的依据。

（3）工会经费、职工福利费、职工教育经费

纳税人发生的工会经费、职工福利费、职工教育经费，应按实发工资总额的2%、14%、2.5%分别扣除。工会经费和职工福利费超过限额的部分不准（当年）税前扣除，也不得结转到以后纳税年度；职工教育经费超过限额部分不准（当年）税前扣除，但准予在以后纳税年度结转扣除。

其中职工工会经费，应凭工会组织开具的《工会经费拨缴款专用收据》在税前扣除。凡不能出具《工会经费拨缴款专用收据》的，其提取的职工工会经费不得在企业所得税前扣除。

（4）公益性捐赠

公益性的捐赠，是指企业通过公益性社会团体或者县级以上人民政府及其部门，用于《中华人民共和国公益事业捐赠法》规定的公益事业的捐赠。纳税人直接向受赠人的各项捐赠，不允许在企业所得税前扣除。

纳税人用于公益、救济性的捐赠，在年度利润总额12%以内的部分，准予扣除。年度利润总额，是指企业依照国家统一会计制度的规定计算的年度会计利润。

【例11-2】 2012年，华芳集团向中国绿化基金会捐赠10万元，向甘肃一山区小学捐赠3万元。2012年利润总额为500万元。

要求：计算该集团当年的应纳税所得额。

解析：

$$捐赠扣除限额 = 500 \times 12\% = 60（万元）。$$

向甘肃一山区小学捐赠3万元属直接捐赠，不得扣除。向中国绿化基金会捐赠10万元在扣除限额之内，可以扣除。

$$应纳税所得额 = 500 + 3 = 503（万元）。$$

（5）业务招待费

业务招待费，是指纳税人为生产、经营业务的合理需要而发生的交际应酬等费用。纳税人按财政部门的规定支出的与生产经营有关的业务招待费，由纳税人提供真实记录或单据，经核准予以扣除。

业务招待费具体扣除限额如下。
① 按照发生额的 60%扣除。
② 最高不得超过当年销售（营业）收入的 0.5%。

企业在筹建期间，发生的与筹办活动有关的业务招待费支出，可按实际发生额的 60%计入企业筹办费，并按有关规定在税前扣除；发生的广告费和业务宣传费，可按实际发生额计入企业筹办费，并按有关规定在税前扣除。

【例 11-3】 2013 年，原野机械厂全年销售收入为 3 600 万元，当年发生业务招待费为 28 万元，请计算业务招待费扣除限额。

解析：
按照发生额计算的限额 $=28\times 60\%=16.80$（万元）；
按照销售额比例计算的限额 $=3\,600\times 0.5\%=18$（万元）；
上述标准进行比较，取其中数额较小者，则法定限额为 16.80 万元。
该企业业务招待费超支 $=28-16.80=11.2$（万元）。

（6）保险费

企业依照国务院有关主管部门或者省级人民政府规定的范围和标准为职工缴纳的基本养老保险费、基本医疗保险费、失业保险费、工伤保险费、生育保险费等基本社会保险费和住房公积金（以下简称五险一金），准予扣除。

企业为投资者或者职工支付的补充养老保险费、补充医疗保险费，在国务院财政、税务主管部门规定的范围和标准内，准予扣除。自 2008 年 1 月日起，企业根据国家有关政策规定，为在本企业任职或者受雇的全体员工支付的补充养老保险费、补充医疗保险费、分别在不超过职工工资总额 5%标准内的部分，在计算应纳税额时准予扣除，超过部分，不予扣除。

除企业依照国家有关规定为特殊工种职工支付的人身安全保险费和国务院财政、税务主管部门规定可以扣除的其他商业保险费外，企业为投资者或者职工支付的商业保险费，不得扣除。

纳税人参加的财产保险和运输保险，按照有关规定缴纳的保险费用，准许在计算所得税时予以扣除。

保险公司给予纳税人的无赔款优待，应计入当年应纳税所得额。所谓无赔款优待，是指纳税人向保险公司投保后，在约定的保险期内未发生意外事故或保险公司规定的其他事故，因而未发生赔偿的，由保险公司给予的奖励。

（7）固定资产租赁费

纳税人根据生产、经营需要，租入固定资产所支付租赁费的扣除，分别按下列规定处理。
① 以经营租赁方式租入固定资产发生的租赁费支出，按照租赁期限均匀扣除。
② 以融资租赁方式租入固定资产发生的租赁费支出，按照规定构成融资租入固定资产价值的部分应当提取折旧费用，分期扣除。

【例 11-4】 某企业自 2013 年 5 月 1 日起租入一幢门面房作产品展示厅，一次支付 1 年租金 24 万元，则计入 2013 年成本费用的租金额是多少？

解析：

按照受益期，2013 年有 8 个月，则计入 2013 年成本费用的租金额是（24/12）×8＝16（万元）。

(8) 广告费与业务宣传费

企业发生的符合条件的广告费和业务宣传费支出，除国务院财政、税务主管部门另有规定外，按照下列标准计算扣除。

① 不超过当年销售（营业）收入 15%的部分，准予扣除。

② 超过部分，准予在以后纳税年度结转扣除。

企业申报扣除的广告费支出应与赞助支出严格区分。企业申报扣除的广告费支出，必须符合以下条件：广告是通过工商部门批准的专门机构制作的；已实际支付费用，并已取得相应发票；通过一定的媒体传播。

【例 11-5】 某食品工业企业 2012 年营业收入 3 000 万元，广告费支出 800 万元。2013 年营业收入 4 000 万元，广告费支出 200 万元。请计算 2013 年准予税前扣除的广告费。

解析：

2012 年允许扣除限额＝3 000×0.15＝450（万元），还差 800－450＝350（万元），结转到 2013 年。

2013 年允许抵扣 4 000×0.15＝600 万元，而实际抵扣 350＋200＝550 万元，未超限额，可全额抵扣。

(9) 资产损失

企业所得税法所称的损失，是指企业在生产经营活动中发生的固定资产和存货的盘亏、毁损、报废损失，转让财产损失，呆账损失，坏账损失，自然灾害等不可抗力因素造成的损失以及其他损失。

企业发生的损失，减除责任人赔偿和保险赔款后的余额，依照国务院财政、税务主管部门的规定扣除。

企业已经作为损失处理的资产，在以后纳税年度又全部收回或者部分收回时，应当计入当期收入。

(10) 专项资金支出

企业依照法律、行政法规有关规定提取的用于环境保护、生态恢复等方面的专项资金，准予扣除。上述专项资金提取后改变用途的，不得扣除。

(11) 劳动保护支出

税法规定，企业发生的合理的劳动保护支出，准予扣除。

(12) 非居民企业的费用摊销

非居民企业在中国境内设立的机构、场所，就其中国境外总机构发生的与该机构、场所生产经营有关的费用，能够提供总机构出具的费用汇集范围、定额、分配依据和方法等证明文件，并合理分摊的，准予扣除。

(13) 汇兑损益

企业在货币交易中，以及纳税年度终了时将人民币以外的货币性资产、负债按照期末即期人民币汇率中间价折算为人民币时产生的汇兑损失，除已经计入有关资产成本以及与向所有者进行利润分配相关的部分外，准予扣除。

（14）佣金支出

企业发生与生产经营有关的手续费及佣金支出，不超过以下规定计算限额以内的部分，准予扣除；超过部分，不得扣除。

① 保险企业：财产保险企业按当年全部保费收入扣除退保金等后余额的15%（含本数，下同）计算限额；人身保险企业按当年全部保费收入扣除退保费等后余额的10%计算限额；

② 其他企业：按与具有合法经营资格中介服务机构或个人（不含交易双方及其雇员、代理人和代表人等）所签订服务协议或合同确认的收入金额的5%计算限额；

③ 电信企业在发展客户、拓展业务等过程中（如委托销售电话入网卡、电话充值卡等），需向经纪人、代办商支付手续费及佣金的，其实际发生的相关手续费及佣金支出，不超过企业当年收入总额5%的部分，准予在企业所得税前据实扣除；

④ 从事代理服务、主营业务收入为手续费、佣金的企业（如证券、期货、保险代理等企业），其为取得该类收入而实际发生的营业成本（包括手续费及佣金支出），准予在企业所得税前据实扣除。

（15）其他支出的扣除

税法规定，企业发生的与生产经营有关的其他各项支出，经有关税务部门批准，准予按标准或者据实扣除。

对企业发现以前年度实际发生的、按照税收规定应在企业所得税前扣除而未扣除或者少扣除的支出，企业做出专项申报及说明后，准予追补至该项目发生年度计算扣除，但追补确认期限不得超过5年。

企业由于上述原因多缴的企业所得税税款，可以在追补确认年度企业所得税应纳税款中抵扣，不足抵扣的，可以向以后年度递延抵扣或申请退税。

亏损企业追补确认以前年度未在企业所得税前扣除的支出，或盈利企业经过追补确认后出现亏损的，应首先调整该项支出所属年度的亏损额，然后再按照弥补亏损的原则计算以后年度多缴的企业所得税款，并按前款规定处理。

五、不得扣除的项目

根据企业所得税法的规定，在计算应纳税所得额时，下列项目不得扣除。

（1）向投资者支付的股息、红利等权益性投资收益款项

向投资者支付的股息、红利等权益性投资收益款项属于企业所得税税后分配事项，如果将该项在所得税前扣除，等于允许企业把向投资者分配的投资收益作为费用扣除。

（2）企业所得税税款

企业自身缴纳的所得税税款，属于利润总额的分配行为，不能也无法在税前扣除。如果企业将以前年度已经缴纳的所得税税款在本年度内税前扣除，属于违法行为。

（3）税收滞纳金

企业因为欠税、偷税等违法行为，被税务机关处罚的滞纳金，不得在税前扣除。

（4）罚金、罚款和被没收财物的损失

纳税人因违反法律、行政法规而交付的罚款、罚金，以及被没收财物的损失，不得扣除。但纳税人逾期归还银行贷款，银行按规定加收的罚息，不属于行政性罚款，允许在税前扣除。

（5）公益性捐赠以外的捐赠支出

纳税人的非公益、救济性捐赠不得扣除。超过国家规定标准的公益、救济性捐赠，不得扣除。

（6）赞助支出

赞助支出，是指各种非广告性质的赞助支出，这些赞助不得扣除。如果属于广告性赞助支出，应以前述"广告费"的相关具体规定参照处理。

（7）未经核定的准备金支出

未经核定的准备金支出，即不符合国务院财政、税务主管部门规定的各项资产减值准备、风险准备等准备金支出。按现行规定，除金融企业（包括银行、证券、保险）的一部分准备金支出允许扣除之外，其他工商企业计提的准备金，一律不得扣除。

（8）与取得收入无关的其他支出

（9）企业之间支付的某些费用

企业之间支付的管理费、企业内营业机构之间支付的租金和特许权使用费，以及非银行企业内营业机构之间支付的利息，不得扣除。

六、亏损弥补

亏损，是指企业依照企业所得税法和实施条例的规定将每一纳税年度的收入总额减除不征税收入、免税收入和各项扣除后小于零的数额。税法规定，企业某一纳税年度发生的亏损可以用下一年度的所得弥补；下一年度的所得不足以弥补的，可以逐年延续弥补，但最长不得超过5年。

企业在汇总计算缴纳企业所得税时，其境外营业机构的亏损不得抵减境内营业机构的盈利。亏损弥补还应注意：亏损弥补期应连续计算，不得间断，而不管允许弥补亏损的5年中是盈利还是亏损；连续发生亏损，其亏损弥补期应按每个年度分别计算，按先亏先补的顺序弥补，不能将每个亏损年度的亏损弥补期相加。

七、关联企业的税务处理规定

1. 关联企业的含义

关联企业，是指有下列关系之一的公司、企业、其他组织或者个人。
（1）在资金、经营、购销等方面存在直接或者间接的拥有或者控制关系。
（2）直接或者间接地同为第三者所拥有或者控制。
（3）其他在利益上具有相关联的关系。

2. 关联企业涉税业务的税务处理

（1）企业与其关联方之间的业务往来，不符合独立交易原则而减少企业或者其关联方应纳税收入或者所得额的，税务机关有权按照合理方法调整。

（2）企业与其关联方共同开发、受让无形资产，或者共同提供、接受劳务发生的成本，在计算应纳税所得额时应当按照独立交易原则进行分摊。

（3）企业可以向税务机关提出与其关联方之间业务往来的定价原则和计算方法，税务机关与企业协商、确认后，达成预约定价安排。

（4）企业向税务机关报送年度企业所得税纳税申报表时，应当就其与关联方之间的业务往来，附送年度关联业务往来报告表。

（5）税务机关在进行关联业务调查时，企业及其关联方，以及与关联业务调查有关的其他企业，应当按照规定提供相关资料。

（6）企业不提供与其关联方之间业务往来资料，或者提供虚假、不完整资料，未能真实反映其关联业务往来情况的，税务机关有权依法核定其应纳税所得额。

（7）企业从其关联方接受的债权性投资与权益性投资的比例超过规定标准而发生的利息支出，不得在计算应纳税所得额时扣除。

税务机关依照上述规定做出纳税调整，需要补征税款的，应当补征税款，并按照国务院规定加收利息。

3. 关联企业纳税调整的方法

税法规定，纳税人与其关联企业之间的业务往来，应当按照独立企业之间的业务往来收取或者支付价款、费用。不按独立企业之间的业务往来收取或者支付价款、费用，而减少应纳税所得额的，税务机关有权按下列方法进行调整。

（1）可比非受控价格法，是指按照没有关联关系的交易各方进行相同或者类似业务往来的价格进行定价的方法。

（2）再销售价格法，是指按照从关联方购进商品再销售给没有关联关系的交易方的价格，减除相同或者类似业务的销售毛利进行定价的方法。

（3）成本加成法，是指按照成本加合理的费用和利润进行定价的方法。

（4）交易净利润法，是指按照没有关联关系的交易各方进行相同或者类似业务往来取得的净利润水平确定利润的方法。

（5）利润分割法，是指将企业与其关联方的合并利润或者亏损在各方之间采用合理标准进行分配的方法。

（6）其他符合独立交易原则的方法。

任务四　企业所得税应纳税额的计算

一、居民企业应纳税额的计算

基本计算公式为：

应纳税额＝应纳税所得额×适用税率－减免税额－抵免税额

公式中的减免税额和抵免税额，是指依照《企业所得税法》和国务院的税收优惠规定减征、免征和抵免的应纳税额。

【例 11-6】 某运输企业为居民企业，2013 年与企业所得税有关的资料如下。

全年取得主营业务收入 4 000 万元，发生主营业务成本 2 600 万元；发生销售费用 770 万元（其中广告费 650 万元）；发生管理费用 480 万元（其中业务招待费 25 万元）；发生财务费用 60 万元；发生营业税金及附加 40 万元；取得营业外收入 80 万元；发生营业外支出 50 万元（其中含公益性捐赠 30 万元、税收滞纳金 6 万元）。计算该企业 2013 年应纳的企业所得税。

解析：

（1）会计利润＝4 000－2 600－770－480－60－40＋80－50＝80（万元）；

（2）广告费扣除限额＝4 000×15%＝600（万元），应调增所得额＝650－600＝50（万元）；

（3）按业务招待费实际发生额的 60%计算＝25×60%＝15（万元）；按营业收入的 0.5%计算＝4 000×0.5%＝20（万元）；因此扣除限额为 15（万元），应调增所得额＝25－15＝10（万元）；

（4）公益性捐赠扣除限额＝80×12%＝9.6（万元）；实际捐赠额 30 万元大于扣除限额 9.6 万元，应调增所得额＝30－9.6＝20.4（万元）；

（5）税收滞纳金不得扣除，应调增所得额 6 万元；

（6）应纳税所得额＝80＋50＋10＋20.4＋6＝166.4（万元）；

（7）应纳企业所得税额＝166.4×25%＝41.6（万元）。

【例 11-7】 某钢铁企业为居民企业，2013 年与企业所得税有关的资料如下。

全年取得主营业务收入 5 600 万元，发生主营业务成本 4 000 万元；其他业务收入 800 万元，其他业务成本 660 万元；取得国债利息收入 40 万元；发生销售费用 300 万元；发生管理费用 760 万元，其中新技术研发费用为 60 万元、业务招待费用 70 万元；发生财务费用 200 万元；取得营业外收入（处置固定资产净收益）100 万元；发生营业外支出 250 万元（其中含公益性捐赠 42 万元）。计算该企业 2013 年应纳的企业所得税。

解析：

（1）会计利润＝5 600－4 000＋800－660＋40－300－760－200＋100－250＝370（万元）；

（2）由于国债利息收入免征企业所得税，应调减所得额 40（万元）；

（3）技术研发费用可加计扣除，应调减所得额 60×50%＝30（万元）；

（4）按业务招待费实际发生额的 60%计算＝70×60%＝42（万元）；按营业收入的 0.5%计算＝（5 600＋800）×0.5%＝32（万元）；因此扣除限额为 32 万元，应调增所得额＝70－32＝38（万元）；

(5) 公益性捐赠扣除限额＝370×12%＝44.4（万元）；实际捐赠额 42 万元小于扣除限额 44.4 万元，可全额扣除；

(6) 应纳税所得额＝370－40－30＋38＝338（万元）；

(7) 应纳企业所得税税额＝338×25%＝84.5（万元）。

二、非居民企业应纳税额的计算

非居民企业在中国境内未设立机构、场所的，或者虽设立机构、场所但取得的所得与其所设机构、场所没有实际联系的，按照下列方法计算其应纳税所得额。

(1) 股息、红利等权益性投资收益和利息、租金、特许权使用费所得，以收入全额为应纳税所得额。

(2) 转让财产所得，以收入全额减除财产净值后的余额为应纳税所得额。

(3) 其他所得，参照前两项规定的方法计算应纳税所得额。

在计算出应纳税所得额的基础上，乘以适用税率，即为非居民企业应纳税额。

三、境外所得抵扣税额的计算

企业取得的下列所得已在境外缴纳的所得税税额，可以从其当期应纳税额中抵免，抵免限额为该项所得依照我国《企业所得税法》及《企业所得税实施条例》的规定计算的应纳税额；超过抵免限额的部分，可以在以后 5 个年度内，用每年度抵免限额抵免当年应抵税额后的余额进行抵补。

(1) 居民企业来源于中国境外的应税所得。

(2) 非居民企业在中国境内设立机构、场所，取得发生在中国境外但与该机构、场所有实际联系的应税所得。

除国务院财政、税务主管部门另有规定外，该抵免限额应当分国（地区）不分项计算，计算公式为：

某国（地区）所得税抵免限额
＝中国境内、境外所得依照企业所得税法及实施条例的规定计算的应纳税总额
×来源于某国（地区）的应纳税所得额÷中国境内、境外应纳税所得总额。

【例 11-8】 某企业 2013 年度境内应纳税所得额为 100 万元，适用 25%的企业所得税税率。另外，该企业分别在 A、B 两国设有分支机构（A、B 两国与我国已缔结避免双重征税协定），在 A 国分支机构的应纳税所得额为 40 万元，A 国税率为 20%；在 B 国分支机构的应纳税所得额为 20 万元，B 国税率为 30%。假设该企业在 A、B 两国所得按我国税法计算的应纳税所得额和按 A、B 两国税法计算的应纳税所得额一致，两个分支机构在 A、B 两国分别缴纳了 8 万元和 6 万元的企业所得税。计算该企业在我国应缴纳的企业所得税税额。

解析：

(1) 该企业按我国税法计算的境内、境外所得的应纳税额＝（100＋40＋20）×25%

=40（万元）。

（2）A、B 两国的扣除限额：

A 国扣除限额＝40×（40÷(100＋40＋20)）＝10（万元）；

B 国扣除限额＝40×（20÷(100＋40＋20)）＝5（万元）；

在 A 国缴纳的所得税税额为 8 万元，低于扣除限额 10 万元，可全额扣除。

在 B 国缴纳的所得税税额为 6 万元，高于扣除限额 5 万元，超过部分 1 万元当年不能扣除。

（3）该企业在我国应缴纳的企业所得税＝100－8－5＝87（万元）。

任务五　资产的税务处理业务

企业的各项资产，包括固定资产、生物资产、无形资产、长期待摊费用、投资资产、存货等，以历史成本为计税基础。所称历史成本，是指企业取得该项资产时实际发生的支出。企业持有各项资产期间资产增值或者减值，除国务院财政、税务主管部门规定可以确认损益外，不得调整该资产的计税基础。

一、固定资产的税务处理

固定资产，是指企业为生产产品、提供劳务、出租或者经营管理而持有的、使用时间超过 12 个月的非货币性资产，包括房屋、建筑物、机器、机械、运输工具以及其他与生产经营活动有关的设备、器具、工具等。

1. 固定资产的计税基础

根据税法规定，固定资产的计税基础按照以下方式确定。

（1）外购的固定资产，以购买价款和支付的相关税费以及直接归属于使该资产达到预定用途发生的其他支出为计税基础。

（2）自行建造的固定资产，以竣工结算前发生的支出为计税基础。

（3）融资租入的固定资产，以租赁合同约定的付款总额和承租人在签订租赁合同过程中发生的相关费用为计税基础，租赁合同未约定付款总额的，以该资产的公允价值和承租人在签订租赁合同过程中发生的相关费用为计税基础。

（4）盘盈的固定资产，以同类固定资产的重置完全价值为计税基础。

（5）通过捐赠、投资、非货币性资产交换、债务重组等方式取得的固定资产，以该资产的公允价值和支付的相关税费为计税基础。

（6）改建的固定资产，除已足额提取折旧的固定资产的改建支出和租入固定资产的改建支出外，以改建过程中发生的改建支出增加计税基础。

2. 固定资产的折旧范围

在计算应纳税所得额时，企业按照规定计算的固定资产折旧，准予扣除。下列固资产不得计算折旧扣除。

(1) 房屋、建筑物以外未投入使用的固定资产。

(2) 以经营租赁方式租入的固定资产。

(3) 以融资租赁方式租出的固定资产。

(4) 已足额提取折旧仍继续使用的固定资产。

(5) 与经营活动无关的固定资产。

(6) 单独估价作为固定资产入账的土地。

(7) 其他不得计算折旧扣除的固定资产。

3. 固定资产的折旧方法

(1) 计提折旧的起止时间和残值的确定

企业应当从固定资产使用月份的次月起计算折旧;停止使用的固定资产,应当从停止使用月份的次月起停止计算折旧。企业应当根据固定资产的性质和使用情况,合理确定固定资产的预计净残值。固定资产预计净残值一经确定,不得变更。

(2) 折旧年限的规定

税法规定,除特殊原因(如在国民经济中具有重要地位、科技进步较快的企业),需要缩短折旧年限的,由企业提出申请,逐级报国家税务总局批准。其他企业固定资产的折旧不得短于以下规定年限。

① 房屋、建筑物为 20 年。

② 飞机、火车、轮船、机器、机械和其他生产设备为 10 年。

③ 电子设备为 3 年。

④ 飞机、火车、轮船以外的运输工具为 4 年。

⑤ 与生产经营有关的器具、工具、家具等为 5 年。

(3) 折旧的计算方法

固定资产按照直线法计算的折旧,准予扣除。其他方法必须经过主管税务机关批准方可扣除。

二、生物资产的税务处理

生物资产,是指有生命的动物和植物,分为消耗性生物资产、生产性生物资产和公益性生物资产。

(1) 消耗性生物资产,是指为出售而持有的或在将来收获为农产品的生物资产,包括生长中的大田作物、蔬菜、可用材料以及存栏待售的牲畜等。

(2) 生产性生物资产,是指为产出农产品、提供劳务或者出租等目的而持有的生物资产,包括经济林、薪炭林、产畜和役畜等。

(3) 公益性生物资产,是指以防护、环境保护为主要目的的生物资产,包括防风固沙林、水土保持林和水源涵养林等。

1. 生产性生物资产的计税基础

税法规定,生产性生物资产按照以下方法确定计税基础。
(1) 外购生产性生物资产,以购买价款和支付的相关税费为计税基础。
(2) 通过捐赠、投资、非货币性资产交换、债务重组等方式取得的生产性生物资产,以该资产的公允价值和支付的相关税费为计税基础。

2. 生产性生物资产的折旧年限

税法规定,生产性生物资产计算折旧的最低年限如下。
(1) 林木类生产性生物资产,为10年。
(2) 畜类生产性生物资产,为3年。

3. 生产性生物资产的折旧方法

生产性生物资产按照直线法计算的折旧,准予扣除。

企业应当自生产性生物资产投入使用月份的次月起计算折旧;停止使用的生产性生物资产,应当自停止使用月份的次月起停止计算折旧。

企业应当根据生产性生物资产的性质和使用情况,合理确定生产性生物资产的预计净残值。生产性生物资产的预计净残值一经确定,不得变更。

三、无形资产的税务处理

无形资产,是指企业为生产产品、提供劳务、出租或者经营管理而持有的、没有实物形态的非货币性长期资产,包括专利权、商标权、著作权、土地使用权、非专利技术、商誉等。

1. 无形资产的计税基础

税法规定,无形资产按照以下方法确定计税基础。
(1) 外购的无形资产,以购买价款和支付的相关税费以及直接归属于使该资产达到预定用途发生的其他支出为计税基础。
(2) 自行开发的无形资产,以开发过程中该资产符合资本化条件后至达到预定用途前发生的支出为计税基础。
(3) 通过捐赠、投资、非货币性资产交换、债务重组等方式取得的无形资产,以该资产的公允价值和支付的相关税费为计税基础。

2. 无形资产的摊销方法

税法规定,无形资产按照直线法计算的摊销费用,准予扣除。
(1) 无形资产的摊销年限不得低于10年。
(2) 作为投资或者受让的无形资产,有关法律规定或者合同约定了使用年限的,可以按照规定或者约定的使用年限分期摊销。

(3) 外购商誉的支出，在企业整体转让或者清算时，准予扣除。

3. 不得计算摊销费用的无形资产

税法规定，下列无形资产不得计算摊销费用扣除。
（1）自行开发的支出已在计算应纳税所得额时扣除的无形资产。
（2）自创商誉。
（3）与经营活动无关的无形资产。
（4）其他不得计算摊销费用扣除的无形资产。

四、长期待摊费用的税务处理

长期待摊费用是指企业实际已经支出，但摊销期限在1年以上（不含1年）的各项费用。

在计算应纳税所得额时，企业发生的下列支出作为长期待摊费用，按照规定摊销的，准予扣除。
（1）已足额提取折旧的固定资产的改建支出。
（2）租入固定资产的改建支出。
（3）固定资产的大修理支出。
（4）其他应当作为长期待摊费用的支出。

五、流动资产的税务处理

纳税人的商品、材料、产成品、半成品等存货的计价，应当以实际成本为准，纳税人各种存货的发出和领用，其实际成本的计算方法，可以在先进先出法、加权平均法、移动平均法等方法中任选一种。计价方法一经选用，不得随意改变；确实需要改变计价方法的，应当在下一纳税年度开始前报主管税务机关备案。

任务六　熟悉企业所得税的税收优惠政策

企业所得税的税收优惠，是指国家根据经济和社会发展的需要，在一定的期限内对特定地区、行业和企业的纳税人应缴纳的企业所得税，给予减征或者免征的一种照顾和鼓励措施。

1. 税基式减免

（1）免税收入
税法规定，下列收入属于免税收入。
① 国债利息收入。
② 地方政府债券利息所得。

③ 符合条件的居民企业之间的股息、红利等权益性投资收益。

④ 在中国境内设立机构、场所的非居民企业从居民企业取得与该机构、场所有实际联系的股息、红利收入。

⑤ 符合条件的非营利组织的收入。

⑥ 其他免税收入。

（2）减计收入

税法规定，下列综合利用资源的收入可按照规定比例减计收入。

① 企业以《资源综合利用企业所得税优惠目录》规定的资源作为主要原材料，生产国家非限制和禁止并符合国家和行业相关标准的产品取得的收入，减按 90%计入收入总额。

② 其他法规规定的减计项目，按照税法规定计算。

（3）加计扣除额

税法规定，下列费用可以加计扣除。

① 开发新技术、新产品、新工艺发生的研究开发费用，可以按实际发生额加计扣除 50%，即可以扣除实际发生额的 150%；形成无形资产的，按照无形资产成本的 150%摊销。

② 安置残疾人员所支付的工资，可以按照实际发生额加计 100%，即可扣除实际发生额的 200%。

③ 国家鼓励安置的其他就业人员支付的工资，按照国务院有关规定加计扣除。

④ 其他加计扣除项目。

（4）抵扣应纳税所得额

税法规定，创业投资企业采取股权投资方式投资于未上市的中小高新技术企业 2 年以上的，可以按照其投资额的 70%在股权持有满 2 年的当年抵扣该创业投资企业的应纳税所得额；当年不足抵扣的，可以在以后纳税年度结转抵扣。

2. 税率式减免

（1）符合条件的小型微利企业，减按20%的税率征收企业所得税

小型微利企业，是指从事国家非限制和禁止行业，并符合下列条件的企业。

① 工业企业：年度应纳税所得额不超过 30 万元，从业人数不超过 100 人，资产总额不超过 3 000 万元。

② 其他企业：年度应纳税所得额不超过 30 万元，从业人数不超过 80 人，资产总额不超过 1 000 万元。

自 2011 年 1 月 1 日至 2011 年 12 月 31 日，对年应纳税所得额低于 3 万元（含 3 万元）的小型微利企业，其所得减按 50%计入应纳税所得额，按 20%的税率缴纳企业所得税。

（2）国家需要重点扶持的高新技术企业，减按15%的税率征收企业所得税

国家需要重点扶持的高新技术企业，是指拥有核心自主知识产权，并同时符合下列条件的企业。

① 产品（服务）属于《国家重点支持的高新技术领域》规定的范围。

② 研究开发费用占销售收入的比例不低于规定比例。
③ 高新技术产品（服务）收入占企业总收入的比例不低于规定比例。
④ 科技人员占企业职工总数的比例不低于规定比例。
⑤ 高新技术企业认定管理办法规定的其他条件。

（3）符合下列条件的非居民企业，减按10%的税率征收企业所得税

非居民企业在中国境内未设立机构、场所的，或者虽设立机构、场所但取得的所得与其所设机构、场所没有实际联系的，应当就其来源于中国境内的所得缴纳企业所得税。

（4）自2011年1月1日至2020年12月31日，对设在西部地区的鼓励类产业企业减按15%的税率征收企业所得税

鼓励类产业企业，是指以《西部地区鼓励类产业目录》中规定的产业项目为主营业务，且其主营业务收入占企业收入总额70%以上的企业。

3. 税额式减免

（1）从事农、林、牧、渔业项目所得的税收减免

下列项目所得，免征企业所得税。
① 蔬菜、谷物、薯类、油料、豆类、棉花、麻类、糖料、水果、坚果的种植。
② 农作物新品种的选育。
③ 中药材的种植。
④ 林木的培育和种植。
⑤ 牲畜、家禽的饲养。
⑥ 林产品的采集。
⑦ 灌溉、农产品初加工、兽医、农技推广、农机作业和维修等农、林、牧、渔服务业项目。
⑧ 远洋捕捞。
⑨ 其他所得。

下列项目所得，减半征收企业所得税。
① 花卉、茶以及其他饮料作物和香料作物的种植。
② 海水养殖、内陆养殖。
③ 持有2011—2013年发行的中国铁路建设债券取得的利息收入。
④ 其他所得。

（2）从事国家重点扶持的公共基础设施项目投资经营所得的减免

企业从事税法规定的国家重点扶持的公共基础设施项目的投资经营的所得，自项目取得第一笔生产经营收入所属纳税年度起，第一年至第三年免征企业所得税，第四年至第六年减半征收企业所得税。

国家重点扶持的公共基础设施项目，是指《公共基础设施项目企业所得税优惠目录》规定的港口码头、机场、铁路、公路、城市公共交通、电力、水利等项目。

（3）从事符合条件的环境保护、节能节水项目所得的减免

企业从事税法规定的符合条件的环境保护、节能节水项目的所得，自项目取得第一

笔生产经营收入所属纳税年度起，第一年至第三年免征企业所得税，第四年至第六年减半征收企业所得税。

上述所称符合条件的环境保护、节能节水项目，包括公共污水处理、公共垃圾处理、沼气综合开发利用、节能减排技术改造、海水淡化等。项目的具体条件和范围由国务院财政、税务主管部门商国务院有关部门制定，报国务院批准后公布施行。

（4）符合条件的技术转让所得的减免

根据税法规定，在一个纳税年度内，居民企业技术转让所得不超过 500 万元的部分，免征企业所得税；超过 500 万元的部分，减半征收企业所得税。

（5）下列所得，可以进行企业所得税应纳税额的抵免

企业购置并实际使用《环境保护专用设备企业所得税优惠目录》、《节能节水专用设备企业所得税优惠目录》和《安全生产专用设备企业所得税优惠目录》规定的环境保护、节能节水、安全生产等专用设备的，该专用设备的投资额的10%可以从企业当年的应纳税额中抵免；当年不足抵免的，可以在以后 5 个纳税年度结转抵免。

享受上述规定的企业所得税优惠的企业，应当实际购置并自身实际投入使用上述各《目录》规定的专用设备；企业购置上述专用设备在 5 年内转让、出租的，应当停止享受企业所得税优惠，并补缴已经抵免的企业所得税税款。

（6）生产和装配伤残人员专门用品的居民企业，可在 2015 年年底以前免征企业所得税

（7）2010 年 1 月 1 日至 2020 年 12 月 31 日，对在新疆困难地区新办的属于《新疆困难地区重点鼓励发展产业企业所得税优惠目录》范围内的企业，自取得第一笔生产经营收入所属纳税年度起，第一年至第二年免征企业所得税，第三年至第五年减半征收企业所得税。新疆困难地区包括南疆三地州、其他国家扶贫开发重点县和边境县市

（8）下列非居民企业的所得，免征企业所得税

① 外国政府向中国政府提供贷款取得的利息所得。
② 国际金融组织向中国政府和居民企业提供优惠贷款取得的利息所得。
③ 经国务院批准的其他所得。

4. 其他减免形式

（1）民族自治地区的减免

税法规定，民族自治地方的自治机关对本民族自治地方的企业应缴纳的企业所得税中属于地方分享的部分，可以决定减征或者免征。自治州、自治县决定减征或者免征的，须报省、自治区、直辖市人民政府批准。

（2）固定资产加速折旧的规定

税法规定，企业的固定资产由于技术进步等原因，确需加速折旧的，可以缩短折旧年限或者采取加速折旧的方法。

可以采取缩短折旧年限或者采取加速折旧方法的固定资产，包括：

① 由于技术进步，产品更新换代较快的固定资产；

② 常年处于强震动、高腐蚀状态的固定资产。

采取缩短折旧年限方法的，最低折旧年限不得低于《企业所得税法》规定折旧年限的 60%；采取加速折旧方法的，可以采取双倍余额递减法或者年数总和法。

(3) 其他税收优惠政策的规定

根据国民经济和社会发展的需要，或者由于突发事件等原因对企业经营活动产生重大影响的，国务院可以制定企业所得税专项优惠政策，报全国人民代表大会常务委员会备案。

5. 企业所得税过渡性税收优惠政策

（1）继续执行西部大开发税收优惠政策

根据国务院实施西部大开发有关文件精神，财政部、税务总局和海关总署联合下发的《财政部、国家税务总局、海关总署关于西部大开发税收优惠政策问题的通知》(财税〔2001〕202 号）中规定的西部大开发企业所得税优惠政策继续执行。

（2）实施企业税收过渡优惠政策的其他规定

享受企业所得税过渡优惠政策的企业，应按照新税法和实施条例中有关收入和扣除的规定计算应纳税所得额。

企业所得税过渡优惠政策与《企业所得税法》及实施条例规定的优惠政策存在交叉的，由企业选择最优惠的政策执行，不得叠加享受，且一经选择，不得改变。

任务七　企业所得税的申报与缴纳

一、企业所得税的纳税期限和纳税地点

1. 企业所得税的纳税期限

企业所得税按年计征，分月或者分季预缴（由税务机关具体核定），年终汇算清缴，多退少补。

企业所得税的纳税年度，自公历 1 月 1 日起至 12 月 31 日止。企业在一个纳税年度中间开业，或者终止经营活动，使该纳税年度的实际经营期不足 12 个月的，应当以其实际经营期为一个纳税年度。企业依法清算时，应当以清算期间作为一个纳税年度。

企业应当自月份或者季度终了之日起 15 日内，向税务机关报送预缴企业所得税纳税申报表，预缴税款。企业应当自年度终了之日起 5 个月内，向税务机关报送年度企业所得税纳税申报表，并汇算清缴，结清应缴应退税款。

企业在年度中间终止经营活动的，应当自实际经营终止之日起 60 日内，向税务机关办理当期企业所得税汇算清缴。

2. 企业所得税的纳税地点

除税收法律、行政法规另有规定外,居民企业以企业登记注册地为纳税地点;但登记注册地在境外的,以实际管理机构所在地为纳税地点。

居民企业在中国境内设立不具有法人资格的营业机构的,应当汇总计算并缴纳企业所得税。

非居民企业取得在中国境内设立的机构、场所的所得,或发生在中国境外但与其境内所设机构、场所有实际联系的所得,以机构、场所所在地为纳税地点。非居民企业在中国境内设立两个或者两个以上机构、场所的,经税务机关审核批准,可以选择由其主要机构、场所汇总缴纳企业所得税。

非居民企业在中国境内未设立机构、场所的,或者虽设立机构、场所但取得的所得与其所设机构、场所没有实际联系的,其来源于中国境内的所得,以扣缴义务人所在地为纳税地点。

除国务院另有规定外,企业之间不得合并缴纳企业所得税。

二、企业所得税税款的缴纳

企业所得税按年计算,分月或者分季预缴,年终汇算清缴,多退少补,其计算公式为:

本期累计应纳所得税税额＝本期累计应纳税所得额×适用税率

本期应纳所得税税额＝本期累计应纳所得税税额－以前各期累计已纳所得税税额

【例 11-9】 某企业 2013 年度取得销售收入 80 万元;其他收入 7 万元,其中国库券利息收入 3 万元;各项成本费用总计为 60 万元,其中交纳工商罚款 2 万元,该企业已预交所得税 6.6 万元。则该企业应纳企业所得税税额为:

（1）1～12 月累计税前会计利润＝80＋7－60＝27（万元）;

（2）1～12 月累计应纳所得税税额＝27＋2－3＝26（万元）;

（3）1～12 月累计应纳税额＝26×25％＝6.5（万元）;

（4）全年应退所得税税额＝6.6－6.5＝0.1（万元）。

三、企业所得税的纳税申报表

企业所得税纳税申报表按照填报期限可以分为（月份或季度）企业所得税预缴纳税申报表（A 类）（如表 11-1 所示）和企业所得税年度纳税申报表（如表 11-2 所示）。两种表格的填制内容和规定具有较大的差异,下面分别介绍如下。

表 11-1 企业所得税预缴纳税申报表（A 类）

税款所属期间　　年　月　日至　年　月　日

纳税人识别号：

纳税人名称：　　　　　　　　　　　　　　　　　　　　　　　金额单位：元（列至角分）

行次	项目	本期金额	累计金额
1	一、按照实际利润额预缴		
2	营业收入		
3	营业成本		
4	利润总额		
5	加：特定业务计算的应纳税所得额		
6	减：不征税收入		
7	免税收入		
8	弥补以前年度亏损		
9	实际利润额（4 行＋5 行－6 行－7 行－8 行）		
10	税率(25%)		
11	应纳所得税额		
12	减：减免所得税额		
13	减：实际已预缴所得税额	—	
14	减：特定业务预缴（征）所得税额		
15	应补（退）所得税额（11 行－12 行－13 行－14 行）	—	
16	减：以前年度多缴在本期抵缴所得税额		
17	本期实际应补（退）所得税额	—	
18	二、按照上一纳税年度应纳税所得额平均额预缴		
19	上一纳税年度应纳税所得额	—	
20	本月（季）应纳税所得额（19 行×1/4 或 1/12）		
21	税率(25%)		
22	本月（季）应纳所得税额（20 行×21 行）		
23	三、按照税务机关确定的其他方法预缴		
24	本月（季）确定预缴的所得税额		
25	总分机构纳税人		
26	总机构	总机构应分摊所得税额（15 行或 22 行或 24 行×总机构应分摊预缴比例）		
27		财政集中分配所得税额		
28		分支机构应分摊所得税额（含 15 行或 22 行或 24 行×分支机构应分摊比例）		
29		其中：总机构独立生产经营部门应分摊所得税额		
30		总机构已撤销分支机构应分摊所得税额		
31	分支机构	分配比例		
32		分配所得税额		

谨声明：此纳税申报表是根据《中华人民共和国企业所得税法》、《中华人民共和国企业所得税法实施条例》和国家有关税收规定填报的，是真实的、可靠的、完整的。

法定代表人（签字）：　　　　　　　　　　　　年　　月　　日

表 11-2　企业所得税年度纳税申报表（A 类）

税款所属期间：　　年　月　日至　　年　月　日

纳税人识别号：
纳税人名称：　　　　　　　　　　　　　　　　　　　　金额单位：元（列至角分）

类　别	行　次	项　目	金　额
利润总额计算	1	一、营业收入（填附表一）	
	2	减：营业成本（填附表二）	
	3	营业税金及附加	
	4	销售费用（填附表二）	
	5	管理费用（填附表二）	
	6	财务费用（填附表二）	
	7	资产减值损失	
	8	加：公允价值变动收益	
	9	投资收益	
	10	二、营业利润	
	11	加：营业外收入（填附表一）	
	12	减：营业外支出（填附表二）	
	13	三、利润总额（10 行＋11 行－12 行）	
应纳税所得额计算	14	加：纳税调整增加额（填附表三）	
	15	减：纳税调整减少额（填附表三）	
	16	其中：不征税收入	
	17	免税收入	
	18	减计收入	
	19	减、免税项目所得	
	20	加计扣除	
	21	抵扣应纳税所得额	
	22	加：境外应税所得弥补境内亏损	
	23	纳税调整后所得（13 行＋14 行－15 行＋22 行）	
	24	减：弥补以前年度亏损（填附表四）	
	25	应纳税所得额（23 行－24 行）	
应纳税额计算	26	税率（25%）	
	27	应纳所得税额（25 行×26 行）	
	28	减：减免所得税额（填附表五）	
	29	减：抵免所得税额（填附表五）	
	30	应纳税额（27 行－28 行－29 行）	
	31	加：境外所得应纳所得税额（填附表六）	
	32	减：境外所得抵免所得税额（填附表六）	

续表

类别	行次	项目	金额
应纳税额计算	33	实际应纳所得税额（30行＋31行－32行）	
	34	减：本年累计实际已预缴的所得税额	
	35	其中：汇总纳税的总机构分摊预缴的税额	
	36	汇总纳税的总机构财政调库预缴的税额	
	37	汇总纳税的总机构所属分支机构分摊的预缴税额	
	38	合并纳税（母子体制）成员企业就地预缴比例	
	39	合并纳税企业就地预缴的所得税额	
	40	本年应补（退）的所得税额（33行－34行）	
附列资料	41	以前年度多缴的所得税额在本年抵减额	
	42	以前年度应缴未缴在本年入库所得税额	

谨声明：此纳税申报表是根据《中华人民共和国企业所得税法》、《中华人民共和国企业所得税法实施条例》和国家有关税收规定填报的，是真实的、可靠的、完整的。

纳税人公章： 经办人： 申报日期：　　年　月　日	代理申报中介机构公章： 经办人及执业证件号码： 代理申报日期：　　年　月　日	主管税务机关受理专用章： 受理人： 受理日期：　　年　月　日

注：相关附表表格及其填表说明请查"国家税务总局网站——政策法规专栏"。

复习、思考与练习

1. 名词解释：企业所得税、居民企业、非居民企业、应纳税所得额和关联企业。
2. 企业所得税的纳税人、征税对象、税率是如何规定的？
3. 企业所得税的应纳税所得额是怎样确定的？
4. 计算企业所得税时，哪些项目准予扣除，哪些项目不准扣除？
5. 某企业2011年度取得产品销售收入5 000万元，接受捐赠收入10万元，国债利息收入12万元；当年各项支出共计4 300万元，其中，业务招待费支出30万元，工商行政管理部门罚款支出5万元，其他各项支出均符合税法规定。计算该企业本年度应纳企业所得税。
6. 某工业企业，2013年度生产经营情况如下：
（1）销售收入4 500万元；销售成本2 000万元；增值税700万元，销售税金及附加80万元。
（2）其他业务收入300万元。
（3）销售费用1 500万元，其中含广告费800万元、业务宣传费20万元。
（4）管理费用500万元，其中含业务招待费50万元、研究新产品费用40万元。
（5）财务费用80万元，其中含向非金融机构借款一年的利息50万元（按银行同期同类贷款利率计算的利息是30万元)。

(6) 营业外支出30万元,其中含接受工商局罚款1万元,通过政府部门向灾区捐赠20万元。

(7) 投资收益18万元,系从直接投资外地居民公司而分回税后利润17万元和外国国债利息1万元。

计算该企业2013年度应缴企业所得税税额。

综合实训

1. 企业相关资料

(1) 建华机械厂,国有独资企业。

(2) 会计核算制度健全,在职工人数为300人。

(3) 坏账损失采用账龄法计提坏账准备。

(4) 2013年度全年销售收入总额为1 980万元,利润总额为130万元,已预缴所得税31.2万元,以前年度无亏损。

2. 涉及纳税调整的业务资料

(1) 全年"应付职工薪酬"账户中工资明细账的贷方合计为900万元。

(2) "财务费用"账户的利息支出金额12万元,其中7万元企业内部集资利息支出,集资的利率为10%(同期银行贷款利率为6.93%)。

(3) "管理费用"账户中,业务招待费金额为8.5万元。

(4) "应收账款"账户年末余额为80万元,"坏账准备"账户年末贷方余额为1万元(假定年初余额为0)。

(5) "营业外支出"账户中,排污罚款支出4万元,对外捐款9万元,其中通过希望工程基金会捐款7万元,直接向某灾区捐款2万元。

(6) "投资收益"明细账中,列有国债利息收入3万元。

3. 要求

(1) 计算该企业年末应纳所得税税额。

(2) 计算该企业年末应补(退)所得税税额。

(3) 将有关资料填入企业所得税纳税申报表。

项目十二　个人所得税实务

任务一　个人所得税基本理论认知

一、个人所得税的概念

个人所得税,是对我国居民的境内、境外所得,以及非居民的境内所得征收的一种税。

我国现行个人所得税的基本法规,是第十一届全国人民代表大会常务委员会第二十一次会议于 2011 年 6 月 30 日修订,并于 2011 年 9 月 1 日起施行的《中华人民共和国个人所得税法》(以下简称《个人所得税法》)。

二、个人所得税的特点

1. 在征收制度上实行综合所得税制和分类所得税制相结合

世界各国的个人所得税制主要分为三种类型:综合所得税制、分类所得税制和混合所得税制。我国现行的个人所得税采用的是综合所得税制和分类所得税制相结合,即将个人取得的各项应税所得划分为 11 类,并对某些应税项目实行不同的税率和不同的费用扣除标准,而对另外一些项目则实行综合扣除费用后合并计税。

2. 累进税率与比例税率并用

现行的个人所得税在税率上,根据不同的应税所得分别实行累进税率与比例税率两种形式。对工资和薪金所得、对企事业单位承包承租经营所得和个体工商户所得实行超额累进税率,对上述三种所得以外的其他应税所得实行比例税率,以实现对个人收入差距的合理调节,量能负担。

3. 费用扣除较宽

现行的个人所得税对各项应税所得,根据情况不同分别在费用扣除上实行定额扣除和定率扣除两种方法。定额扣除的标准为 800 元、3 500 元和 4 800 元等几种,定率扣除的标准为 20%,将征税的重点集中在高收入者的身上,以体现多得多征、少得少征的公平税负精神。

4. 采取代扣代缴和自行申报两种征纳方法

现行个人所得税在纳税申报上,对应纳税额分别采用由支付单位在支付环节代扣代缴和纳税人自行向税务机关申报缴纳个人所得税两种方法。这样有利于控制个人所得税税款的流失，以便于个人所得税的征收管理。

5. 个人所得税属于地方税

地方税是相对于中央税、中央和地方共享税而言的。

任务二　熟悉个人所得税的基本构成要素

一、纳税义务人

个人所得税的纳税人，按照国际通常的做法，依据住所和居住时间两个标准，分为居民纳税人和非居民纳税人，他们分别承担不同的纳税义务。

1. 居民纳税人

居民纳税人负有无限纳税义务，其所取得的应纳税所得，无论是来源于中国境内还是中国境外，都要在境内缴纳个人所得税。根据税法规定，居民纳税人是指在中国境内有住所，或者无住所而在中国境内居住满1年的个人。

在中国境内有住所的个人，是指因户籍、家庭、经济利益关系，而在中国境内习惯性居住的个人。习惯性居住，是指个人因学习、工作、探亲、旅游等原因消除之后，没有理由在其他地方继续居留时所要回到的地方，而不是指实际居住或在某一个特定时期内的居住地。

在中国境内居住满1年，是指在一个纳税年度（即公历1月1日起至12月31日止）中在中国境内居住满365日。在计算居住天数时，对临时离境应视同在中国境内居住，不扣减其在中国境内居住的天数。临时离境，是指在一个纳税年度内，一次不超过30日或者多次累计不超过90日的离境。例如，某位在我国无住所的外籍人员2012年4月6日来华工作，2013年7月15日结束工作离华，则该外籍人员是我国的非居民纳税人。这是因为该外籍人员在2012年和2013年两个纳税年度中都未在华居住满365日。

2. 非居民纳税人

非居民纳税人，是指在中国境内无住所又不居住，或者在境内居住不满1年的个人。非居民纳税人承担有限纳税义务，只就其来源于中国境内的所得，向中国缴纳个人所得税。

税法规定，下列所得，不论支付地点是在中国境内还是中国境外，均认定为是来源于中国境内，缴纳个人所得税。

（1）在中国境内的公司、企业、事业单位、机关、社会团体、部队、学校等单位或经济组织中任职、受雇，而取得的工资、薪金所得。

（2）在中国境内因提供各种劳务而取得的劳务报酬所得。

（3）在中国境内从事生产、经营活动而取得的所得。

（4）个人出租的财产，被承租人在中国境内使用而取得的财产租赁所得。

（5）转让中国境内的房屋、建筑物、土地使用权，以及在中国境内转让其他财产而取得的财产转让所得。

（6）提供在中国境内使用的专利权、专有技术、商标权、著作权以及其他各种特许权利而取得的特许权使用费所得。

（7）因持有中国的各种债券、股票、股权，而从中国境内的公司、企业或其他经济组织以及个人取得的利息、股息、红利所得。

（8）在中国境内参加各种竞赛活动取得名次的奖金所得，参加中国境内有关部门和单位组织的有奖活动而取得的奖项所得，购买中国境内有关部门和单位发行的彩票取得的中奖所得。

（9）在中国境内以图书、报刊方式出版、发表作品而取得的稿酬所得。

现行税法中关于中国境内的概念，不包括中国香港特别行政区、中国澳门特别行政区和中国台湾地区。

个人独资企业和合伙企业的投资者，也是个人所得税的纳税人。

二、征税对象

个人所得税是以自然人取得的各类应税所得为征税对象而征收的一种所得税。个人所得税的纳税义务人不仅包括个人，还包括具有自然人性质的企业。

个人所得税的应税所得项目主要包括以下几方面内容。

1. 工资、薪金所得

工资、薪金所得，是指个人因任职或者受雇而取得的工资、薪金、奖金、年终加薪、劳动分红、津贴、补贴以及与任职或者受雇有关的其他所得。

根据我国目前个人收入的构成情况，规定对于一些不属于工资、薪金性质的补贴、津贴或者不属于纳税人本人工资、薪金所得项目的收入，不予征税。这些项目包括：

（1）独生子女补贴；

（2）执行公务员工资制度未纳入基本工资总额的补贴、津贴差额和家属成员的副食品补贴；

（3）托儿补助费；

（4）差旅费津贴、误餐补助，如单位以误餐补助名义发给职工的补助、津贴不能包括在内。

2. 个体工商户的生产、经营所得

个体工商户的生产、经营所得，包括：

（1）个体工商户从事工业、手工业、建筑业、交通运输业、商业、饮食业、服务业、修理业及其他行业取得的所得；

（2）个人经政府有关部门批准，取得执照，从事办学、医疗、咨询以及其他有偿服务活动取得的所得；

（3）上述个体工商户和个人取得的与生产、经营有关的各项应税所得；

（4）其他个人从事个体工商业生产、经营取得的所得；

（5）个人因从事彩票代销业务而取得的所得，应按照"个体工商户的生产、经营所得"项目，计征个人所得税。

3. 对企事业单位的承包经营、承租经营的所得

对企事业单位的承包经营、承租经营所得，是指个人承包经营或承租经营以及转包、转租取得的所得，包括个人按月或者按次取得的工资、薪金性质的所得。承包项目可分多种，例如，生产经营、采购、销售、建筑安装等各种承包。转包包括全部转包或部分转包。

4. 劳务报酬所得

劳务报酬所得，是指个人独立从事各种非雇佣的各种劳务所取得的所得，具体包括：设计、装潢、安装、制图、化验、测试、医疗、法律、会计、咨询、讲学、新闻、广播、翻译、审稿、书画、雕刻、影视、录音、录像、演出、表演、广告、展览、技术服务、介绍服务、经纪服务、代办服务和其他劳务等各项所得。

5. 稿酬所得

稿酬所得，是指个人因其作品以图书、报刊形式出版、发表而取得的所得。稿酬所得属于劳务报酬所得的一种形式，之所以将稿酬所得独立划归一个征税项目，给予适当的税收优惠照顾，主要是考虑了出版、发表作品的特殊性。因为：

（1）它是依靠较高智力和智慧创作的精神产品；

（2）它具有普遍性；

（3）它是社会主义精神文明建设的重要组成部分；

（4）它的报酬相对偏低。

6. 特许权使用费所得

特许权使用费所得，是指个人提供专利权、商标权、著作权、非专利技术以及其他特许权的使用权取得的所得。提供著作权的使用权取得的所得，不包括稿酬所得。

7. 利息、股息、红利所得

利息、股息、红利所得，是指个人因拥有债权、股权而取得的利息、股息、红利所得。利息，是指个人因拥有债权而取得的利息，包括存款利息、贷款利息和各种债券的利息。

除个人独资企业、合伙企业以外的其他企业的个人投资者，以企业资金为本人、家庭成员及其相关人员支付与企业生产经营无关的消费性支出及购买汽车、住房等财产性支出，视为企业对个人投资者的红利分配，依照本项目征税。

个人储蓄存款在 1999 年 10 月 31 日前滋生的利息，不征收个人所得税；储蓄存款在 1999 年 11 月 1 日至 2007 年 8 月 14 日滋生的利息，按照 20% 的税率征收个人所得税；

储蓄存款在 2007 年 8 月 15 日至 2008 年 10 月 8 日滋生的利息,按照 5%的税率征收个人所得税;储蓄存款在 2008 年 10 月 9 日后(含 10 月 9 日)滋生的利息,暂免征收个人所得税。

自 2013 年 1 月 1 日起,个人从公开发行和转让市场取得的上市公司股票,持股期限在 1 个月以内(含 1 个月)的,其股息红利所得全额计入应纳税所得额;持股期限在 1 个月以上至 1 年(含 1 年)的,暂减按 50%计入应纳税所得额;持股期限超过 1 年的,暂减按 25%计入应纳税所得额。上述所得统一适用 20%的税率计征个人所得税。

8. 财产租赁所得

财产租赁所得,是指个人出租建筑物、土地使用权、机器设备、车船以及其他财产取得的所得。

个人取得的财产转租收入,也属于本项目的征税范围。

9. 财产转让所得

财产转让所得,是指个人转让有价证券、股权、建筑物、土地使用权、机器设备、车船以及其他财产取得的所得。

对股票转让所得,暂不征收个人所得税。

对集体企业改制为股份合作制时,职工个人以股份形式拥有的量化资产,暂缓征收个人所得税。个人将股份转让时,按转让收入额减除合理费用的余额计税。

10. 偶然所得

偶然所得,是指个人得奖、中奖、中彩以及其他偶然性质的所得。得奖,是指参加各种有奖竞赛活动,取得名次得到的奖金;中奖、中彩,是指参加各种有奖活动,如有奖销售、有奖储蓄,或者购买彩票经过规定程序,抽中、摇中号码而取得的奖金。偶然所得应缴纳的个人所得税税款,一律由发奖单位或机构代扣代缴。

11. 经国务院财政部门确定征税的其他所得

除上述列举的各项个人应税所得外,其他确有必要征税的个人所得,由国务院财政部门确定。个人取得的所得,难以界定应纳税所得项目的,由主管税务机关确定。

三、税率

个人所得税法采用了总额征收制和分项征收制相结合的办法,对不同的列举项目规定了不同的税率。

个人所得税的税率按所得项目不同,分别确定为以下几种不同的所得类型。

1. 工资、薪金所得

工资、薪金所得,适用七级超额累进税率,税率为 3%~45%(见表 12-1)。

表 12-1　工资、薪金所得个人所得税税率表

级数	全月应纳税所得额含税级距	全月应纳税所得额不含税级距	税率	速算扣除数/(元)
1	不超过 1 500 元（含 1 500 元）的	不超过 1 455 元（含 1 455 元）的	3%	0
2	超过 1 500 元至 4 500 元的部分	超过 1 455 元至 4 155 元的部分	10%	105
3	超过 4 500 元至 9 000 元的部分	超过 4 155 元至 7 755 元的部分	20%	555
4	超过 9 000 元至 35 000 元的部分	超过 7 755 元至 27 255 元的部分	25%	1 005
5	超过 35 000 元至 55 000 元的部分	超过 27 255 元至 41 255 元的部分	30%	2 755
6	超过 55 000 元至 80 000 元的部分	超过 41 255 元至 57 505 元的部分	35%	5 505
7	超过 80 000 元的部分	超过 57 505 元的部分	45%	13 505

注：1. 本表所列含税级距与不含税级距，均为按照税法规定减除有关费用后的所得额。

2. 含税级距适用于由纳税人负担税款的工资、薪金所得；不含税级距适用于由他人（单位）代付税款的工资、薪金所得。

2. 个体工商户的生产、经营所得和对企事业单位的承包经营、承租经营所得

个体工商户的生产、经营所得和对企事业单位的承包经营、承租经营所得，适用 5%～35% 的五级超额累进税率（见表 12-2）。

表 12-2　个体工商户的生产、经营所得和对企事业单位的承包经营、承租经营所得税税率表

级数	全年应纳税所得额含税级距	全年应纳税所得额不含税级距	税率	速算扣除数/(元)
1	不超过 15 000 元的	不超过 14 250 元的	5%	0
2	超过 15 000 元至 30 000 元的部分	超过 14 250 元至 27 750 元的部分	10%	750
3	超过 30 000 元至 60 000 元的部分	超过 27 750 元至 51 750 元的部分	20%	3 750
4	超过 60 000 元至 100 000 元的部分	超过 51 750 元至 79 750 元的部分	30%	9 750
5	超过 100 000 元的部分	超过 79 750 元的部分	35%	14 750

注：1. 本表所列含税级距与不含税级距，均为按照税法规定以每一纳税年度的收入总额减除成本、费用以及损失后的所得额。

2. 含税级距适用于个体工商户的生产、经营所得和由纳税人负担税款的对企事业单位的承包经营、承租经营所得；不含税级距适用于由他人（单位）代付税款的对企事业单位的承包经营、承租经营所得。

目前，由于实行承包（租）经营的形式较多，分配方式也不相同，因此，承包、承租人按照承包、承租经营合同（协议）规定取得所得的适用税率也不一致。根据税法规定，适用税率按以下两种情况分别处理：

（1）承包、承租人对企业经营成果不拥有所有权，仅是按合同（协议）规定取得一定所得的，其所得按工资、薪金所得项目征税，适用 3%～35% 的七级超额累进税率；

（2）承包、承租人按合同（协议）的规定只向发包、出租方交纳一定费用后，企业经营成果归其所有的，承包、承租人取得的所得，按对企事业单位的承包经营、承租经营所得项目，适用 5%～35% 的五级超额累进税率征税。

3. 稿酬所得

稿酬所得，适用比例税率，税率为20%，并按应纳税税额减征30%。故其实际税率为14%。

4. 劳务报酬所得

劳务报酬所得，适用比例税率，税率为20%。对劳务报酬所得一次收入畸高的，可以实行加成征收。

根据税法规定，所谓"劳务报酬所得一次收入畸高"，是指个人一次取得劳务报酬，其应纳税所得额超过20 000元。对应纳税所得额超过20 000元至50 000元的部分，按20%计算应纳税额后，再按照应纳税额加征五成；超过50 000元的部分，按20%计算应纳税额后，再按照应纳税额加征十成。因此，劳务报酬所得实际上适用20%、30%、40%的三级超额累进税率（见表12-3）。

表12-3 劳务报酬所得个人所得税税率表

级数	每次应纳税所得额含税级距	每次应纳税所得额不含税级距	税率	速算扣除数/(元)
1	不超过20 000元的	不超过16 000元的	20%	0
2	超过20 000元至50 000元的部分	超过16 000元至37 000元的部分	30%	2 000
3	超过50 000元的部分	超过37 000元的部分	40%	7 000

注：表12-3所称的每次应纳税所得额，是指每次收入额不超过4 000元时，减除费用800元；或者每次收入额超过4 000元时，减除20%的费用后的余额。

5. 特许权使用费所得，利息、股息、红利所得，财产租赁所得，财产转让所得，偶然所得和其他所得

特许权使用费所得，利息、股息、红利所得，财产租赁所得，财产转让所得，偶然所得和其他所得，适用比例税率，税率为20%。居民个人出租住房减按10%计税。

任务三 个人所得税应纳税所得额的确定

一、工资、薪金所得

1. 工资、薪金所得的一般确定方法

工资、薪金所得，以每月收入额减除费用3 500元以及规定的附加减除费用后的余额为应纳税所得额。其计算公式为：

应纳税所得额＝每月收入额－法定费用（或再减去附加费用）。

【例12-1】 赵先生在一公司任职，2013年11月的工资为5 800元。计算赵先生11月份应纳税所得额。

解析：

由于自 2011 年 9 月起，个人工资薪金所得费用扣除标准为 3 500 元/月，所以应纳税所得额＝5 800－3 500＝2 300（元）。

2. 附加费用的有关规定

按照税法的规定，对在中国境内无住所而在中国境内取得工资、薪金所得的纳税义务人和在中国境内有住所而在中国境外取得工资、薪金所得的纳税义务人，可以根据其平均收入水平、生活水平以及汇率变化情况确定附加减除费用，附加减除费用适用的范围和标准由国务院规定。

在 2007 年 12 月新修订的《个人所得税法》出台以后，国务院于 2008 年 2 月 18 日修订的《中华人民共和国个人所得税法实施条例》中，对附加减除费用适用的范围和标准作了具体规定。

（1）附加减除费用适用的范围，包括：

① 在中国境内的外商投资企业和外国企业中工作而取得工资、薪金所得的外籍人员；

② 应聘在中国境内的企业、事业单位、社会团体、国家机关中工作而取得工资、薪金所得的外籍专家；

③ 在中国境内有住所而在中国境外任职或者受雇取得工资、薪金所得的个人；

④ 财政部确定的取得工资、薪金所得的其他人员。

（2）附加减除费用标准。上述适用范围内的人员每月工资、薪金所得在减除税法规定费用的基础上，再减除 1 300 元。

（3）华侨和香港、澳门、台湾同胞参照上述附加减除费用标准执行。

二、个体工商户的生产、经营所得

个体工商户的生产、经营所得，以每一纳税年度的收入总额，减除成本、费用以及损失后的余额后，为应纳税所得额。计算公式为：

应纳税所得额＝年收入总额－成本、费用及损失

1. 收入总额

个体户的收入总额，是指个体工商户从事生产、经营以及与生产、经营有关的活动所取得的各项收入，包括商品（产品）销售收入、营运收入、劳务服务收入、工程价款收入、财产出租或转让收入、利息收入、其他业务收入和营业外收入。个体户的各项收入应当按权责发生制原则确定。

2. 准予扣除项目

（1）准予扣除项目的内容，是指按照税法规定，个体户在计算应纳税所得额时，准予从收入总额中扣除的成本、税金、费用和损失。

(2) 部分准予扣除项目的范围和标准。个体户在计算应纳税所得额时，税法对部分项目规定了准予扣除的范围和标准，以防止人为扩大费用扣除额，影响计税基数。

【例 12-2】 某个体户从事餐饮业，2013 年全年的营业收入为 100 000 元，经税务机关核定的成本、费用以及损失合计为 75 000 元，计算该个体户 1～12 月累计应纳税所得额。

解析：
该年度应纳税所得额＝100 000－75 000＝25 000（元）。

三、对企事业单位的承包、承租经营所得

对企事业单位的承包经营、承租经营所得，以每一纳税年度的收入总额，减除必要费用后的余额，为应纳税所得额。

所谓每一纳税年度的收入总额，是指纳税人按照承包经营、承租经营合同规定分得的经营利润和工资、薪金性质的所得；所谓减除必要费用，是指按月减除 3 500 元。计算公式为：

$$应纳税所得额＝年收入总额－必要费用额\times 12$$

实行承包、承租经营的纳税人，应以每一纳税年度取得的承包、承租经营所得计算纳税，纳税人在一年内分次取得承包、承租经营所得的，应当在取得每次所得后预缴个人所得税，年终汇算清缴，多退少补。在一个纳税年度内，承包、承租经营不足 12 个月的，以其实际承包、承租经营的月份数为一个纳税年度计算纳税。计算公式为：

$$应纳税所得额＝该年度承包、承租经营收入额－\\（必要费用额\times 该年度实际包租月份数）$$

【例 12-3】 张某 2013 年度承包一个照相馆，承包期为 1 年，年终分得承包利润 50 000 元。此外，张某还按月从照相馆领取工资 1 000 元。计算张某该年度个人所得税的应纳税所得额。

解析：
2013 年法定必要费用扣除额为 3 500/月，所以
应纳税所得额＝(50 000＋1 000×12)－3 500×12＝20 000（元）。

四、劳务报酬所得、稿酬所得、特许权使用费所得和财产租赁所得

劳务报酬所得、稿酬所得、特许权使用费所得和财产租赁所得，根据每次每项所得大小，分别确定扣除定额或扣除比例，具体规定如下。

（1）每次收入不超过 4 000 元的，减除费用 800 元，计算公式为：
$$应纳税所得额＝每次收入额－800 元$$
（2）每次收入超过 4 000 元的，减除 20% 的费用，计算公式为：
$$应纳税所得额＝每次收入额\times（1－20\%）$$

【例 12-4】 某演员 2013 年 5 月到一地演出，取得演出报酬收入 3 900 元，该月出版一部专著，获得稿酬 15 000 元。计算该演员当月应纳税所得额。

解析：

演出报酬应纳税所得额＝3 900－800＝3 100（元）；

稿酬应纳税所得额＝15 000×（1－20%）＝12 000（元）。

财产租赁所得的费用扣除，除上述一般规定外，还有以下特殊规定。

（1）纳税人在出租财产过程中缴纳的税金和教育费附加，可持完税（缴款）凭证，从其财产租赁收入中扣除。

（2）纳税人出租财产取得的财产租赁收入，在计算征税时，除可依法减除规定的费用和有关税、费外，还准予扣除能够提供有效、准确凭证，证明由纳税人负担的该出租财产实际开支的修缮费用。允许扣除的修缮费用，以每次800元为限，一次扣除不完的，准予在下一次继续扣除，直至扣完为止。

应纳税所得额的计算公式分为两种情况。

① 每次收入不超过4 000元的：

应纳税所得额＝每次（月）收入额－800元－准予扣除的税、费
－准予扣除的修缮费用（800元为限）

② 每次收入超过4 000元的：

应纳税所得额＝（每次（月）收入额－准予扣除的税、费－
准予扣除的修缮费用（800元为限））×（1－20%）

【例12-5】 李先生于2013年1月将自有的平房3间出租，租期为1年，月租金收入为3 000元，每月缴纳的有关税费为200元。在出租的7月因房屋漏雨发生修缮费用1 000元，由李先生承担。计算李先生2013年度各月的应纳税所得额。

解析：

1～6月每月应纳税所得额＝3 000－800－200＝2 000（元）；

7月份应纳税所得额＝3 000－800－200－800＝1 200（元）；

8月份应纳税所得额＝3 000－800－200－200＝1 800（元）；

9～12月每月应纳税所得额＝3 000－800－200＝2 000（元）。

五、财产转让所得

财产转让所得，以一次转让财产的收入额减除财产原值和合理费用后的余额，为应纳税所得额。其计算公式为：

应纳税所得额＝每次转让财产收入额－财产原值－合理费用

1. 公式中财产原值的含义

公式中的财产原值，根据财产的不同形式，可以分别确定。

（1）有价证券，为买入价以及买入时按照规定交纳的有关费用。而转让债权一般采用加权平均法确定其应减除的财产原值和合理费用，即纳税人购进的同一种类债券买入价和买进过程中交纳的税费总和，除以纳税人购进的该种类债券数量之和，乘以纳税人

卖出的该种类债券数量，再加上卖出的该种类债券过程中交纳的税费。计算公式为：

一次卖出某一种类债券允许扣除的买入价和费用＝纳税人购进的该种类债券买价和买进过程中交纳的税费总和÷纳税人购进的该种类债券总数量×一次卖出的该种类债券的数量＋卖出该种类债券过程中交纳的税费

（2）建筑物，为建造费或者购进价格以及其他有关费用。

（3）土地使用权，为取得土地使用权所支付的金额、开发土地的费用以及其他有关费用。

（4）机器设备、车船，为购进价格、运输费用、安装以及其他有关费用。

（5）其他财产，参照以上方法确定。

纳税人未提供完整、准确的财产原值凭证，不能正确计算财产原值的，由主管税务机关核定其财产原值。

2. 公式中合理费用的含义

公式中的合理费用，是指卖出财产时按照规定支付的有关费用。

【例12-6】 若例12-5中的李先生将自有的3间平房转让，取得转让收入20万元，在转让过程中按规定缴纳各种税费1.2万元，支付中介机构介绍费0.5万元，主管税务机关核定的该房产的原值为12万元。计算李先生本月转让房产的应纳税所得额。

解析：

应纳税所得额＝20－12－1.2－0.5＝6.3（万元）。

六、利息、股息、红利所得，偶然所得，其他所得

利息、股息、红利所得和偶然所得，以每次收入额为应纳税所得额，不扣除任何费用。

所谓的每次收入，是指支付单位或个人每次支付利息、股息、红利时，个人所取得的收入。对于股份制企业在分配股息、红利时，以股票形式向股东个人支付应得的股息、红利（即派发红股），应以派发红股的股票票面金额为收入额，按利息、股息、红利项目计征个人所得税。

【例12-7】 张小姐购买福利彩票，一次中奖50万元，则张小姐的应纳税所得额即为50万元。

七、其他补充规定

1. 税法中每次收入的含义

（1）劳务报酬所得

劳务报酬所得，根据不同劳务项目的特点，分别做出两种规定。

① 只有一次性收入的，以取得该项收入为一次。例如，从事设计、安装、装潢、制图、化验、测试等劳务，往往是接受客户的委托，按照客户的要求，完成一次劳务后取

得收入。因此，是属于只有一次性的收入，应以每次提供劳务取得的收入为一次。

② 属于同一事项连续取得收入的，以一个月内取得的收入为一次。例如，某歌手与一卡拉 OK 厅签约，在 2013 年一年内每天到卡拉 OK 厅演唱一次，每次演出后付酬 500 元。在计算其劳务报酬所得时，应视为同一事项的连续性收入，以其一个月内取得的收入为一次计征个人所得税，而不能以每天取得的收入为一次计征个人所得税。

（2）稿酬所得

稿酬所得，以每次出版、发表取得的收入为一次。具体又可细分为：

① 同一作品再版取得的所得，应视作另一次稿酬所得，计征个人所得税；

② 同一作品先在报刊上连载，然后再出版，或先出版，再在报刊上连载的，应视为两次稿酬所得征税，即连载作为一次，出版作为另一次；

③ 同一作品在报刊上连载取得收入的，以连载完成后取得的所有收入合并为一次，计征个人所得税；

④ 同一作品在出版和发表时，以预付稿酬或分次支付稿酬等形式取得的稿酬收入，应合并计算为一次；

⑤ 同一作品出版、发表后，因添加印数而追加稿酬的，应与以前出版、发表时取得的稿酬合并计算为一次，计征个人所得税。

（3）特许权使用费所得

特许权使用费所得，以某项使用权的一次转让所取得的收入为一次。一个纳税义务人，可能不仅拥有一项特许权利，每一项特许权的使用权也可能不止一次地向他人提供。因此，对特许权使用费所得的"次"的界定，明确为每一项使用权的每次转让所取得的收入为一次。如果该次转让取得的收入是分笔支付的，则应将各笔收入相加作为一次的收入，计征个人所得税。

（4）财产租赁所得

财产租赁所得，以一个月内取得的收入为一次。

（5）利息、股息、红利所得

利息、股息、红利所得，以支付利息、股息、红利时取得的收入为一次。

（6）偶然所得

偶然所得，以每次收入为一次。

（7）其他所得

其他所得，以每次收入为一次。

2. 个人公益、救济性捐赠的扣除标准

（1）个人将其所得通过中国境内的社会团体、国家机关向教育和其他社会公益事业以及遭受严重自然灾害地区、贫困地区捐赠，捐赠额未超过纳税义务人申报的应纳税所得额30%的部分，可以从其应纳税所得额中扣除。

（2）个人通过非营利的社会团体和国家机关向农村义务教育的捐赠，准予在缴纳个人所得税前的所得额中全额扣除。农村义务教育的范围，是政府和社会力量举办的农村乡镇

(不含县和县级市政府所在地的镇)、村的小学和初中以及属于这一阶段的特殊教育学校。纳税人对农村义务教育与高中在一起的学校的捐赠,也享受此项所得税前扣除。

3. 个人资助新产品、新技术、新工艺所发生的研究开发经费

个人的所得(不含偶然所得和经国务院财政部门确定征税的其他所得)用于资助非关联的科研机构和高等学校研究开发新产品、新技术、新工艺所发生的研究开发经费,经主管税务机关确定,可以全额在下月(工资、薪金所得)或下次(按次计征的所得)或当年(按年计征的所得)计征个人所得税时,从应纳税所得额中扣除,不足抵扣的,不得结转扣除。

4. 应纳税所得额的核定方法

个人取得的应纳税所得,包括现金、实物和有价证券。所得为实物的,应当按照取得的凭证上所注明的价格计算应纳税所得额;无凭证的实物或者凭证上所注明的价格明显偏低的,由主管税务机关参照当地的市场价格核定应纳税所得额。所得为有价证券的,由主管税务机关根据票面价格和市场价格核定应纳税所得额。

任务四 个人所得税应纳税额的计算

个人所得税按不同的征税对象,分别确定为不同的税率形式。税率形式不同,计算应纳税额的方法也有所区别。

1. 采用超额累进税率的应税项目应纳税额的计算

采用超额累进税率的应税项目,主要包括工资薪金所得,个体工商户的生产经营所得,对企事业承包经营、承租经营所得,以及个人独资企业和合伙企业所得等。

(1)工资、薪金所得

工资、薪金所得适用七级超额累进税率,其应纳税额,按照每月确定的应纳税所得额和适用的税率进行计算。计算公式为:

$$应纳税额 = 应纳税所得额 \times 适用税率 - 速算扣除数$$
$$= (每月收入额 - 法定减除费用) \times 适用税率 - 速算扣除数$$

【例 12-8】 承例 12-1,赵先生 2013 年 11 月应纳的个人所得税为:

$$应纳税额 = 2\,300 \times 10\% - 105 = 125(元)。$$

(2)个体工商户、个人独资企业和合伙企业的生产经营所得

该项所得适用的五级超额累进税率,其应纳税额按照确定的应纳税所得额和适用的税率进行计算。计算公式为:

$$应纳税额 = 应纳税所得额 \times 适用税率 - 速算扣除数$$
$$= (年收入总额 - 成本、费用以及损失) \times 适用税率 - 速算扣除数$$

由于个体工商户所得应纳税额采取按年计算、分月预缴、年终汇算清缴的方法,在实际工作中,需要分别计算按月应预缴税额和年终汇算清缴税额。由于税率表、速算扣除率均是按年制定的,因此在按月预缴所得税时,必须将本月累计的应纳税所得额换算成全年应纳税所得额,找出适用税率和速算扣除数,计算出全年应纳税额。然后,再按本月应纳税额占全年应纳税额的比例,计算出本月累计应纳税额,减去上月已预交的税额,即为本月应预缴的个人所得税税额。

计算方法如下:

全年应纳税额=全年应纳税所得额×适用税率－速算扣除数

当月应预缴税额=全年应纳税额÷12×累计月数－上月累计已预缴税额

汇算清缴税额=全年应纳税额－全年累计已预缴税额

【例 12-9】 某个体工商户从事餐饮业,2013 年 5 月份营业收入为 26 000 元,税务机关核定的成本、费用及损失合计为 15 000 元。1~4 月累计营业收入 98 000 元,累计营业成本为 54 000 元,前 4 个月已纳税款 10 034 元。计算当月应预缴的个人所得税。

前 5 个月累计应纳税所得额=(26 000－15 000)+(98 000－54 000)
$$=55\ 000(元);$$

全年应纳税所得额=55 000÷5×12=132 000(元);

全年应纳税额=132 000×35%－14 750=31 450(元);

前 5 个月应纳税额=31 450÷12×5≈13 104(元);

5 月份应预缴税额=13 104－10 034=3 070(元)。

【例 12-10】 某个体户从事餐饮业,2013 年全年的营业收入为 100 000 元,经税务机关核定的成本、费用以及损失合计为 45 000 元,该年度 1~12 月已累计预缴个人所得税 5 600 元。计算该个体户年终汇算清缴应纳的个人所得税。

解析:

全年应纳税所得额=100 000－45 000=55 000(元);

全年应纳税额=55 000×20%－3 750=7 250(元);

应补缴税款=7 250－5 600=1 650(元)。

(3)对企事业单位的承包经营、承租经营所得

该项所得适用五级超额累进税率,其应纳税额,按照应纳税所得额和适用的税率进行计算。计算公式为:

应纳税额=应纳税所得额×适用税率－速算扣除数
=(年收入总额－必要费用×实际经营月份)×适用税率－速算扣除数

【例 12-11】 承例 12-3,计算张某该年度应纳的个人所得税。

解析:

应纳税额=20 000×10%－750=1 250(元)。

2. 采用比例税率的应税项目应纳税额的计算

除上述采用超额累进税率的应税项目外,其余项目均采用比例税率。

（1）劳务报酬所得，适用20%的比例税率，其应纳税额按照应纳税所得额和适用的税率进行计算，计算公式为：

① 每次收入不超过4 000元的：

$$应纳税额＝应纳税所得额×20\%＝（每次收入额－800）×20\%$$

② 每次收入超过4 000元的，应纳税所得额不超过20 000元的：

$$应纳税额＝纳税所得额×20\%＝每次收入额×（1－20\%）×20\%$$

③ 每次收入超过4 000元的，且应纳税所得额超过20 000元的：

$$应纳税额＝应纳税所得额×适用税率－速算扣除数$$
$$＝每次收入额×（1－20\%）×适用税率－速算扣除数$$

【例12-12】 某演员2013年10月到一地演出，取得演出报酬250 000元，并通过有关部门向希望工程捐赠50 000元，计算该演员当月应纳的个人所得税。

解析：

捐赠前的应纳税所得额＝250 000×（1－20%）＝200 000（元）；

允许扣除的捐赠限额＝200 000×30%＝60 000（元）；

实际捐赠数额50 000元小于捐赠限额，因此允许扣除的捐赠额为50 000元；

应纳税额＝（200 000－50 000）×40%－7 000＝53 000（元）。

（2）稿酬所得，适用20%的比例税率，其应纳税额按照应纳税所得额和适用的税率，并按规定减征30%后进行计算。计算公式为：

$$应纳税额＝应纳税所得额×20\%×（1－30\%）$$

【例12-13】 某大学王教授2013年7月出版一部专著，获得稿酬15 000元。计算王教授2013年7月应纳的个人所得税。

解析：

应纳税额＝15 000×（1－20%）×20%×（1－30%）＝1 680（元）。

（3）特许权使用费所得，财产租赁所得，财产转让所得，利息、股息、红利所得，偶然所得，其他所得，适用20%的比例税率，其应纳税额按照应纳税所得额和适用的税率进行计算。计算公式为：

$$应纳税额＝应纳税所得额×20\%$$

【例12-14】 某商标设计者2013年2月一次取得商标设计收入10 000元。计算该设计者当月应纳的个人所得税。

解析：

应纳税所得额＝10 000×（1－20%）＝8 000（元）；

应纳税额＝8 000×20%＝1 600（元）。

【例12-15】 承例12-5，计算李先生2013年度应纳的个人所得税。

解析：

7月份应纳税额＝（3 000－800－200－800）×20%＝240（元）；

8月份应纳税额＝（3 000－800－200－200）×20%＝360（元）；

其余月份应纳税额＝（3 000－800－200）×20%＝400（元）；

2013年全年应纳税额＝240＋360＋400×10＝4 600（元）。

【例12-16】 承例12-6，计算李先生应纳的个人所得税。

解析：

应纳税所得额＝（20－12－1.2－0.5）＝6.3（万元）；

应纳税额＝6.3×20%＝1.26（万元）。

（4）利息、股息、红利所得、偶然所得适用的20%比例税，其应纳税额按照应纳税所得额和适用的税率进行计算。计算公式为：

$$应纳税额＝应纳税所得额×20\%＝每次收入额×20\%$$

【例12-17】 承例12-7，计算张小姐应纳的个人所得税。

解析：

应纳税额＝50×20%＝10（万元）。

3. 应纳税额计算的特殊情况

（1）境内工作不满全月的个人由境内、境外雇主分别支付工资、薪金的应纳税额的计算

在中国境内居住满1年而不超过5年的个人以及在中国境内企业担任高层管理职务的个人，凡其工资是由中国境内、境外雇主分别支付的，并且在1个月中有中国境外工作天数的，对其中国境外雇主支付的工资中属于境外工作天数的部分不予征税。计算公式为：

当月应纳税额＝按当月境内外工资总额计算的税额×（1－当月境外支付工资/当月工资总额×当月境外工作天数/当月天数）

（2）特定行业职工取得的工资、薪金所得应纳税额的计算

为了照顾采掘业、远洋运输业、远洋捕捞业因季节、产量等因素的影响，职工的工资、薪金收入呈现较大幅度波动的实际情况，对这三个特定行业的职工取得的工资、薪金所得，可按月预缴，年度终了后30日内，合计其全年工资、薪金所得，再按12个月平均并计算实际应纳的税款，多退少补。用公式表示为：

$$应纳所得税额＝（（全年工资、薪金收入÷12－费用扣除标准）×税率－速算扣除数）×12$$

法定减除费用，2005年度以前执行800元，2006年1月1日起执行1 600元，2008年3月1日起执行2 000元，2011年9月1日起执行3 500元。

（3）个人取得公务交通、通信补贴收入的计税方法

个人因公用车和通信制度改革而取得的公务用车、通信补贴收入，扣除一定标准的公务费用后，按照"工资、薪金"所得计征个人所得税。按月发放的，并入当月"工资、薪金"所得计征个人所得税；不按月发放的，分解到所属月份并与该月"工资、薪金"所得合并后计征个人所得税。公务费用的扣除标准，由省级地方税务局根据纳税人公务交通、通信费用的实际发生情况调查测算，报经省级人民政府批准后确定，并报国家税务总局备案。

（4）纳税人从中国境外取得所得的税务处理

《个人所得税法》规定，纳税人从中国境外取得的所得，准予其在应纳税额中扣除已在境外缴纳的个人所得税额。但扣除额不得超过该纳税人境外所得依照本法规定计算的应纳税额。具体规定如下：

已在境外缴纳的个人所得税额，是指纳税人从中国境外取得的所得，依照该所得来源国家或者地区的法律应当缴纳并且实际已缴纳的税额。

依照《个人所得税法》规定计算的应纳税额，是指纳税人从中国境外取得的所得，区别不同国家或地区和不同应税项目，依照我国《税法》规定的费用减除标准和适用税率计算的应纳税额；同一国家或地区内不同应税项目的应纳税额之和，为该国家或地区的扣除限额。

纳税人在中国境外一个国家或地区实际已缴纳的个人所得税额，低于依照上述规定计算出的该国家或地区扣除限额的，应当在中国缴纳差额部分的税款；超过该国家或地区扣除限额的，其超过部分不得在本纳税年度的应纳税额中扣除，但是可以在以后纳税年度的该国家或地区扣除限额的余额中补扣，补扣期最长不超过 5 年。

境外缴纳税款的扣除必须由纳税人提出申请，并提供境外税务机关填发的完税凭证原件。

（5）纳税人取得全年一次性奖金应纳个人所得税额的计算

纳税人取得全年一次性奖金，单独作为 1 个月工资、薪金所得计算纳税，由扣缴义务人发放时代扣代缴：

将雇员当月内取得的全年一次性奖金，除以 12 个月，按其商数确定适用税率和速算扣除数。如果在发放年终一次性奖金的当月，雇员当月工资薪金所得低于税法规定的费用扣除额，应将全年一次性奖金减除"雇员当月工资薪金所得与费用扣除额的差额"后的余额，按上述办法确定全年一次性奖金的适用税率和速算扣除数。计算公式如下：

① 如果雇员当月工资薪金所得高于（或等于）税法规定的费用扣除额，适用公式为：

应纳税额＝雇员当月取得的全年一次性奖金×适用税率－速算扣除数

② 如果雇员当月工资薪金所得低于税法规定的费用扣除额，适用公式为：

应纳税额＝（雇员当月取得的全年一次性奖金－雇员当月工资薪金所得与费用扣除额的差额）×适用税率－速算扣除数

纳税人取得的全年一次性奖金以外的其他各种名目奖金，如半年奖、季度奖、加班奖、先进奖等，一律与当月工资薪金收入合并，按税法规定缴纳个人所得税。

【例 12-18】某中国居民同一纳税年度在 A 国取得特许权使用费收入，折合人民币 10 000 元，劳务报酬收入折合人民币 8 000 元，分别已按该国税法缴纳个人所得税，折合人民币 900 元和 600 元；在 B 国取得特许权使用费收入折合人民币 12 000 元，已按该国税法缴纳个人所得税折合人民币 2 000 元。计算该纳税人在中国境外所得已纳税额的扣除限额，以及应向中国补缴的税款。

解析：

来源于 A 国所得的扣除限额：

特许权使用费所得扣除限额＝10 000×（1－20%）×20%＝1 600（元）；

劳务报酬所得扣除限额＝8 000×（1－20%）×20%＝1 280（元）；

在 A 国所得的扣除限额＝1 600＋1 280＝2 880（元）；

该收入在 A 国已纳税款：900＋600＝1 500（元），低于扣除限额，可以全额抵扣，并须在中国补缴差额部分的税款，共计：2 880－1 500＝1 380（元）。

来源于 B 国所得的扣除限额：

特许权使用费所得扣除限额＝12 000×（1－20%）×20%＝1 920（元）。

该纳税人 B 国已纳税款 2 000 元，超过扣除限额：2 000－1 920＝80（元）。这 80 元不得在本纳税年度的应纳税额中扣除，但是可以在以后 5 个纳税年度的该国家或者地区扣除限额的余额中补扣。

任务五　个人所得税的申报与缴纳

一、税收优惠

《个人所得税法》及其实施条例以及财政部、国家税务总局的若干规定等，都对个人所得项目给予了减税免税的优惠，主要有以下几种情况。

1. 下列各项个人所得，免纳个人所得税

（1）省级人民政府、国务院部委和中国人民解放军军以上单位，以及外国组织颁发的科学、教育、技术、文化、卫生、体育、环境保护等方面的奖金。

（2）国债和国家发行的金融债券利息。这里所说的国债利息，是指个人持有中华人民共和国财政部发行的债券而取得的利息所得；国家发行的金融债券利息，是指个人持有经国务院批准发行的金融债券而取得的利息所得。

（3）按照国家统一规定发给的补贴、津贴。这里所说的按照国家统一规定发给的补贴、津贴，是指按照国务院规定发给的政府特殊津贴和国务院规定免纳个人所得税的补贴、津贴。

（4）福利费、抚恤金、救济金。这里所说的福利费，是指根据国家有关规定，从企事业单位、国家机关、社会团体提留的福利费或者工会经费中支付给个人的生活补助费；所说的救济金，是指国家民政部门支付给个人的生活困难补助费。

（5）保险赔款。

（6）军人的转业费、复员费。

（7）按照国家统一规定发给干部、职工的安家费、退职费、退休工资、离休工资、离休生活补助费。

（8）依照我国有关法律规定应予免税的各国驻华使馆、领事馆的外交代表、领事官员和其他人员的所得。

（9）中国政府参加的国际公约以及签订的协议中规定免税的所得。

（10）对乡、镇（含乡、镇）以上人民政府或经县（含县）以上人民政府主管部门批准成立的见义勇为基金或者类似性质组织，奖励见义勇为者的奖金或奖品，经主管税务机关核准，免征个人所得税。

（11）企业和个人按规定的比例提取并缴付的住房公积金、医疗保险金、基本养老保险金、失业保险金，不计入个人当期的工资、薪金收入，免予征收个人所得税。超过规定的比例缴付的部分计征个人所得税。个人领取原提存的住房公积金、医疗保险金、基本养老保险金时，免予征收个人所得税。

（12）对个人取得的教育储蓄存款利息所得以及国务院财政部门确定的其他专项储蓄存款或者储蓄性专项基金存款的利息所得，免征个人所得税。

（13）经国务院财政部门批准免税的所得。

2. 有下列情形之一的，经批准可以减征个人所得税

（1）残疾、孤老人员和烈属的所得。

（2）因严重自然灾害造成重大损失的。

（3）其他经国务院财政部门批准减税的。

3. 下列所得，暂免征收个人所得税

（1）外籍个人以非现金形式或实报实销形式取得的住房补贴、伙食补贴、搬迁费、洗衣费。

（2）外籍个人按合理标准取得的境内、境外出差补贴。

（3）外籍个人取得的探亲费、语言训练费、子女教育费等。

（4）个人举报、协查各种违法、犯罪行为而获得的奖金。

（5）个人办理代扣代缴税款手续，按规定取得的扣缴手续费。

（6）个人转让自用达5年以上并且是唯一的家庭居住用房取得的所得。

（7）对达到离休、退休年龄，但确因工作需要，适当延长离休、退休年龄的高级专家（指享受国家发放的政府特殊津贴的专家、学者），其在延长离休、退休期间的工资、薪金所得，视同退休工资、离休工资，免征个人所得税。

（8）外籍个人从外商投资企业取得的股息、红利所得。

二、缴纳方式

1. 自行申报纳税

自行申报纳税，是指由纳税人自行在税法规定的纳税期限内，向税务机关申报取得的应税所得项目和数额，如实填写个人所得税纳税申报表，并按税法规定计算应纳税额，据此缴纳个人所得税的一种方法。

（1）自行申报纳税的纳税人

凡在中国境内负有个人所得税纳税义务的纳税人，具有以下五种情形之一的，应当

按照规定自行向税务机关办理纳税申报。

① 年所得 12 万元以上的。

② 从中国境内两处或两处以上取得工资、薪金所得的。

③ 从中国境外取得所得的。

④ 取得应税所得，没有扣缴义务人的。

⑤ 国务院规定的其他情形。

以上五种情形中，第①种和第⑤种情形是修订后的《个人所得税法》新增加的规定。其中，⑤中没有具体明确是哪种情形，这种情形的纳税申报具体办法，根据国务院明确的具体情形另行做出规定。

（2）自行申报纳税的纳税期限

除特殊规定外，纳税人应在取得应纳税所得的次月 15 日内向主管税务机关申报所得并缴纳税款。

从 2006 年 1 月 1 日起，年所得 12 万元以上的纳税人，在纳税年度终了后 3 个月内，应当向主管税务机关办理纳税申报。也就是说，每年的公历 1 月 1 日至 3 月 31 日期间的任何一天，纳税人均可办理纳税申报。

账册健全的个体工商业户的应纳税款，按年计算，分月预缴，由纳税人在次月 15 日内申报预缴，年度终了后 3 个月内汇算清缴，多退少补。账册不健全的个体工商业户的应纳税款，由各地税务机关依照征管法及其实施细则的有关规定，自行确定征收方式。

纳税人年终一次性取得承包经营、承租经营所得的，自取得收入之日起 30 日内申报纳税；在 1 年内分次取得承包经营、承租经营所得的，应在取得每次所得后的 15 日内申报预缴，年度终了后 3 个月内汇算清缴，多退少补。

从中国境外取得所得的纳税人，其来源于中国境外的应纳税所得，如在境外以纳税年度计算缴纳个人所得税的，应在所得来源国的纳税年度终了、结清税款后的 30 日内，向中国主管税务机关申报纳税；如在取得境外所得时结清税款的，或在境外按所得来源国税法规定免予缴纳个人所得税的，应在次年 1 月 1 日起 30 日内向中国主管税务机关申报纳税。

（3）自行申报纳税的申报方式

纳税人可由本人或委托他人或采用邮寄方式在规定的申报期限内申报纳税。邮寄申报纳税的，以寄出地的邮戳日期为实际申报日期。

（4）自行申报纳税的申报地点

自行申报纳税的申报地点，一般应为收入来源地的主管税务机关。

纳税人从两处或两处以上取得工资、薪金所得的，可选择并固定在其中一地税务机关申报纳税；从中国境外取得所得的，应向中国境内户籍所在地或经常居住地税务机关申报纳税。

2. 代扣代缴

代扣代缴，是指按照税法规定负有扣缴义务的单位或个人，在向个人支付应纳税所得时，应计算应纳税额，从其所得中扣除并缴入国库，同时向税务机关报送扣缴个人所得税报告表。

（1）扣缴义务人

凡支付个人应纳税所得的企业（公司）、事业单位、机关、社团组织、军队、驻华机构、个体户等单位或个人，为个人所得税的扣缴义务人。

（2）代扣代缴的范围

代扣代缴的范围包括个人所得税法中，除个体工商户所得以外所列的各个所得项目。代扣代缴的形式包括现金支付、汇拨支付、转账支付和以有价证券、实物以及其他形式的支付。

（3）代扣代缴期限

扣缴义务人每月所扣的税款，应当在次月15日内缴入国库。

复习、思考与练习

1. 名词解释：个人所得税、居民纳税人、非居民纳税人。
2. 居民纳税人和非居民纳税人有什么区别？
3. 个人所得税的税目有哪些？
4. 个人所得税劳务所得的税率是怎么规定的？
5. 个人所得税的计税依据是怎么确定的？
6. 个人所得税的税收优惠有哪些？
7. 个人所得税征收管理的内容包括哪些？
8. 有一中国公民，2013年1月至12月从中国境内取得工资、薪金收入56 000元，取得稿酬收入4 000元；当年还从A国取得特许权使用费收入10 000元，从B国取得利息收入5 000元。该纳税人已按A国、B国税法规定分别缴纳了个人所得税1 800元和800元。请计算该纳税人2013年应纳个人所得税税额。
9. 甲某于2013年1月1日与某事业单位签订承包合同经营招待所。据合同协议承包期为1年，其个人全年上交费用30 000元，年末招待所实现利润总额120 000元。请计算甲某应交纳的个人所得税额。
10. 外国某公司派其雇员安吉拉来我国某地企业安装、调试汽车生产线。安吉拉于2013年4月1日来中国，工作时间为8个月，但其中8月份仅在中国居住10天，其工资由外方企业支付，月工资折合人民币80 000元。请计算安吉拉8月份应纳税所得额和应纳税额。

综 合 实 训

1. 业务资料

某研究所资深研究员胡教授2013年收入如表12-4所示。

（1）"兼职收入"栏：1～2月，受聘为某单位讲课，每月四次，每次800元；7月，参与某单位一技改项目的咨询得到的收入。

（2）"其他收入"栏：5月，国家发行的金融债券的利息收入；6月，中奖收入（已扣除通过政府机关捐助给贫困地区的款项20 000元）；10月，报刊上刊登文章取得的稿酬；11月份，国家科技部给予的科技进步奖；12月，2013年12月存入银行的1年期储蓄存款利息。

（3）"境外收入"栏：3月，从A国取得的稿酬；4月，从A国取得的特许权使用费；8月，从B国取得的外国企业年终分配的红利。胡教授2013年12月在A国演讲报告取得收入54 000元，在A国已纳税7 000元。

表12-4 胡教授的收入一览表

单位：元

月份	基本工资	职务津贴	资料费	月度奖金	特殊津贴	年终奖金	工薪小计	兼职收入	其他收入	境外收入/已在境外纳税
1	3 600	500	300	500	—	—	4 900	3 200	—	—
2	3 600	500	300	500	—	—	4 900	3 200	—	—
3	3 600	500	300	500	—	—	4 900	—	—	20 000/2 000
4	3 600	500	300	500	—	—	4 900	—	—	30 000/4 000
5	3 600	500	300	500	—	—	4 900	—	5 000	—
6	3 600	500	300	500	—	—	4 900	—	20 000	—
7	3 800	600	300	500	—	—	5 200	4 500	—	—
8	3 800	600	300	500	—	—	5 200	—	—	4 000/1 000
9	3 800	600	300	500	—	—	5 200	—	—	—
10	3 800	600	300	500	—	—	5 200	—	1 500	—
11	3 800	600	300	500	—	—	5 200	—	3 000	—
12	3 800	600	300	500	10 000	6000	21 200	—	2 000	54 000/7 000
合计	44 400	6 600	3600	6 000	10 000	6000	76 600	10 900	31 500	

2. 要求

（1）分析指出该案例适用的相关税收法律、法规条文。

（2）依法计算个人全年应纳个人所得税税额（不考虑该个人应上缴并负担的5项社会保障及住房公积金缴款）。

参 考 文 献

[1] 财政部注册会计师考试委员会办公室. 税法 [M]. 北京：经济科学出版社，2013.
[2] 国家税务总局注册税务师管理中心. 税法（Ⅰ、Ⅱ）[M]. 北京：中国税务出版社，2013.
[3] 严振生. 税法（全国高等教育自学考试指定教材·本科）[M]. 北京：北京大学出版社，2000.
[4] 贺志东. 中国税收制度[M]. 北京：清华大学出版社，2005.
[5] 国家税务总局注册税务师管理中心. 税务代理实务[M]. 北京：中国税务出版社，2004.
[6] 梁伟样. 企业纳税实务［M］. 北京：清华大学出版社，2009.
[7] 奚卫华. 税务代理实务［M］. 北京：中国人民大学出版社，2009.
[8] 姚旭. 企业纳税实务［M］. 北京：清华大学出版社，2009.
[9] 傅文清. 纳税会计与纳税申报实训教程［M］. 北京：中国人民大学出版社，2010.
[10] 王红云. 税务会计与实务操作［M］. 上海：立信会计出版社，2010.
[11] 甄立敏. 新编企业纳税实务［M］. 北京：电子工业出版社，2009.
[12] 王红云. 税务会计与实务操作［M］. 上海：立信会计出版社，2010.
[13] 李克桥. 中国税法实用教程［M］. 北京：中国时代经济出版社，2010.
[14] 国家税务总局网站：《政策法规》专栏.
[15] 《中国税务报》各期相关税收政策法规报道.